目擊普法戰事1871

《三述奇》

清・張德彝 原著・蔡登山 主編

【導讀】晚清海外見聞第一人——張德彝

蔡登山

他一生中出洋八次，從同文館學生成長為駐英公使，他的一生就是一部晚清外交史。他就是張德彝。張德彝（一八四七－一九一八）祖籍福建，後遷遼寧鐵嶺，出生於一個沒落的旗人家庭，自幼家境貧困，在舅父的幫助下讀了一點私塾。但他「性聰穎，年未弱冠，慷慨有四方志」。所以讀書刻苦，鍥而不捨。在十五歲那年，竟憑著自己的學習成績考上了當時中國第一所外語學校——北京同文館，是這所學校僅有的十名學員之一。後經三年苦讀（主修法語），以優異的成績畢業。同治五年（一八六六），清朝廷為瞭解「夷人情形」，組團赴歐洲遊歷，張德彝得以隨團出遊。這次遊歷法國、英國、比利時、荷蘭、德國、丹麥、瑞典、芬蘭、俄國、普魯士等十個國家，使他飽覽了世界風情，大開了眼界。回國後，他寫出《航海述奇》，詳細記載了他的觀察見聞，尤其是他對歐洲戲劇文化產生了極大的興趣。他是中國第一個介紹歐美戲劇的人。

清同治七年（一八六八），由退役美國駐華公使蒲安臣率「中國使團」出訪歐美時，張德彝擔任通事（翻譯），並環遊了歐美各國；同治九年（一八七〇），因發生天津教案，朝廷派欽差大臣崇厚專程赴法道歉，張德彝為隨行英文翻譯員，此間他親眼目睹了巴黎公社起義的偉大壯舉。光緒二年（一八七六），他隨清政府第一任駐英公使郭嵩燾到倫敦使館任翻譯。光緒十三年（一八八七）又隨洪鈞（賽金花的老公）至柏林公使館任隨員。光緒十七年（一八九一）回國，與同文館的校友沈鐸一起教授光緒皇帝英文。光緒二十二年（一八九六）任出使英、意、比大臣羅豐祿的參贊，赴英、比、意三國；光緒二十七年（一九〇一）隨專使大臣那桐出使日本；光緒二十八年（一九〇二），授二品官銜，出任英國大使，代表清政府在倫敦簽訂《保工章程》。三十二年（一九〇六），任滿回國。他一生中八次出國，在國外度過了二十七個春秋。一九一八年病逝於北京。

張德彝每次出國都寫下詳細日記，依次成輯《航海述奇》、《再述奇》、《三述奇》、《四述奇》直至《八述奇》（但第七部《七述奇》今已不存），總共約二百萬字。他一生周遊著述，為封閉時期的晚清子民開啟了一扇眺望國際的可視之窗，因此他逝世時，有人贈與輓聯：「環遊東亞西歐，作宇宙大觀，如此壯行能有幾；著述連篇累續，闡古今奧秘，斯真名士不虛生」，洵為知言。而就他自己而言，早年的幾次出洋，打通了他與西方世界的聯繫，他有幸親歷了晚清幾次重大的外交活動，對西方禮儀逐漸瞭解和接受，同時也歷練出幹練穩重的外交辦事能力。

一九七九年，在北京圖書館柏林寺書庫內，發現了張德彝七十八冊日記手稿本，除《七述奇》

遺失外，其他都儲存完好，並發現《目擊普法戰事，1871——《三述奇》》（原名《三述奇》）其中有目擊巴黎公社革命的最詳細記載。這一意外的發現，引起了中國和法國史學界人士的注意。

在張德彝的日記記述了凡爾賽軍隊攻入巴黎，巴黎公社戰士的街壘戰、旺多姆園柱被拆等歷史性場面，有許多生動細節，成為珍貴的歷史史料。巴黎公社是人類歷史上第一個無產階級專政的政權。一八七一年巴黎公社革命時，中國還處在清朝同治年間，中外交流極少，在中國國內幾乎看不到任何關於巴黎公社的資訊。但是就在巴黎公社革命爆發前一天，恰好張德彝進入巴黎，成了這場社會變革的目擊者。現在的我們，只能通過史書、圖片等去瞭解當年巴黎公社的鬥爭情景；然而張德彝當時目擊了現場，並留下了寶貴的記述。甚至「巴黎公社」最早的譯名，也是出自張德彝《三述奇》一書。

話說在同治九年（一八七〇）六月，中國發生了「天津教案」，法國領事和一批法國教士、修女在混亂中被人打死。清政府在列強的壓迫下，派太子少保、三口通商大臣、兵部侍郎崇厚前往法國賠禮道歉，張德彝以四品兵部候補員外郎作為翻譯隨行。同年十一月十六日，他們從上海出洋到法國後，正趕上普法戰爭。法國政府無法接待他們，他們只好在馬賽等著。次年三月十五日，崇厚派張德彝前往巴黎打聽時局。三月十七日，張德彝到達巴黎，正好趕上巴黎工人於十八日舉行起義。三月十八日，張德彝記下了梯也爾召開軍事會議，派遣軍隊進攻國民自衛軍的陣地——巴黎城北蒙特瑪律等處的事件，以及政府軍在人民力量的感召下倒戈，活捉泰康特將軍等高級官員的情景。三月十九日，張德彝記下了巴黎工人起義後，梯也爾逃奔凡爾賽的情景。他尤其記下了巴黎公社起義者被俘後，視死如歸的情景，感人至深。四月十五日，張德彝趕到凡爾賽目睹許多起義群眾被押往凡爾賽。他記載道：「其中有女子兩行，雖衣履殘破，面帶灰塵，其雄偉之氣溢於眉宇」。五月二十一日，凡爾賽軍隊對巴黎發動了總攻擊，上演了歷史著名的「五月流血周」。五月二十八日，公社遭到鎮壓，大批起義人員被處死。六月三日，張德彝又從凡爾賽到巴黎，目睹了反對派追捕屠殺起義者的情景。他在六月六日的日記中寫道：「有一千八百餘起義者被押向刑場，其中婦女有百餘名，雖被手臂被縛，而氣象軒昂，無一毫婀娜態」。總的來說，張德彝出於統治者的偏見，加之傳統文化中的順民思想影響，對於被他稱為「紅頭」的巴黎公社起義者，是完全不能理解的，至於對於第一國際、社會主義思想，更是一無所知。張德彝總是按照中國的農民起義模式理解這場世界上第一次無產階級革命，竟以為這是由於德法議和，遣散民勇，衣食無著，鋌而走險所致，這固然可笑、可悲，但他對於這場革命也不是全然反對，其中有同情，有驚奇，甚至有敬佩。這也是難能可貴的。

晚清出洋大臣的史料在最近二、三十年不斷地出版，為研究晚清外交史提供了大量的一手資料。向來為學界所重視的，如郭嵩燾的《倫敦與巴黎日記》、薛福成的《出使英法義比四國日記》等，是當時中國知識份子考察、認識西方的重要文獻。郭嵩燾、薛福成、曾紀澤、黎庶昌這些外交大臣為人所周知，他們的著作也大多刊印了，而張德彝的著作出版比較晚，學者關注也較少。但如能充分應用，相信未來的研究空間是很大的，尤其是他書中描述各國的奇珍異事、風俗民情，是我們眺望當時的西方世界的窗口。

另此書原稿分為八卷。既不依年月，又不依內容，只照數字平分，顯然不夠妥善。此次參考嶽麓書社《走向世界叢書》版，將內容重新分作八篇，即（一）沿途風光，（二）親見普法戰事，（三）巴黎公社見聞，（四）各國國旗一覽，（五）法國王宮被焚，（六）倫敦紐約之遊，（七）重回巴黎，（八）返國途中記。特此致謝。

目次

【導讀】晚清海外見聞第一人——張德彝／蔡登山 3
序 11
自序 13
凡例 14
沿途風光 15
親見普法戰事 82
巴黎公社見聞 96
各國國旗一覽 136
法國王宮被焚 169

目擊普法戰事，1871——《三述奇》 10

倫敦紐約之遊 216

重回巴黎 238

返國途中記 276

序

古之使絕域者，漢有張騫、班勇。班書記西域諸國風土人俗，本於博望。范書記建武以後異於先者，本於宜僚。我朝幅員遼廣，迴越前代。兩漢使臣，繩行沙度而間一至者，今皆隸我版圖。如哈密為伊吾地，伊犁為烏孫地，闢展為車師地，庫車為龜茲地，葉爾羌、和闐為于闐地，哈薩克為康居地，罔不置侯尉，設驛傳，襟帶相聯，區宇合一。於是通所不通，而泰西人五大洲之說興焉。五大洲者，曰亞細亞，曰歐羅巴，曰阿斐利加，曰阿美里加，曰澳大利亞。地圓如球，五洲傅於球面，水居十之六，土居十之四。海舶堅實，不畏風濤，可以環行球面。同治丁卯冬，谷與志參贊剛奉命往泰西各國，周歷重洋，備嘗險阻，至庚午冬回京。時張君在初以翻譯官隨行。先是，張君隨斌正郎椿往，其後隨崇侍郎厚往，三至外洋。凡所聞見，山川風土，語言文字，下及草木鳥獸蟲魚之細，悉筆諸書而詳記之，命曰《三述奇》，是亦今之博望、宜僚也。

國家聲教所訖，廓而愈遠。從古不通中國之域，皆玉帛結好。一介往來，如在庭戶。而伏居里巷者，每少見多怪而非笑之。谷嘗讀揚雄〈甘泉賦〉云：「漂龍淵而還九垠兮，窺地底而上回。」張衡〈思玄賦〉云：「追荒忽於地底兮，軼無形而上浮。」子雲、平子博絕古今，言足徵信。乃知地圓如球，周匝可行者，非南懷仁輩之創論也。特中國域於淺近，宏才博學如揚、張者，世不一生，乃失真傳耳。世之言智巧者，以西人為巨擘。和議既成，氣機火輪之制，中華得習其法。然史言張衡造候風地動儀，隴西地震，京師應之，若合符節，西人未之能也。後之人豈不如古？精而思之，格物製器，將有遠勝於彼者，奇云乎哉？

花翎二品頂戴湖北荊宜施道友生孫家谷序

自序

地輿之廣，非航海莫窮其極。惟古今來稱遠遊者，雖漢之張騫，唐之玄奘，亦只遊印度而止。周流九州外，往返數萬里，稱天使而遍歷於外洋者幾人哉？彝於同治丙寅歲奉命遣歷泰西，遊十萬里，閱十五國，舉風土人情、山川事蹟，莫不獲目睹而心識之，亦彝所遇之奇也。然奇而尚不為奇者，所謂四大洲猶未盡其界焉。丁卯歲，復隨使歐羅巴及阿美里加等洲，足跡幾周環地一匝，尤非彝意之所期，亦誠古今所僅有，是不更奇乎！然奇而愈奇者，旋國都甫一歲，又蒙三口通商大臣宮保崇奏隨出使。海圖邦國，覽既盡而考之詳。溯自庚午至壬申，計時十七逾月，計地十餘萬里，履險若夷，閱三返而歸帆無恙。自問之自奇，詢之人亦咸以為奇。既有此奇，不即其奇而志之，斯世或未盡知其奇也。不擇其奇而述之，後世或未傳其奇也。彝更即此次日見日聞，胥書之，顏曰「三次述奇」，非以矜奇，正以述實。識者其知錄之非奇而誠奇歟？

同治十二年歲次癸酉春張德彝在初氏序於養心堂

凡例

一、海邦政俗，近年諸星使著作如林，久已膾炙人口，余則不過竊其緒餘而已。

一、是書本紀外洋風土人情，故所敘瑣事不嫌累牘連篇。至於各國政事得失，自有西士譯書可考。

一、是書原係逐日登記，藉驅睡魔，其文俚而不雅，難免有道之譏，閱者諒之。

一、所紀天文度數、山川遠近里數，不無訛錯，然行人持此而往，或不迷於所向也。

一、錄各國往事，以及製造之創始，雖用西曆紀年，而仍附以中曆者，以便閱者考查也。

一、海外地名以——識之，人名、官名、物名以——識之，其還音雖本《瀛寰志略》各書，仍有不甚吻合之處，聊以得其彷彿云爾。至中華之地名、人名、官名、物名，則不復識別。

一、歷次出洋，雖辱承譯事，而一切密勿闕而不書，亦金人緘口之意也。

一、前二次筆所述及者，概不登入，以免重複。

一、昔宋洪邁成《容齋隨筆》後，有《續筆》、《三筆》、《四筆》、《五筆》；張端義《貴耳集》，有《二集》、《三集》。古人編纂，與時俱積，原不必統隨一式。余三次出差，各就見聞筆錄，故以《述奇》、《再述》、《三述》而名之。

一、所載有見聞不確、失其事實者，尚望高明正之。

沿途風光

大清同治九年庚午，因天津教民起釁，法國駐津領事官豐大業者，性暴，未諳民俗，致於五月二十三日聚眾爭毆，釀成焚殺臣案。經曾侯相察明拿辦，並妥為撫恤。六月初一日，奉旨：派頭品頂戴、雙眼花翎、太子少保、三口通商大臣、兵部左侍郎崇厚往法國遞國書，以固友誼。遂於是月初六日奏請隨帶員弁，揀有現任花翎三品銜、廣東候補道、直隸任邱高從望（引之），三品銜、直隸候補同知、廣東嘉應黃惠廉（道崇），花翎、四品銜、兵部候補員外郎、鑲黃旗漢軍張德彝（在初，原名德明），五品銜、候補光祿寺署正醫官、浙江德清俞奎文（惕庵），藍翎、五品銜、升用通判、候選縣丞、直隸天津王文彬（竹軒），花翎、副將銜、直隸候補游擊、天津鄭明德（子善），藍翎、都司銜、直隸候補守備張錦隆（雲波），五品銜、直隸候補千總、外委劉國樑（輔臣）等。八月間，又經總理各國事務衙門代奏，隨帶員外郎銜、候選主事、同文館法文八品官、鑲黃旗漢軍慶常（靄堂），粵海關副稅務司英人薄郎，法文翻譯官、法人殷伯爾與那威勇等。當奉朱批：知道了。欽此。彝聞命後，即日治裝。九月間，戚友祖餞，日無暇晷。

至**十月初二日甲午**，晴。午正登車，道出朝陽門，行二十里，至通州界之定福莊，謁見崇星使暨同行諸友。

初三日乙未，微雨。寅初起程，稍涼。行三十里，至張家灣。午初雨止，又行三十五里，至安平鎮宿。入夜大雨。

初四日丙申，仍雨。辰初起程，行二十五里，至河西務。又行五十五里，至楊村宿。中夥過武清縣界之蔡村。

初五日丁酉，陰。辰初起程，行二十五里，至浦口。午後晴，遇姚存仁游戎（懷德）。飯畢，坐談少頃，知星使昨住蔡村。又行三十五里，未初抵津，入西門出南門，復南行五六里至海光寺。殿樓高大，庭院清涼。左院為製造機器總局，煙筒高迴，一如外邦鐵廠，黑煙直吐，頗有上海之風。門外橫額，一曰「善其事」，一曰「利其器」。所儲機器暨所造炮位與他處同。前院碑亭有御制閱武詩二。其一詩曰：

重鎮海疆守，今來況始過。

因之規素習，可悅不揚波。
結隊明組練，伸行列鸛鵝。
巡方應詰武，行賞意猶多。

乾隆丁亥暮春上浣御筆

巡方之所重，詰武及修文。
昨已試諸士，今應閱眾軍。
能羆分列隊，鵝雁聚成群。
原可百年偃，休疏一日勤。
酬勞略行賞，合度亦堪欣；
敢曰潮氛靖，戒安意正殷。

戊申仲春下浣御筆

讀「戒安意正殷」句，欽惟我純皇帝當日垂念海防，抑何鄭重。由京至此，沿途村鎮皆有馬步隊迎接。入夜晴。

初六日戊戌，晴。未初，星使到。文武官數十員，帶洋槍馬步兵列隊前導。隊有黃緞大纛，繡一「崇」字，並紅綢萬名傘、四字旗牌、匾額等。樂聲盈耳，炮響震天。同眾謁見。尋馬松圃大尹（繩武）、宋澄川明府（淵涇）、童鐵帆（恒麟）、慶心泉（志）暨二次出差之左協理英人柏卓安來拜。

初七日己亥，早，風雨大作，微涼。有德景融都護（椿）、斌承權（衡）及徐青波（邦彥）來拜，皆製造局中執事者。午後往謁制軍李伯相（鴻章）、署理三口通商大臣成竹坪（林）。又拜俄總領事孔琪庭、合眾領事密妥士、津海關稅務司漢南，暨殷伯爾、那威勇與法國公使羅淑亞差與同行之翻譯官法人德威理亞。入夜雨止，甚涼。

初八日庚子，陰，仍風。早起料理行裝。巳刻，高引之之弟高濟之（從奭）、鄭子善之兄鄭天中（明保）、郝晴川（慶瀾）及連達齋（興）、陸秀岩（恩同）來拜。午正，各處答拜。晚，俞惕庵以其尊翁信見示，內云：

……看崇星使暨諸友是何光景，見樣學樣可也。一切請教星使指示遵行，萬無一失。有疑即問，最為佳妙。古人不恥下問，大有道理，萬不可以問為恥也。得暇即看所與之書，不可光陰虛度。至於一切，遵《曲禮》首句，毋不敬，則心有把握，外誘不能動搖，攸往咸宜矣。切切！表記中「君子莊敬日強，安肆日偷」，宜時時玩之。再，與同行諸公，只可以品級論，不可以年齒論。……

等語。夫惕庵年逾知命，尚須以是為戒；彝年甫二十有四，不更當以此自勵耶！憶叩別慈顏，曾蒙庭訓，今見此語，尤宜終身佩之。當將嚴諭一併錄諸座右，以為隨時自惕云。

初九日辛丑，陰。巳初，德威理亞及密妥士、孔琪庭等來拜。午正，乘車東行六七里，至河岸，登「南潯」輪船，乃前同治五年回棹時所乘者。查看艙房，點檢行李。申初，高引之約在新稅局晚餐，同坐有馬松圃、郝晴川暨高濟之。回船得見總署硯友汪芝房（鳳藻）、汪卓人（遠焜），皆乞假旋里完姻者。

初十日壬寅，早大霧，卯正晴。船桅懸黃質紅邊白鶴大旗。辰初，星使登舟，百官送行。有洋槍馬步隊暨炮營與練勇千餘名，號衣一律，軍器整齊，皆聲炮舉槍，鼓吹跪送，十分威肅。未初一刻開船，後隨中華小輪舟一隻，名曰「飛電」，慶心泉立於其上，係為帶回官弁者。行至白塘口，有兵數名，伏於炮臺，三炮而起。申初過雙港汛，亦有兵數名跪於河岸。酉初，因潮退水淺，遂泊於葛沽北三十餘里。入夜，風涼。

十一日癸卯，晴。卯初開船，過葛沽與新城，皆有步兵跪送。巳正，至大沽口住船，百官拜別，乃易「飛電」而歸。後「南潯」展輪出口，見左右炮臺雄固異常，不亞二崤虎口，九折羊腸，洵為皇畿之襟帶也。有兵舉旗升炮，跪而相送。約行五六十里，則狂風大作，波浪掀天矣。我華人之暈而吐者，十居八九，而西人亦有半焉。

十二日甲辰，微晴。終日大風勁厲，船行甚艱，顛簸搖盪，船主照料無暇晷，入夜尤甚。

十三日乙巳，晴。早起稍穩，見船面前半木闌竟被海水打壞二丈餘。辰刻抵煙臺住船。距「南潯」一失（矢）之地，有輪船名「滿洲」者，上插龍旗，想即志、孫星使由法邦回棹至此也。乃奉崇星使命，駕小舟往謁，得見志、孫兩星使暨前次同事之鳳夔九、聯春卿、桂冬卿、鄒秋帆諸人。未初大雨，申正止，仍陰。

十四日丙午，陰，冷。因風浪猶大而未開。申初，「滿洲」輪船移往之罘山下避風。晚，見水面飄有玻璃酒瓶二三，因而數十白鷗往來飛逐，趣甚。入夜風狂浪湧，更甚於前，雖在口內，而船之搖盪與在海面同。

十五日丁未，晴。午正，展輪東北行七八里，至之罘山下停泊，仍距「滿洲」船不遠。未刻，陰。申初，有「滿洲」輪船船主司悌廉邀本船船主德樂夫妻晚酌，彝思可與同往，再見志、孫兩星使及諸友，遂駕小舟同往。斯時風平浪靜，皓月當空，登「滿洲」船，見志、孫兩星使，坐談片時。又見鳳夔九等，計別以來，甫經周歲，真有一日三秋之感焉。值西人飯畢，德樂之妻鼓琴，司悌廉彈歌長曲，曲曰「婁令鑾朱」，譯英言即「搖盪『滿洲』船」也。歌罷，眾皆擊掌稱妙。復以手帕紙牌變化戲法，彼此樂甚。亥正風起，歸時搖盪異常，波激如雨。

十六日戊申，天晴風息，水平如油。辰初，船歸前泊處，接見殷伯爾、那威勇與德威理亞，因前於十三日住船後，即登岸宿於東海關也。巳初，「滿洲」、「恰便」二輪船開往天津。巳正一刻，「南潯」船開出口，水淺綠色。未正，過青山頭至黑水洋，順風穩速。申初，遇「山西」輪船與洋風篷船一隻由上洋來，又一中土風篷南去者。入夜，風起船搖，隔窗視月如輪，飛騰上下，忽而觸水，忽而登雲，可望而不可即也。

十七日己酉，晴平。早見東方紅日初升，西面黑雨下落，陰晴各半，所謂天有不測風雲也。彝初兩次乘舟由津至滬，皆先平而後搖，此次則先搖而後平，是海水之平險，不可以次為定。實因潮汐更變，非人所能預知。然問諸中外各人，僉謂鮮有見黑水洋之平坦如今日者，此皆仰賴皇上洪福，海神效順之所致也。而由大沽口至煙臺，又何如是之浪大風狂？詳思其故，凡事能先險後夷，未始非天試所遇以示警也。

巳初陰，細雨。早飯得飲義大利國酒名阿斯堤者，其色白，味如三鞭，酒力稍大。午正晴暖。

俞惕庵攜字紙灰一囊，並其太夫人生前親書《金剛經》四部。前三日，每值風浪大時，輒投諸海內一部，盥手叩頭，暗禱苦海超度群生。上天有知，必升其母於仙境，諒至誠必有以感格也。

過黑水洋口占一絕曰：「萬里無涯黑水洋，陰雲四合日無光，而今識得穹蒼意，人事渾如大海茫。」未初一刻，入青水洋。

十八日庚戌，晴。子初，入黃水洋，極平。寅正，見西方一片島嶼，色絢五彩，忽而高者短，忽而狹者寬，忽而有若無，忽而實若虛，蓋晨光所照之云，非真山峰也。辰初，見佘山獨立，距上洋約二百一二十里。巳初一刻，抵黃浦江口，有標桿船，又數十家雀隨船而飛，毫不畏人。中外夾板輪船百餘，一望如林。午正入口。未初，泊於金利源碼頭，又名瓊記碼頭。申初下船，乘肩輿行十七八里，至大東門外十六鋪密竹街浙江海運總局宿，樓房高敞，牆壁整齊。酉刻，接見周琳粟觀察（家勳）、陳寶藻司馬（福勳）、黃石甫（達權）及江海關稅務司狄妥瑪與同事之英人薄郎等。因行李卸於江海關，遂乘肩輿前往查收。亥正回寓。

十九日辛亥，晴。早，涂朗軒觀察（宗瀛）、朱梧岡大令（鳳梯）及郭慕徐司馬（階）來拜。午初二刻，復往江海關查點行李，後隨星使往拜狄稅務司暨英法俄美德奧六國領事官，酉初回寓。戌初，周琳栗邀往洋涇浜金桂茶園觀劇，因公私繁冗，辭而未往。

是日，見客廳掛永康應敏齋方伯（寶時）所書楹帖云：「下情易隔，勿信胥差而疑百姓；君恩難報，莫重身家而輕閭閻。」其旁跋云：「此東阿周文忠任阜陽時所題廳事楹聯也，書語可為天下州縣說法，對語則自督撫以至州縣，無人不應日復斯言，使心有主宰，庶以公滅私，不致有所瞻循耳。爰倩莫君友芝書勒於石，時同治己巳長夏。」云云。

二十日壬子，晴。早，孫星使稼生（家谷）之弟棨生（家篤）、黃道崇之弟嶽川（鉞）及葉參戎（圻）來拜。後街遊，見十六鋪一帶街道寬敞，路途整潔，鋪戶繁雜，行人擁擠。午初進城，答拜觀察涂朗軒、大令朱梧岡。繼往大馬路洋涇浜理事公廨拜陳寶蕖，回陽里拜周琳栗，西畫錦里拜孫硯農（文田），老北門內蟻馬弄拜黃嶽川，船木捐局拜孫棨生，香港路拜狄妥瑪暨他文武各官。

二十一日癸丑，晴。早，孫硯農、高懋升來拜。申初，黃嶽川與孫硯農約飯，皆辭而未往。惟陳寶蕖邀飯，固辭不得，遂於申正乘肩輿赴洋涇浜理事公廨，同坐有孫硯農、董味青（念芬）暨其猶子陳臧伯（衍林）。戌刻回寓，沿路見洋人亦有扁乘二把手車者。近日在此得食金橘、青果、閩薑、冬筍、烘青豆、厚魚、羊尾等物，味皆甘美。每夜尚聞蟋蟀唧唧，本應在堂，今多居壁。蚊聲雖不成雷，尚在簷下飛舞成群，足見時在孟冬而仍暖似中秋也。亥刻陰。入夜，束裝。

二十二日甲寅，陰。未初，乘小轎行十餘里，至敦裕碼頭，改駕三板，行約半里，登法國公司輪船名「高達威烈」者，長二十六丈，寬約四丈，其整潔與他船同。船主達時拉年約五旬，語氣溫和。時有涂朗軒觀察、陳寶蕖司馬暨朱梧岡大令諸公送行。酉初，孫硯農約在新新樓晚餐，同坐有陳臧伯、董味青、朱晝三（恩錫），皆硯農友也。亥初一刻回船，晴。

二十三日乙卯，晴。巳正，謝隱莊刺史（鵬飛）來拜。午後，駕小舟登岸，獨步至江海關，與狄妥瑪少敘後，邀孫硯農入城一遊。樓房整潔，路徑平坦。未至新北門與小東門之間、邑廟東轅門外轉角朝南復興樓小食，惟麵包味極佳，皮薄如紙，餡細如泥。

回船後，周琳粟、黃嶽川、英美二國領事官、狄妥瑪及幫辦稅務司辛盛上船送行。酉刻，黃道崇、薄郎、殷伯爾、那威勇暨德威理亞登舟。周琳粟言，回時路過浙江，必到其家一敘為妙，因其告病回籍也。晚，見江岸煤氣燈密列成行，映於水面，如珊瑚大柱，撐於水晶之中，可觀之至。

二十四日丙辰，晴。早，掛大清黃龍旗於桅頂，舒卷飄揚，飛空蔽日。丑正開船，卯初出口，見前後左右中外風篷絡繹不絕，如送如迎。辰初風起浪湧，客人臥而嘔者十人，已居其半焉。彝與俞惕庵同艙，有本船洋僕艾魯者，知惕庵為名醫，乃求治廉瘡，惕庵給與「一掃光」一裹，令彝告其敷法，彼遂欣然而去。入夜，陰。

二十五日丁巳，陰。水黑色，浪大船搖，有時二艙之間見水如雨。此船新造，內外堅固，雖狂風巨浪，亦無患也。巳初，晴。午後，見二等客艙前有二洋人在彼歌唱，因船蕩頭暈，藉此以醫心悸。乃甫歌半曲，眾人皆出，圍坐而聽。再歌一曲，雖嘔吐亦覺舒暢欲歌，此誠解暈之良法。彝雖不嫻謳曲，而聆於耳者，殊覺快於心也。入夜，已過臺灣矣。

二十六日戊午，晴，暖。自過閩浙後，終日只著單袷。午後過潮州，稍平。見船後新貼一告白云：

啟者：本公司輪船，今已改設新章，專用中國人買辦在船上提點上落往返貨物，及照應往來搭客，凡飯食茶水周全。倘諸尊賜顧，定必優意相待。或船上人等有不妥善者，請對買辦說明，向船主告訴，定然理妥，斷不貽誤也，謹此布聞。

一議，貴客光顧在船，如吸食洋煙者，晚上限定至九點半鐘為止，俱要熄滅燈火，以免不虞。

一議，貴客往來不得攜帶火藥硝磺等件，此乃引火之物，以杜疏虞，況有幹例禁之件，俾得彼此相安也。

一議，凡我船上人等，需要勤守職事，毋許非禮及勒索等弊，必要照應客人妥當，以盡賓主之誼。

同治九年九月初一日大法輪船公司主人謹啟

以此，足見我華人吸鴉片者多，官欲禁止無法。若洋船按西規，定不准吸，則載客必少，只運貨物而已。

入夜熱，船復簸揚。華人有簫歌者，洋人見而喜之，竟有身披羊皮作白熊狀爬出者，有頂皮帽插雞翎而跳出作飛鳥狀者，彼此歌舞。更有南康者，著中土衣帽眼鏡，吸煙吃茶，叩頭作揖，故作華人款式。又將水煙一塊撚入口內，人皆稱奇，伊言甜甚。連日順風，酉刻，見右面峰巒重疊，如列屏幛，已入粵省界矣。

記：由昨午至今午，行八百九十里，餘六百三十里，約詰朝卯辰之間可抵香港矣。

二十七日己未，晴，平，水綠色。卯正一刻至香港，入口，過九龍峪，山青水碧，船集如蟻。辰正泊船，檢點行李。午初下船，駕三板行半里許登岸，步至大鐘樓前路西英人開設之香港店宿。店廣闊潔淨，樓高四層，一切陳設器皿與泰西同。未初，隨星使乘碧竹肩輿登山，往拜駐紮香港英國總督懷達翡。有英國千總一員，黑面纏頭兵六名，佩劍舉槍以護。又有差役一名，巡街兵八名，往來攔阻行人，皆係懷總督派來者。繞山行十餘里，峰巒四合，圍如大環，蒼松翠竹，異草奇花，左右闌桿，路途平坦，樓房點綴，清雅可觀。總督年約六旬，言語溫和，坐談片刻而歸。

二十八日庚申，晴，熱。窗外石闌，添設紅白洋花數盆，頻見蜻蜓蝴蝶，上下飛舞，又有黃鸝家雀，左右交鳴，真乃花香鳥語，紅紫芬芳，不亞北京夏初之景也。登樓四望，台榭參差，傍麓依山，樹林蔭翳，較上洋又別有洞天焉。是日為天主、耶穌兩教禮拜之期，自晨至午，堂內鐘鳴四應，街市車馬往來，疾馳如飛。午後，有葡萄牙國領事官勒樂德、日斯巴尼亞國[1]歐爾地牛、法郎西國狄隆來拜，星使皆送至大門拱手而別。每日懷總督派二役聽差，一名賴力，一名李赤乃。

[1] 日斯巴尼亞國：西班牙。

二十九日辛酉，晴。早，同俞惕庵由店左皇后大道步行里許，至中環市東街，繞至市西街，居廛皆市食品，屋宇整齊。後至市中街北首新廣隆果局，筐篚羅列，諸品俱全。買葧薺、波羅密各少許，探囊偶出當十錢一文，彼見甚愛，遂與之。彼欲不索果價，彝言贈之，彼喜謝，又欲還送板荔一包，橙柚四枚，彝辭而未納。

歸寓，與英國千總額爾德坐談片時，知其人曾駐北京二載，頗能華語。午後，有俄國領事官王臥北、德國艾木貝及美國郭拉定來拜。申初，同慶靄堂步至大丹利街、威靈頓街、大興隆街、德吉拉街一遊，路途平淨，市廛繁列，皆係華洋人開設者。後在蘭桂坊楊蘭記茶社少憩，詢張霈霖之叔張秀之耗，始知在上環定安昌鋪內，距此數里，因路遙未去。乃入對面榮華里，步石梯而上，擬至山頂一觀。不料行百步外，竟入人院矣，遂急回，由嘉賢街入閣麟街，自大鐘樓左歸寓。

三十日壬戌，晴。早，在機利文新街義昌鋪中剃髮，所用一西洋刀，一福建刀，一長二寸五分、寬六分，一長三寸，寬如韭葉，皆活骨柄，甚銛利。對面有呂祖大仙樓，上懸「佛心勝手」一匾，係粵人獻掛者。又各鋪門首貼一黃帖云：「九龍宋王台，重修譚公仙聖古廟，喜助工金若干」，以此足見釋道二教當遍行天下也。後步至同文新街與永安街，有賣鮮花者，羅列晚香玉、雞冠花、金菊、玫瑰、紫龍蘇、鳳尾球等，乃買五色菊花與芙蓉各一握回寓，供養瓶中，香透窗外。

巳正，有德國艾森莊[2]克虜樸炮廠之夥計派利來謁星使，言彼攜有名槍六桿，配帶鉛丸，欲獻中國，不知可直送北京否？星使告以俟回棹時稔知的係利器，必函知貴國領事，再為照顧。彼云伊有通事何植桂者，能英、法、日爾曼語，欲譯該局造槍炮各書送呈中華。星使對以「甚好」，乃去。

未刻，往拜美、奧二國領事官未遇，順至山頂公花園。園不甚大，而奇花異草甚夥。所識者，花有梅、菊、葵、藤、茉莉、海棠、木槿、牡丹、剪春羅、大紅花，樹有松、柏、榕、鐵、翠萼金英，清淑可賞。回寓少息，復同那威勇拜德國領事官，坐有商人派利。談次，派利出克虜樸之造炮廠圖，樓房密列，煙筒百十，叢立於中，頗大於前丙寅年遊歷所見者。

記：前同船二等艙中一法人，年約四旬，頻與慶靄堂云，彼來中土謀生未遂，今欲回國，雖有領事官執照，不費船資，然至此舍舟登岸，必有資斧，方可生還，否則求欽差大人以我為僕云云。彝乃同眾共給洋圓數枚，乃去。曾問其何不往求本國之人，或者俯念桑梓之誼。伊云，曾經遍求上海西人，而與者十無一二。噫！可慨已。本地男女多赤足，頭頂草帽，似因天熱路平之故耳。

晚，接粵海關稅務司包臘函云：今午攜其妻來此，賀其友柯立坦弄璋之喜。遂乘碧竹敞轎，先

2 艾森莊：埃森市。

至皇后大道斑鳥公司，據云「東家早回，包臘亦未來此」。又行三里許，至山頭堅道地方，抵柯立坦家，見其妻與包臘夫婦，皆甚喜，彼此問訊，歡若平生。且云，前在倫敦水晶宮所見之陶木森亦在此，遂邀見，談至戌初而歸。一路山頂下望，天色黑暗，只見燈光，群星燦爛，上下皆天。入夜檢點行李，其不急需者儲於寓所，留劉國樑在此典守。聞土人呼英、法、俄、美四邦外者曰「雜港」，呼領事官曰「港臣」，未詳何義。亥刻，烏雲密布而欲雨。

又十月

初一日癸亥，細雨。卯正起程，乘肩輿隨星使行里許，至中環碼頭，登明輪船名「九江」者，長十七丈，寬三丈餘。辰初一刻展輪，逆風微波，水碧色，江不甚寬，左右連山不斷，煙遮雲蔽，掩映迷離。辰正二刻至急水門，有小屋數椽，上樹黃旗紅字，係「奉旨洋藥[3]抽厘」。午正晴，過虎門口，左右有四炮臺，甚堅固。後遇由省而來之雙煙筒明輪船名「金山」者，稍小於此。過此，水色土黃，蓋入黃浦〔埔〕江矣。稻隴綿亙，白沙成行，煙雲稠密，松柏叢雜。未刻，復雨。

同船有南印度孟買之商人十餘名，皆灰面烏鬚，有剃禿者，有剪髮者，咸著泰西衣履，頭頂花

3 洋藥：進口鴉片。

油布帽，其色白紫，形如筆筒，高約六寸，有細黃油布如倭瓜形者，有紅黃黑三色花席如碗形者，皆能華、英語。有名裴當智者，年約三旬，自言來由印度，終年販賣鴉片、棉花、綢緞等物。詢其教，則曰鄒歐拉斯達蘭，乃拜日月五星者也。據西人云，其教已滅百餘年矣。詢其國語，問好曰「戛比池歐」，再見曰「薩艾布吉」，唯曰「哈」，否曰「內」，我不知曰「內章達」，我知曰「吾章努馳」，老爺曰「薩塔」，我曰「吾」，你曰「得美」，他曰「迭」，係曰「且倭」，中國曰「吉吶」。其字皆橫寫曲彎，令其寫大老爺，則如：

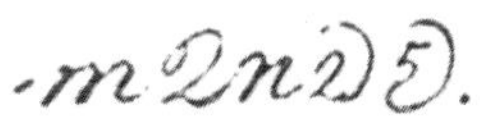

午後，過蓮花山，上矗白塔頗高，下有香蕉、橙、橘、榕、楚、桃、李各樹叢生，青翠無際。又一山，頂建波羅廟，供奉洪聖大皇，層岩戶外，巑岏開蓮，乃羊城八景之一也。一路中土風篷無數，過此，則帆渡煙江，石頭、河頭、老龍、大紅、三板、滿江紅等船，鷁首鴨頭，檣帆羅列。左山上一白塔名把州者，距地百丈，捧日凌雲。又左右文塔兩兩，皆高丈餘，因地勢而設，以助文學之意也。再遠望觀雲〔音〕山後北〔白〕雲山，螺青黛綠，如畫如屏。

申初，抵沙面地方火船碼頭停泊，見洋船二三，小舟蟻集。男女擁擠，亦多赤足者。岸上中外房屋鱗比，惟有數樓如墩如城，高逾三丈，詢之，乃典質庫也。時有左營兵勇列岸，後撤龍旗。改登江船，頗華麗，有三額，顏曰「留花舫」、曰「悟是飄台」、曰「君平妙蘊」，聯繫「誦離騷，飲美酒，裙屐六朝誇絕代；臨清風，對朗月，詩書千載悟奇緣。」茶畢，折回四五里至天字碼頭，乘官轎由倉前街入外城永清門、內城正南門，過雙門底、藩司衙門、禺山書院、都城隍廟，尋至倉邊街之厘捐局，沿途兵勇執事放炮鳴鑼護送。按其地原係鑄錢局，樓房寬敞，院宇淨潔，燈燭燦爛，花樹盈眸，一切皆經委員多與三司馬（齡）與陳琪山別駕（嵩壽）預備。孫省齋方伯（觀）、鍾雲卿都轉（謙鈞）、貴晉廷觀察（珊）、文樹臣觀察（星瑞）、齊仲炎觀察（世熙）、杜蘭畦觀察（學禮）、梁山谷太守（采麟）、賡元甫大令（颺）、潘鏡如別駕（露）、劉耀齋貳尹（光炳）來拜。由香港至羊城，計水程二百八十餘里。

初二日甲子，晴。辰正陰。巳初，制軍瑞澄泉相國（麟）來拜。巳正，星使令持名刺代拜副稅務司暨英、法、葡萄牙、美、德、日斯巴尼亞各國領事官。出倉邊街，走府學東街，出歸德門，走仰忠街、濠畔街、天成街、太平新街，出外城太平門，走估衣街，出聯興街口，至河畔佛山渡頭，入粵海關拜孖骨，遇那威勇及徐蘭農。少坐，復至沙面拜英國羅伯遜、法國達伯理。去此，由元壇廟前過海碼頭，登舟，至對岸洲頭口拜美國富文、德國協子祿、日斯巴尼亞國庇秩，繼赴鼇洲拜葡萄牙國韋拉牛瓦。乃旋走靖遠街、槳欄街、觀蓮街、清風橋、淘沙氹等處，回寓，知殷伯爾、包臘投刺來拜。是地蚊多且大，有種薰蚊香，係以鋸末硫黃等物造者，味不甚佳。雖有帳幔，亦必用香方可避其齧。

初三日乙丑，晴。早，長仙渠司馬（豊）、奎星甫司馬（成）、周雲圃大尹（毓桂）、楊春霖大令（先榮）、劉雨臣明府（兆霖）、柳子謙大令（應喬）、段振軒郡侯（錫林）、葉穆如明府（大同）、陶韻生大令（鑾）投刺來拜，亦有面晤者。午後，葆芝岑廉訪（亨）、崇受之榷使（禮）、孫省齋方伯（觀）等前後來拜。入夜，蟋蟀爭鳴，通宵不息。

初四日丙寅，晴。巳刻，英、美領事官暨副稅務司來拜，留酌。酉初，往惠愛八約遊。見有宦家由東門外送殯回靈者，係前導官牌十餘對，鼓手十六名。後則翠轎翠亭十餘，每座中有菜果一桌，有豬羊一隻者，有放磬一、木魚一者。小童鼓手六班，衣裝今古不一，鮮明整齊，吹笛擊鐃，及小鼓、小鑼、喇叭、簫、鐘等。又持植香爐幼童三對，僧道各十二名，孝服奴僕數名，孝子三名。末一翠亭，中懸官像，年逾古稀，神清氣爽，後隨衣冠者二十餘人。回寓，知殷伯爾、那威勇來拜。

初五日丁卯，晴。早，薄郎、德威理亞及徐蘭農來拜。是日熱甚，只著單衫而已。至晚始微風習習，而蚊雷大作矣。入夜，陰。

初六日戊辰，細雨。辰正，接瑞相國、崇權使邀帖，訂於初九日辰刻召飲，遂即具帖恭辭。巳初，往謁瑞相國暨司道府縣。未初，隨星使往拜英、美領事官及副稅務司，皆升炮設筵以接。所乘江船名「恒順」者，內橫二匾，一「依翠偎紅」，一「花香月大」。對聯二副，一：「千頃波瀾黃叔度，半船書畫米襄陽。」一：「品格情和，信是光風朗月；暢懷清茂，恍如修竹崇蘭。」回寓，接潘鏡如邀帖，訂於初八日申刻在大巷口煙滸樓潔樽候敘，辭謝。尋瑞相國、崇權使答拜，劉望三大令（光遠）來拜。

初七日己巳，晴，熱。早，接多與三、陳琪山邀帖，亦約初八日飲於煙滸樓，乃書「心領」辭之，並繳其柬。

記：粵東省城內八門，東曰大東門，西曰正西門，北曰大北門、小北門，南曰正南門、文明門、歸德門、定海門（俗呼小南門）。外八門，左曰小東門、永興門（俗呼便門），右曰太平門、竹欄門，中曰油欄門、靖海門、五仙門、永清門。外城又曰新城。內城北牆橫於觀音山，無門。

通城閭巷千百，不甚寬闊，鋪戶密列，多如北京。路皆長石，直墁而滑。鎮日人民擁擠，男女老幼，多赤足者。城內磚房少，樓細而高。各門外有柵欄四扇，入門即屋，有院者少，即有亦小。富戶楣橫一石，上鑿四字，如「九疇書室」、「景山書室」等。對聯甚寬，皆四五言，上粘掛錢五張，係紅紙鑿孔者。門皆貼何堂何處某寓，官貼某公館。沿途多有中廁，外橫石匾，曰左右廁，以別男女也，亦有豎石聯者。外城房雖有樓，不甚高而陋。通城終日喧嘩無暇晷。廟宇橋樑甚多。街衢之名多與都門同，如四牌樓、大佛寺、藥王廟、豆腐巷等名。廟宇殿閣不高，有龍王廟、觀音廟、三元宮、關帝廟、學海堂、財神廟。外城之外，閭閻稠密一如城內。一河曰玉帶河，左右有湛塘、沙面、水脚、穀埠、船攔，有東炮臺、中炮臺、海珠炮臺，有赤岡塔、演武台、先農壇、探花橋、百子橋，有老人院、育嬰堂、養瞽院。

又有痲瘋院。院內所居男女，與在家同。富者多而貧者少，彼此設法度日，惟不許外出，婚嫁皆憑官配，病痊始放。外邊男女有染是疾者，男固無法脫卻，女則多有倚門賣俏。男子不知，相與交歡，女雖病脫，而瘋即傳染矣。按定例，如遇瘋女，男應不與相交而聚眾毆打，雖死官亦不罪云。

其他可遊之處，如潘家園、海幢寺、小田園等處，皆距城不遠，梅岡竹塢，清雅可觀。其餘河汊，左通波羅水、黃浦〔埔〕、獅子洋，右達柳坡湧、白鵝潭，率皆鷺濤鷗漲，一色清澄。外城東西又二小門，短牆左連城，右接河，皆名雞翼城。

城內柵欄，入夜嚴閉，以禦賊氛。自瑞相國下車後，城內禁止演劇。街巷兩房之間，多橫竹造望樓，高三四丈，亦守望相助之意也。盜者，男女老幼皆可獲利。明火一次，必有火燭飲食之費，存於公所。男女各言自己子女生時，戚友曾助錢若干於公所，彼此聚集。盜來，按數均分；小孩雖未經手，亦有股份。

其地賭場固多，而淫風亦盛。女得痲瘋暨各不潔之症，自無問名者。彼以不嫁為恥而私於人，與人一度後，三世方消。是疾險甚，聞自古無法能治此病。惟一種驗瘋紙，不知何物製作，來自外邦。將此紙向女焚之，無此症者面青而不語，染此症者面赤而叫囂。

有幼女盟為「十姊妹」者，欲嫁而被九人聞知，乃是日以線纏其身，入門後，新郎無法，只得送回。因非九人願不得嫁，即九人願而嫁，亦必終年不與夫寢，惟值年節與翁姑或自己生辰前來行禮，茶畢即去。待餘九人嫁畢，方齊住婿家，其餘日回住母家者，蓋以與夫同眠為恥也，奇甚。

本地富戶日享珍饈，餘則多有喜食貓鼠者，價亦甚昂云。鋪中之物，索六兩者，只與二三兩則售。又沿街小攤若許，食物果品，各有小牌書其值。橘之去皮者，每枚一二文，連皮者則四五文，因皮為妙藥也。其皮必經土人割成六出梅花形方可，如買者按式割成，彼亦棄而不納。又易錢者，以四大制錢可易七中錢八小錢。無銀號，亦無錢鈔、銀鈔。多用爛花板，係洋圓，各處隨使鑿以鐵印。愈鑿愈爛，愈為上等好銀，致有鑿成薄片者，有零星碎塊重三四分者。物多論銀而不論錢，以戥稱，必低而不平，始與京平合，因其大也。

其地隆冬如北京初夏，二月不雨則為旱。所產五穀花木、獸蟲魚鳥最多。如稻，種類不一，有一歲一熟者，有一歲三熟者，尋常則一歲再熟。豆有赤白黑黃各種。芋有黃白二種，山民多植以備糧。甘薯實大如甌，皮紫肉白，秋種冬收。藜一名胭脂菜，老根可為杖。蕈有白紫黑黃各品，以白者為上，名曰玉蕈。苦菜味苦而芬。冬葵秋種春收，與他葵異。山藥多生石罅間。山薑莖葉即薑，根不堪食，惟葉下吐花如麥粒，嫩紅色，採未開者，謂之含胎，以鹽醃之，藏之甜糟中，經冬色如琥珀，味香辛，可以為膾。葛根生熟可食，又可為粉。茶種類甚夥，以西樵產者為佳。蕨可為粉。薇比蕨差，大根有黃毛，可癒刀傷。石耳一名石芝。

果品：如卐字果，形如卐字，熟食解酒毒。君遷子，子如馬乳而小，中有甘漿。蒲桃，樹高一二丈，葉如桂，花蕊如針，長寸許，子五月熟，色青黃，中虛，有核如彈丸，搖之有聲，味香甜如蜜，以之釀酒，可經歲。蜜望樹高數丈，花開極繁，蜂喜採之，實黃，味酸甜，能止暈渴，即俗名之莽瓜也。木威子，俗名烏欖，仁為佳果，核可為薪。人面子，實如梅子，初青後黃，味酸而佳，核如人面，故名。蓬生果，樹高一二丈，葉生近頂如蒲葵，葉下生子，青微有楞，肉白多脂，掐之乳隨指出漿，食甚脆，土人多蜜漬之；樹分雌雄，其皮乾亦可醬食，嫩如蘿蔔。秋風子，樹高數丈，子如苦楝而酸。三劍子亦名羊桃，多五斂、六七斂者，能解肉毒，又辟蠱瘴。鹽麩子，子生枝頭，似豆而小，有鹽凝其上，能辟瘴毒，生津液，遊人賴之。甘蕉，結實有三種。柚子有香者，冬出。餘如柑子、蕉子、荔枝、甘蔗、龍眼、黃皮、枇杷、橘、橙、香櫞、柿子、梨、桃、荸薺、波羅密等。

木品：有蠅木，高數丈，葉細如豆葉，落畦上，則茶不生蟻，人多植之。旱則蠅樹降水以滋茶，潦則蠅樹生火以熯茶，故茶無旱潦之虞。又夏秋時，蠅皆集於樹而不集於茶，故茶無蟻而味美。蓋蠅樹，茶所以以為潔者也。已受蠅污而以潔與茶，其德於茶者多矣。按蠅木易長，十年可以成材，枝葉柔細，不妨茶陰也。木槵亦結果如珠。槐，黃花累累，垂如葡萄。松、杉、柟、桐、荊、榕、楓、椿，虎刺、谷木，黃楊、碧柳。相思木棉，大朵紅花。桄榔樹，皮中有屑如麵，多者至數斛，食之與麵無異。水松、刺桐、丁公藤。庵摩勒，子名餘甘子，味甜。榆、槁、棠梨，苦楝、烏桕。冬青出白蠟蟲，生子煮可成蠟。椰子中有清漿升許，微帶酒氣，曰椰酒，與安南同。

菜：有蕹菜，性冷而甘。南人編葦為筏，作小孔，浮於水上。種子於中，及長，莖葉皆出於葦筏，隨水上下，南方之奇蔬也。冶葛有大毒，以蕹滴其苗即萎，世傳魏武能啖冶葛一尺，云先食此菜。蕹筏一曰蕹田，亦曰浮田。蕹雖解毒，然亦能損目。茄樹，交廣草木經冬不衰，故園圃種茄，宿根有三五年者，漸長枝幹，乃成大樹。每夏秋盛熟，則梯而採之，樹老子稀即伐去，別栽嫩者。扁豆亦然，隆冬不萎，有逾四五年者，秋冬以後，結實更繁。綽菜，夏生於池沼間，葉類茨菇，根如藕，南海人食之，能令人思睡，呼為瞑菜。地腎，係松花落地而成者，生無根蒂，小如彈丸，大如雞卵，紅黃相錯，晶瑩可愛，味甘香。廣中隆冬時常得鮮蔬十餘種，故人家絕少醎菹。諺曰：「冬不藏菜」。客至以菹薦之，謂之不恭。以上皆蔬之異於他處者。餘如白菜、芥菜、莧菜、菠菜、蔓菁、蘿蔔、芫荽、黃瓜、南瓜、葫盧、瓠子、豆角、蔥、韭之類，與他處略同。

又果：如廣州有無核枇杷，海南有無核荔枝。南海之平浪三三而東一帶，多龍眼樹。番禺之李村大石一帶，多荔枝樹。地土所宜，爭以為業，稱曰龍荔之民。橄欖八九月熟，大如棗，樹高數十丈。鹹而食之，名曰欖豉，其色紫粉如爛肉。有鹹而曬乾者，其色黃。柯子樹似無槵，花白子黃似橄欖，和以甘草煎湯，可以代茶。海棗樹無歧枝，直聳二三十丈，樹頂四面，共十餘枝，葉如栟櫚，五年一實，大如杯碗。核兩頭不尖，雙卷而圓，味甘美。蘋婆果一名林檎，樹高，其莢如皂角，長二三寸，子生莢間，兩旁或四或六子，老則莢迸開，內深紅色，子皮黑肉黃，熟食味甘，蓋軟栗也。林檎、蘋婆，皆與北方果不相類。叩其名，則中土所熟；按其實，則往往詭類殊形。故《廣東新語》謂粵中無蘋果、花紅，可以不納子代之。宜母果似橘而酸，婦人懷妊不安，食之良，故有宜母之名，又名宜濛子，俗書為檸檬。製以為漿，甘酸避暑，名曰渴水，其味勝於梅子而不澀。韶子大如鳧卵。柹山韶子，色紅，肉如荔枝。古米子，殼黃，中有肉如米。粒穀子如青梅，味甘。木連如胡桃，色紫。特乃子狀似榧，而圓長端正。不納子似黃熟小梅。朱圓子正圓深紅，狀如楝子。楊梅葉如龍眼，樹如冬青，一名杌，有白色者，甜而絕大。榛似栗而小，土人名錐子，亦非北地之種也。波羅密大如冬瓜。膚礧砢如佛髻，削其皮食之，味甘如越南暹羅者，子瓤悉如東瓜，生大木上，秋熟。獮猴桃亦無花果，但不及波羅密之大而美。天桃子大如木瓜，渡海食之不嘔，然不宜於年穀。諺云「米價高，食天桃。」金鈕子色紅黃，味甘。都撚子一名倒撚子，有紅白二種，花如芍藥而小，子如軟柿，外紫內赤，其汁可染，花可為酒，葉可帶面皮漬之，有膠可代漆，蘇東坡名之曰「海漆」。萬壽果樹高如桐，實在樹間，如柚，味香甜。瓦瓜色灰碧，味甘。南瓜、佛手與他處同。

花：有桃、李、梅、蘭、桂、菊、海棠、玉簪、薔薇、金錢、脫衣、換錦、鳳凰、荼蘼、夜合、狗牙、芙蓉、薝蔔（即梔子）、杜鵑、錦鶯、胭脂、山丹、凌霄、含笑。指甲樹似桂而大，花最清芬。滿天星、茉莉有千瓣者。槿有紅白黃紫四種，四時不斷。粘有紅白二種。佛桑有紅白各種，重台者食之殺人。粉蝶出西樵山。珠子有二種，已開如珍珠，未開如碎玉。龍鬚花色正赤，形類秋海棠、石榴。雀舌花如紫蘭，依木石而生。石梅花，葉比梅差小，生於石罅，高僅一二尺而無香。夾竹桃，高三丈餘。秋海棠，花或四出五出不等，有紅、自、碧玉等色，自二三月開花，至深秋始盡。玉繡球，蔓生，附石依藤，花最耐久。清箱子，爬大架，四季不斷。晚香玉三四層瓣者多。指甲花高五六尺，枝葉柔弱，花白而香，開時極繁，細如米粒，一名散沫花。頳桐花，嶺南處處有之，自初夏開至中秋，葉如桐，其花連枝萼皆深紅。刺桐，其木可材，三月布葉繁密，花赤色，生葉間，旁照他花皆朱殷。水蓮如蓮而莖紫無刺。貝多羅花大如酒杯，六瓣，瓣皆左，紐白色，近蕊黃，香甚縟，葉大可寫經，惟稍遜於印度者。紅豆蔻花叢生，葉瘦似碧蘆，春末先抽一幹，有大籜包之，籜解花見，一穗數十蕊，淡紅鮮妍，重則下垂，如火齊纓絡之狀，蕊心有兩瓣相並，詞人曾詠曰：「比目連理」。鷹爪蘭枝蒂如鷹爪，六瓣兩台，他處未見，亦異種也。晏花似百合，色紫，有合二三十攢為一朵者，香烈異常。九里香，木本，葉細如黃楊，成叢，色白，有香甚烈。又有七里香，葉稍大，其木皆不易長，有數百年者，枝幹拳曲，可作盆盎玩具。西洋蓮，蔓細如絲，朱色，繚繞籬間，初開如黃白蓮，久之瓣落，其蕊復變為菊，故又名西洋菊。鳳尾花，葉與穗皆若鳳，葉長五六尺，木有花紋，植之避火，以花置書帙中避蠹。餘有密拉松、茶花等。

草：如吉利草，其莖如金釵股，形類石斛，根類芍藥。交廣俗多蠱毒，惟此解之極驗。睡草出海南，見之令人睡，一名醉草，亦呼為懶婦箴。廣州有樹可以禦火，山北謂之慎火，或謂之戒火，多種屋上以防火也。南中無霜雪，故成樹耳。都管草一莖六葉，辟蜈蚣、蛇。縮砂仁隨地有之。羅浮山之虎耳草，葉有六尖，每尖一刺，屑之為末，遇盜賊，順風揚之，著身則骨痛七日，不可忍，不敢言，言之則再加痛七日。椒，苗蔓生，莖柔弱，葉長寸半，枝上結子相對，黑光如漆，謂之椒目。產廣州者，色淺皺少，不大辣，以來自番舶名胡椒者為貴。姚金娘叢生野間，似梅而末微銳，似桃而色倍赬，中莖純紫，絲綴深黃。八九月實熟，味甘，可養血，花則行血，廣州多有之。又相思木，有黃紫之分，背起細花如雲，質堅如鐵。力木子名紅豆，如珊瑚子，光瑩鮮澤，山村兒女或以為釵飾。藥樹狀如木棉，其液白，見風則黑，一名藥脂，土人以濡箭鏇〔鏃〕。中虎，則三躍而死；或中山豬，豬齧木槵根以自療，故知木槵能解此毒。大痲子亦成樹，高約二丈許。餘如杉、柳、楊、榕、鐵、葦、蕉、竹等。

禽：有山雞（即錦雞）、白鷴、春鶯、金雀，山烏（似雀）、鷓鴣、畫眉、秦吉了、青鳩、杜鵑、斑鳩。伯勞有黑白灰各色。翡翠有大小二種，小者羽長寸餘，可以為飾。翡赤而翠青。翠鳥先高作巢，及生子，愛之恐墜，稍下作巢。子生羽毛，復益愛之，又更下作巢也。羅浮山有紅者即翡鳥。鸂鶒，水鳥，毛五色，食短狐，所在溪中無毒氣。啄木大如雀，毛色正青，翠鳥類也，與他啄木異種，舌長五寸，杪有刺針。江鷗一名海鷗，在漲海中隨潮上下，常以三月風至乃還洲嶼，頗曉風雲。若群飛至岸，渡海者輒不敢渡，以此為候。吐綬鳥身大如翟，毛色可愛，晴則吐綬長一尺，須臾還吞之，一名錦帶功曹。嶺南珍禽有倒掛鳥，非塵間物也，毛羽五色，日聞好香以藏於羽，夜則張羽倒掛而散之。宮鳹啄距皆紅，身五彩，頂有纓，碧綠閃爍。穀中群鳥附之，俗呼山判官。鷦鷯，詩所謂桃蟲也，形甚小，性極精巧。餘與北方略同。

獸：如石羊，銳蹄無角，其皮作褥，可癒筋骨疼痛，其血能療跌損刀傷。龔犬一名坆狗，其尾有球。旱獺一名飛狸，色黑，膚如蝙蝠，食魚而陸處，可治難產。豹狸即香狸，有一種全啖山果者，名果子狸。山獺出溪洞，能解藥箭毒。水獺，青似狐而小，喙尖足駢，高下為穴，能知水信，廣人以占水旱，善捕魚。廣人謂蛋〔疍〕家男曰獺公，女曰獺婆，以其善入水取魚也。猿有三種，金絲者黃，玉面者黑，純黑者面亦黑，金絲玉面皆難得。石猴小如拳，可於筆筒中睡者，出高、化二州。餘如馬猴等類甚夥，不足貴也。嶺南有狨，似猴而大，毛深厚而金色，以猴為糧。每嘯則群猴皆集，列跪於前，狨一一手按之，驗其肥瘠，視肥者以石戴其頂，此猴跪拜不敢走，餘乃散去。戴石之猴即隨狨至水次，入水洗濯，又自拔毛淨訖，乃臥而聽狨食之。餘皆與北方同，故不記。馬與貓，色灰黃者多，黑者貴。

魚：如鯪魚〔鯉〕（即穿山甲）、鮋、鰌、鯉、鱔，鰱、鯽、龜、蠔等。

蟲：如蝴蝶，大者文彩五色，兩翅如合璧。石燕狀如蝙蝠，有馬頭、獅頭、貓頭者。西樵山馬頭者最大，能補虛益氣，其腦癒目障。有千歲者，頭白起雙角，名肉芝，服食長生，不易得也。蛤蚧似蛇而四足，鳴則自呼其名。蜥蜴、守宮，皆其類也。草龍狀如小蛇，四足。蟋蟀有至二三錢者。天蛇生於瓦面，長不過二寸餘，甚毒，人若被傷，不過半日即死，無藥可醫，亦蛇類也。餘如白蟻、蟈蟈、螻蛄、蝙蝠、蜻蜓、蚊蠓、蚰蜒、蠍虎等，皆與北方同。

初八日庚午，晴。辰初，同俞惕庵東北行五六里，至蓮塘街，登石磴三百一十八級，入觀音廟。山以是名，殿宇寬敞，幽雅宜人。中供觀音菩薩像，左右十八羅漢，上懸匾額若許，有「慈佑清海」四字者，有「庇佑群生」四字者，有刻六番字如：

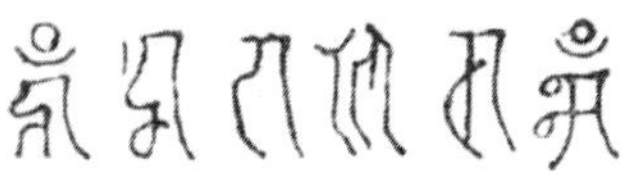

者，未詳何義，不知何人所獻。焚香叩祝，出正殿，下石階，左有活佛殿，右係關帝殿。有僧引入後門，至一殿，中供古地王像，左右三十四尊古佛。出山門，有慈悲佛像，左一石牌樓，內書「古之楚廷」，外書「粵秀奇峰」。

去此復東行數十步，至五層樓。時屆隆冬，一路花香鳥語，林木參差。樓高逾八丈，每層木梯五十三級，銅柱二十根。地基東西二十五丈，南北七丈五尺，通樓無匾亦無聯。至頂四顧，前望城中煙霧迷漫，林木叢密。樓下即北面城垣。後望城外，則小岡數四，炮臺二三，墳墓羅列，樹少草黃而已。看畢，步行下山，至一處，門首橫石，上書「鄭仙翁」三字，旁書「陳鍾麟」，下一聯繫「幽境闢仙祠，松柏綠分楊子宅；靈山崇道貌，菖蒲香泛越王台。道光壬辰秋，仲鳳山鮑俊書。」入內，殿宇高聳，香煙繚繞。殿前映壁書「雲藹瓊台」四字，殿中匾額對聯若許，未暇細記。下山，復南行十餘里，出文明門、永清門，至天字碼頭天后廟拈香。未正回寓。是日熱似中伏。

初九日辛未，晴。終日有本地官員來拜。徐蘭農送《身世準繩》與《得一錄》各一部。入夜，料理行裝。

初十日壬申，晴，涼。辰初起程，出文明門、永清門至西石角天字碼頭登江船，順流而西，至白鵝潭洋船碼頭，換登「金山」輪船。有文武官員暨稅務司包臘等十餘洋人送行。巳初展輪，過海珠石、白雲山等處。午初過圍塘、獅子洋，至黃浦〔埔〕停泊片時，後過羅星塔、赤岡塔、虎門等處，申初至香港。下船，仍入前店。

十一日癸酉，晴。午後，派利來呈洋槍一箱。星使未看，命其先呈圖畫，乃去。申初，令其通事何植桂送大小槍炮與造炮廠圖樣數張。

廣人喜食拌魚生與魚生粥，味皆新奇。又娶新婦者，送其母家燒豬由十數隻至二百餘隻，母家收則轉送戚友以報喜。中土燒豬以廣東者為最美，嫩而脆。土人呼燒豬曰金豬。

十二日甲戌，晴。早起，清爽撲人眉宇，天氣強於羊城數倍。見樓旁置花一盆，高六七尺，碧葉大如茉莉稍長，惟枝頭八葉變赤色，中含小花六朵，是花作蕊而葉成瓣矣，大於牡丹，紅於石榴，蓋一品紅也，竟有長成大樹者。午初，乘肩輿行六七里，至上環西營盤皇后大街定安昌鋪中拜張沃生之叔張緯卿（秀），少坐即回。戌刻，見西北山頂火光一條，長約數里，彎曲如龍。詢知其地草乾，馬不堪食，燒去生新以肥馬。由此可見其地隆冬天氣不寒，而青草易得也。

十三日乙亥，晴。午初，有廣人范汝為、陳大光來拜，能英語，乃道翁友也。一言自同治元年在本地督憲衙門為通事，兼翻譯香港憲報，四年改在華民政務司署翻譯憲報（一言現在錢債衙門驗銀云）。申刻，將一切無用行李存諸寓內，言明每月給值十三元。晚餐食魚生粥，係熱米粥，內放油炸果、胡蘿蔔、生魚、香菜、蔥、蒜、薑等，味不甚佳。戌刻，見北面山頂焚草一行，如昨，不甚長。

記：「金山」輪船客艙後，昨由羊城載魚六桶。桶高一丈，周一丈九尺，每桶放魚大小數百。旁一小桶，下插竹筒長約尺半，頭有二孔。一人旁立，持大勺由大桶取水入小桶，又自竹筒流回若泉，往來激湍，以得魚活。至此則由網袋倒入舢板腹內，運於市間，各行分取。

每晨土人十餘，各擔河水二桶，每桶旁一竹筒，長約尺餘，式類噴壺，竹筒垂則水出如雨，片刻通衢皆濕，毫無纖塵。

十四日丙子，晴。巳初，步至碼頭，駕舟行半里，登「拉布當內」輪船，係丙寅春由上洋來此乘者。遇前充北京同文館法文教習德達納及管帶中國炮船千總龍飛，亦係法人，曾與彝共舟西往。二人皆宿羊城。龍飛所管炮船名曰「恬波」。是日，因候倭力哈，輪船未開。

十五日丁丑，霧，辰初晴，午後甚熱。見同船人帶一洋犬，其色紫白，大如豹，偶見蝴蝶飛過則立而捕之。其性頗馴，以法言令其立則立、跪則跪，外人把玩，不出聲而亦不齧。當晚，皓月當空，光臨水面，星映上下，如坐水晶宮也。

十六日戊寅，晴。午正，星使飭交文信一函，送美國領事官郭拉定，令其代寄天津美國領事官密妥士，以便轉達總署。即駕三板登岸，乘肩輿行數里抵寓。值伊公出，遂交其副領事呢克三而回。見新聞紙云，「倭力哈」不到，明午「拉布當內」應開，以免誤客而得不實之名等語。亥正，「倭力哈」到。見其船頭折捲如荷葉，因九日前出橫濱不遠，碰於海石，開孔進水，杜以樹膠棉鐵等物始止，不敢直行，故遲三日。在此通宵運貨，聲音震耳，寢不安席矣。

十七日己卯，晴，冷似初冬。早，法國翻譯官李梅來拜，知其昨晚始由法國來此。此船洋僕有前在「高達威烈」之年康、馬繼樂二人，一見甚熟，伺候一切，異於眾人。午正開船，出口甚平，水色深綠。入夜，明月如晝，碧海無波。倚篷遠眺，天水無涯，心曠神怡，寵辱頓忘。

十八日庚辰，晴。順風，水藍色。同船有洋商吶斯闊福者，能華語，自言係俄國恰克圖人，在阜通洋行為茶商。午後過海南崖州，遠望黎母嶺暨他島嶼沙地，綠白二色，掩映迷離。入夜風起浪湧，船即簸揚。

十九日辛巳，晴。早起，艙內熱如中伏，船面涼若中秋。西面島嶼、沙漠，一行無際，蓋安南國正東界也。

二十日壬午，晴，平，水綠色。未初一刻，抵安南國嘉定省。申初進口，左右山樹森列，水平如油。戌正住船河面，地名四岔，又名南炮臺，距西貢約二十六七里，因河路曲彎，大船難行，恐有觸舟之患也。停時機筒放氣，艙內聞之如提閘放水，聲音震耳。又見法國炮船三隻，泊於灣內，不甚大。漁舟十餘，燃燈藏於樹內，望如螢火。晚，與六七同船日本人，以筆交談，言其君名睦仁。乃統仁子也。其年號初為慶應，四年後改明治，現為明治三年又十月二十日。其土語，問好則曰「歐海歐」及「果吉延尤」，是曰「海」，非曰「伊業」，謝曰「阿立牙頭」。

記：是河安南俗名芹蒢，大口曰頭墩，曰二墩，灣共九十九，總名廣南灣。又前十六日為西曆臘八日，而無煮粥之俗焉。

（稿本卷一終）

庚午又十月二十一日癸未，晴。卯初開船，巳正抵西貢停泊。同黃道崇、俞惕庵駕小舟登岸，步至宏泰昌號拜張沃生，少敘留饌，飲安南酒，甘如中土玫瑰酴。高引之與薄郎亦來此。沃坐邀往中華城一遊，恐有公務，辭之。復約申刻在鋪中晚酌，不獲再辭。回船後，聞洋人云，此地虎豹多而害人。芹蒢兩岸，小虎成群，故鮮有漁樵者。蓋土人性惰，不知工作，遂成荒野。三年前，曾有法兵一名病歿，四兵持槍往葬，突來一虎，兵急棄屍逃歸炮臺，集眾同往搏虎。至則列隊放槍，虎不知懼而進之。隊首伏身，以劍刺其胸，虎仍奮力前撲。眾退，良久再往，則被刺之虎已死，隊首亦驚駭而死，劍深入虎胸，力拔不出。人與虎之獷悍為何如耶？

申初，隨星使登岸，乘車往拜法國駐此之總督達皋路協者。年逾三旬，黃髮灰鬚。文武環坐者二十餘人。其房純以木造，極寬敞，高約五丈，寬五丈，長約二十丈。前有戲臺，後如泰西議事廳之公座。設水法[4]、鮮花。四壁畫花卉禽鳥、二龍戲珠，皆華人筆也。上懸玻璃燈十餘對。茶酒少話，即辭。

先同德威理亞、慶靄堂暨巴里銀商葛茀滿乘雙馬洋車行六里許，至公花園，看虎二熊一，皆大於前次所見者。一路洋樓點綴，花樹叢生，與夏秋同。是地多產檳榔，樹有高於椿楊而粗於松橡者。去此，又行三十餘里，至中華城，屋式與羊城同。有琉璃瓦房數處，曲徑盤桓，極其幽雅，係供奉關聖帝君、天后娘娘暨財神、火神神像。又有義安會館，石牌上鐫「海國風和」四字。小河數道，舟艇鱗集，鐵木橋樑，馳驅車馬，亦小邦之一繁庶區也。時已薄暮，左右燃假煤氣燈，鐵架玻璃罩，燃以石油，亮與煤氣無異。各鋪門首四五人對坐喧嘩，亦有賭者。地雖名城，而無垣堞，不過一村鎮而已。出此，則清風徐來，花香觸鼻，蟲聲四應，螢火如星。抵岸與德、葛分袂，偕靄堂步至宏泰昌號，而高引之，黃道崇、薄郎已先至焉。食間，有福基號商閩人陳祿勳者折柬來邀，因宵深辭謝。飯畢，稍坐回船，而東方白矣。

記：安南人述其土語，云是曰「牌」，非曰「空牌」，問好曰「多個」，我曰「兑」，他曰「埃」，你曰「矮」，一曰「木」，二曰「吸」，三曰「巴」，四曰「邦」，五曰「邦木」，六曰

---

4 水法：噴泉。

「搜」，七曰「拜」，八曰「大木」，九曰「支秋」，十曰「布艾」。

二十二日甲申，晴。寅正潮長，開船。卯刻日出，赫赫如焚。巳初出口，雖有微颸而水無紋皺。午後忽狂風大作，巨浪搖船。華人無一暈者，而洋人嘔吐者反居八九，誠不可解之事也。少選，忽由篷頂進水，几凳皆濕。後桅之横竿折損一根，長約四丈。堅如松柏，竟為風浪摧折，其猛可知矣。是日午前，見大魚出水，長五六尺者四尾，知其風浪必作也。亥初，陰。

二十三日乙酉，早，細雨。辰正晴，見大虹見於西方，倒映海面，忽圓忽半，忽整忽雙，五色迷離，亦幻境也。飯後有洋人訥武英者談云：「今日本國學習各國文武兵法，效驗極速。貴國亦宜有備，方可無虞。即以諸公所著鞋底論之，足見其蠢笨不靈矣。」彝曰：「即以鞋底觀人，其真假虛實，亦可略見一班。貴國鞋底，必先薄而後厚，雖厚亦只四分之一。日本鞋底，前後實而中空，雖實不足四分之一。皆不如我國鞋底，首尾一律。以之待人，亦必始終如一，不致易轍改弦也。」其人不對而去。

是日浪大，船面見水，杯碗被損者甚多。午初，復雨。午正，忽一鳥飛於船面，鴨爪鷗身，細啄小尾，毫不畏人。洋犬見而欲捕，乃急捉與洋僕，令護惜之，擬抵新嘉坡再為放之。

二十四日丙戌，大雨。卯正，因路迷度數，少為停輪。巳初雨止，開船。左右各一山島，皆在掩映間，小大難辨。見二漁叉立於海面，長皆逾丈，必漁戶設此以捕魚之脫網者。

同舟有日本人橘正者，言語溫和，頗知禮義。問慶應四年南北兩部之名，曰：「所謂南部者，乃薩州侯、長州侯、土州侯、備州侯、藝州侯，其餘小藩數諸侯稱之天兵；所謂北部者，乃仙台侯、會津侯、米澤侯、莊內侯、南部侯等，此具魁者也。」問當年南北孰勝？曰：「北部乞和事平，自是改慶應為明治。」問：「此時仍官恒為官，民恒為民否？」曰：「敝國六百年來，皆尚封建之制。四年和議以後，厘為郡縣，自是又易一景象也。」又言：「貴國與我國同為亞細亞人，且唇齒相依，宜共為保護，以固疆域。」彝曰：「唯。」其國之數目字，土語呼一曰「什多子」，二曰「夫多子」，三曰「米子」，四曰「腰子」，五曰「依自子」，六曰「摩子」，七曰「那納子」，八曰「牙子」，九曰「庫庫訥子」，十曰「托」（又曰「其斯柏子」），百曰「哈古」，千曰「層」，萬曰「旺」。彼此筆談良久，因已鳴鐘二次，遂拱手而別。蓋鳴鐘以告眾客飯齊也。

午後，西南峰嶺蔚然深秀，東北野木繁蔭，水色蔥綠，天氣稍涼。未正晴，申初抵新嘉坡。傍岸後，有中土、暹羅貧人傴僂提攜，往來不絕。或藤或席，或石或鳥，或衣服，或寶物，咸來登舟而售。酉正忽陰，大雨一陣，人皆散去，雨止復來。入夜熱，上下貨物，人語喧嘩，聲音聒耳，終夜不息。

是夕，復與同舟日本五人挑燈共話。一名野村尚赫，一名毛利親信，一名楢崎景福，一名小阪貫一，一名堀江春野，皆強記善談。有問「貴國兵艦之數」，彝對以「東南海面，炮船無算」。有問孔夫子之胤若何，曰：「千餘年來，已封為世襲衍聖公，實為海內師表。」有問「貴國皆奉儒教否？」曰：「儒教如日月經天，萬古不磨；間有奉他教者，不過億萬中之一二而已。」彝問：「日本所奉何教？」彼云：「我國有國教，而以儒教為翼。昔時愚民，崇信佛教，今皆廢之。」問：「國教係何教門？」彼曰：「忠於君，孝於親，自是天下之公法。」問：「忠孝二字，不知由何教所傳？」彼曰：「皇祖皇孫，授受心傳，施之於政，載之於書。」又問：「皇祖皇孫，原係何教？」彼曰：「皇祖謂天御中主神，為我國開闢之祖，皇孫謂其子孫相繼受統者。」彝以言涉妄誕，乃書曰：「夫既知忠於君，孝於親，即係儒教。貴國由君至民所讀者，我國之四書五經也。公言國民皆知，理或然矣。不知貴國先王施之於政，載之於書，其書若何，可與庶民讀否？」其人不答而退，眾皆悄然。夜半仍雨，冷氣逼人，風景清爽，涼似中秋。

二十五日丁亥，仍雨。辰正，持星使名片下船，乘車行八九里，至前次所過之大羅布店，拜法國領事官賀爾騰。遇同船東西洋人數名，德那殷三人，晤後即回。途次，見新建樓房二所，工作頗細。各門橫一石匾，一書「源興」，一書「宣陽會館」。巳正回船，又雨。行人多將橘橙與大小銅銀洋圓投之於水，有小兒數名躍入取之，見日本人則齊呼曰「日本日本」，蓋望其擲錢也。

午正一刻展輪繞回，出口甚平。申正，驟雨一陣，雨點觸水，跳躍不定。晚餐得食番果，名曰蠻果[5]，似蛋，色禁如茄；皮厚四五分，澀如石榴皮；肉形如橘，味比櫻桃，色似海棠。

飯後，同二日本人坐談。一稱辦務使，從五位，鮫山烏藤原信，年近三旬，面黃無鬚。一稱權大記，正七位，鹽田管原蔫信，年約二旬，麻面無鬚。皆奉官委往英、法、日爾曼等國辦理交涉事務者，能英語。談次，蔫信舉筆書七律一章與看，兼求斧政，詩云：

欲避炎威倚玉欄，渺茫萬里碧波瀾。
去家既覺南來遠，北斗七星低不看。

彝曰：「璧合珠聯，清新俊逸，絕似唐人風韻，無懈可擊。」其人大喜，復書平素所作，一云：

梅香雪影鄂羅[6]夏，螢火蟲聲印度春。
踏遍東西萬奇景，退成天地一閒人。

一云：

---

5 蠻果：芒果。
6 鄂羅：俄羅斯。

百二重關鄉信賒，清明過後尚天涯。
春雲不鎖夢魂返，一夜故山踏落花。

二章慷慨激昂，有舉頭天外之想。日本自古多騷士，〈廣陵散〉尚在人間也。是夕，清風陣陣，可著夾衣，與前三次經過天氣迥異，足見或云此地四季無分者謬矣。

二十六日戊子，細雨，卯正晴。見風篷三隻，亦皆南行者；然以輪船之速比之，反似退而不前。辰正北行，走馬戛港。東有麻六甲，地屬英國；西則蘇門答臘大島，屬荷蘭國。巳初，見東面山岡起伏，乃麻六甲之西南界也。

同船有荷蘭人伊阿薩者，攜其三子，二白一黑。又麥雅爾者，係同治五年同船萬斛之友。問及萬斛，彼云：「仍駐紮窪[7]，現充提督。」又日本人建野鄉三者，相與扳談。彼云：「敝國自古被髮左衽，而近年風氣大異，凡物皆仿西式，比之貴國，自覺愧甚。」彝言「大領闊袖，為神州之古裝，何恥之有？即以其所有易其所無，亦非無益。」彼云不知其所有者何？」曰：「無非輪機火器之類

[7] 紮窪：爪哇。

耳。」彼云：「此固有益，然亦有損。」曰：「既與各國換約通商，則此事自不得不學習之。苟吐棄而不屑為，其禍患之來，將指不勝屈焉。」其人聞而感慨者良久。

當日申酉之間，見左右小島二三，近者蒼翠，遠者迷離。終日水平，紋如席捲，其色深藍。

二十七日己丑，卯正大雨。北行稍西，過蘇門答臘之西界霤里錫里[8]地方，長逾三百里，一望平衍，密樹排列如牆。過此則海水藍綠相間，如圖畫然。辰初，西晴東雨，南陰北虹。未幾大雨如注，巳正止。見西面碧岡層疊，長百餘里。午正，復雨一陣，雨止即晴，晴即熱似三伏。戌初，過蘇門答臘之西北界，總名亞齊。外二小島，一名普陸，一名豪格。山與雲連，一望無際，縹緲千仞，如送如迎。過此稍西，水色深藍。

二十八日庚寅，晴。仍西行，水色黑而平。午後稍北，逆風，船微簸揚。酉初，見西南烏雲大片，堆累如山，兩峰之間，橫有五彩一條如虹，乃日光斜射與雲混雜而成者也。又巨魚長約丈許者，躍水逐船。

8 霤里錫里：廖內省（屬印尼）。

二十九日辛卯，晴。記：同船日本人多有善奕者，棋式與華同；又喜咕嗶，其聲如方外唪經。所攜書籍甚夥，如《元寇紀略》、《日本野史》以及詩草文詞，靡不舟車供覽。

午後，一魚飛入艙中，長約八寸，其翅即其分水，潛而能飛，足見造物之巧也。入夜，天陰尤熱，微風浪湧，船即搖盪。亥初，因輪機氣筒稍有洩氣之處，停輪二刻，修畢復開。

十一月

初一日壬辰，晴。未初，見同船數人，玩於船面。係一人曲身，以一手背撫臀，一人坐而蒙其頭。餘人後列成行，內一人立而擊其手。彼起以手指係何人，是則彼此互換，否則再蒙。此戲呼為「滿收達」，譯法言「熱其手」也。晚饌席間，德威理亞、那威勇二人仿華人拇戰，眾皆大笑。法人畢路安云：「日本人亦有拇戰，係二人不語，對手三搖而後出，或掌或拳，或無名指與將指。以掌為紙，拳為石，指為剪。剪能剪紙而不能剪石，石能擊剪而不能擊紙，紙能包石而不能包剪。」此法與中土啞拳酷似。入夜，涼。

初二日癸巳，晴。因昨夜錯查度數，誤過錫蘭島，自子正回行三百餘里，午初始到。停輪後，浪雖小而船搖，風雖有而天熱。申初，隨星使駕小舟登岸，乘車入城里許，至英人所設之歐連大店。

樓高三層，內外整潔。茶罷，登車北遊十餘里，一路花木與前同。惟有小兒數名，追隨喧叫，有能英語者，則呼人以乞錢與煙捲；不能英語者，則言「巴巴」，不知其仿華言，抑或土語耶？亦有賣肉桂、鮮花及金銀戒指者。西初回店，供具頗佳。得食西瓜，味甘皮薄，洵為解渴之冰漿也。旋有土人持寶石、貝葉、象牙、玳瑁各器，紛紛來售，陸離光怪，如入寶山。夜微涼，花香滿屋，清風若秋，蟲鳴四壁，唧唧可聽。

記：此島在南印度正南，周千餘里，有崇山峻嶺，多產寶石、肉桂、異獸、珍禽。天時酷熱，多雨，多迅雷。前明葡萄牙據立埔頭，後為荷蘭所奪，今則英人盡有其地。自古佛教興於印度，前漢東傳，盛行中土。晉之法顯，唐之玄奘，曾歷其地，詳載而歸。今中土招提所供菩薩、羅漢諸神像，或裸上體，或舉缽盂，或耳帶環，脛束釧、衣袈裟、坐蒲團，與本地廟中無異。至元時，五印度半從回教，而佛教漸微矣。百餘年來，泰西各國先後爭有其土，則五印度之佛教不過碩果僅存而已。世代盛衰之感，洵不虛也。

初三日甲午，晴。早起，見近岸三五里，樓宇相望，或石或木，雖皆宏敞，半就頹圮。憶自丙寅迄今，不過數載，未加修葺，心甚異之。詢之店主，云：「此地當繁盛時，樓宇多係妓館，花天酒地，日夜管弦。今則風流歇絕，咸為貧者僦居，何能重事輪奐也。沿途酒肆，間有幼女當壚，挽髮跣足，而面如灰土者，雖搴簾買笑，殊覺畏人。或云：「此即夜度娘」，是變粉黛而為夜叉矣。

　土人呼一曰「艾克艾」，二曰「太克艾」，三曰「杜耐」，四曰「哈達賴」，五曰「巴海」，六曰「海艾」，七曰「哈代」，八曰「阿代」，九曰「那米艾」，十曰「得海」，百曰「艾庫賴」，千曰「力海喇」，問好曰「來柏爾」，謝曰「毛哈摩爾奚伊」，我曰「馬馬」，你曰「額木巴」，他曰「額侯」（或伊業）。其字皆右起橫念，如：

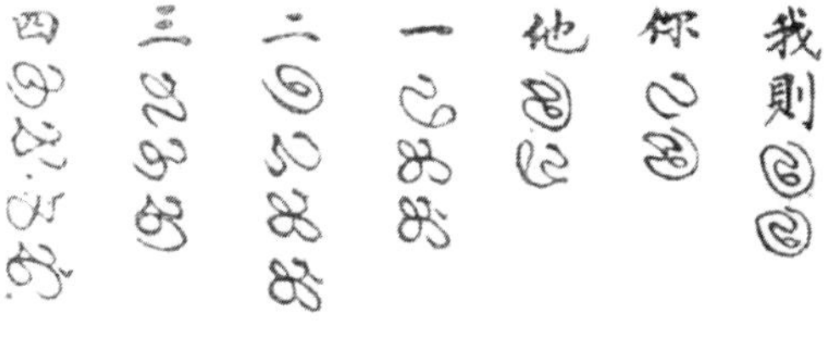

餘不及贅。

卯正，星使委慶靄堂赴輪船，令其撥小舟來迎。辰初回艙。本地土人有回教者，有佛教者；回教剃髮，佛教留髮。男女多食鮮檳榔，故唇齒色若猩紅。未初開船。忽附船有哀號之聲甚急。詢之，知土人攜其幼女傍船賣果蔬，女為輪機滾水所濺，哭而呼其父。奈舟行甚速，瞬息已達百里。女之傷否未卜，心甚戚戚焉。入夜涼，船極穩。

初四日乙未，晴。旁風，船大搖盪，酉初稍平。遇英國輪船之東行者，其駛如飛。是日係西曆十二月二十五日，為天主之誕，男女禱歌者甚眾，天明始息。

初五日丙申，晴。水準如油，忽黑，忽藍，忽蔥綠。午後見同船一印度孟買人，名發自馬，係回教者，先赴亞丁拜祖，而後往居達地方者，能英語。問其相見之禮，曰：「遠則彼此以手撫頂，近則握手言歡。」見其抱一男孩，極胖，重眉環眼，著草帽布衣，項有玳瑁念珠並鐲釧等件，頗似女孩。問：「貴處婦女有染下目皮之俗，此既係男，何亦染耶？」彼曰：「無女故也。」問其名曰阿米亞，生甫八月。問其胖之由來，對以飼牛羊乳故。

初六日丁酉，晴。晨有日本人名山田虎吉者相見，俞惕庵與之握手，彼曰：「握手非禮也。」彝曰：「入境問禁，入國問俗，書有明言。今所處之地，既非中華，亦非日本，以是禮行之，似無不宜。」彼無言而退。後見其所帶漢書，有五經、四書、《新論》、《征韓略》等，字皆清楚無訛。

初七日戊戌，晴。水平如鏡，船行甚速。申初，陰涼，風起欲雨，船即簸揚。酉初，大雨滂沱，戌正微止。入夜，晴，仍風。

初八日己亥，晴。船搖如昨。讀日本一書，顏曰《絕句類選評本》，所選皆唐宋詩，開章即賀季真〈回鄉偶書〉二首。通卷共詩數百，皆分類分代。可知同軌同文，聖天子之教未遺於在遠也。

初九日庚子，晴。狂風巨浪，客人暈而嘔吐者居半。惟一日本人，年約二旬，病已四五日，鎮日不食，只飲涼水而已。申正，過阿斐里加[9]東北之素閣朵拉島[10]。島不甚大，寂寞荒涼，無人管轄，無人居住，或云多產寶石。

---

9 阿斐里加：非洲。

10 素閣朵拉島：索科特拉島，今屬南葉門。

記：日本人攜有新刊輿地全圖一頁，極細，係由別國圖本譯出者。所有各處山之高低、水之闊狹，靡不詳細周備。惟難識者，其國之平假字也。聞二年前伊國平定後，官定通國庶民，有能查出外邦文理器皿一切，有強於本國者，准其自行改易，毫無禁阻。是以同船之日本人皆著洋服，據云，俟到外國辦官務時，仍著伊國服色。若然，是仍不失其本也，究未敢深信耳。

初十日辛丑，晴。船仍搖盪，水黑色，天氣冷似初秋。早餐得食一種黃豆，大於莢米，而味亦如之。法邦多產，為農食，呼其名曰「比斯邦具卜瓦尺尺易」，日本人呼曰「安斗瑪美」；寫其國平假字，則：

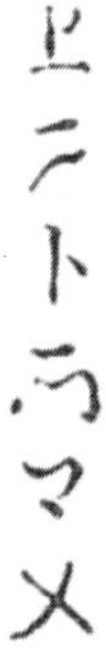

正字則曰豌豆。又聞日本國俗，婚嫁不用媒妁，惟父母問男願娶某女為妻否，問女願嫁某男為夫否，彼此情願，乃結褵焉。

晚，見阿斐里加東界之高山一帶，翠微四合，削壁參天，地名蘇麻里[11]，在赤道北十度，北京

11 蘇麻里：索馬利亞。

西六十九度。

十一日壬寅，晴。是日為西曆一千八百七十一年之元旦，早起彼此相見，皆道新喜。又值彝之賤辰，風平浪靜，水碧天清，茶香酒美，船穩人和，樂甚。午正，遙見東面長山一帶，乃斐洲阿喇伯之西南界也，地名哈大拉木。酉正，抵亞丁住船。見西岸景況，稍異於前。開闢道路，建造樓房；而屋宇整齊者，不足十所，白石碼頭只一而已。又，各處惟法邦公所門首植二小樹。此地山則堆累，水則汪洋，禽獸少見，花木無奇。

十二日癸卯，晴，涼。申正展輪，風起浪湧，搖盪異常。晚餐得食蘋果，味如沙果，或云來自印度。

記：日本刑律，放火者縛於十字架上，以柴焚之；忤逆者縛於十字架上，以槍刺之；通姦者徒；殺人者抵。其喪服亦白色。父死百日釋服，母死五十日釋服。貿易者，可請於官，減至十日。餘與中華大同小異。

又，本船船主傅瓦石，因此船初次改路由華回法，以便修理，而紅海窄且島嶼多，乃由亞丁僱一引水人，酬法圜四百方，令其引至蘇耳士[12]。

十三日甲辰，晴。北行順風。丑正，入紅海口，西面多山，黃赤黑白四色，乃阿斐里加之東界也，地屬阿柏奚呢亞[13]。東面高山，遠望迷離，乃亞細亞之西界也，地屬阿喇伯。辰初，見東面一島，不大，色白，形如筆架。又，西面山峰萬笏，以千里鏡窺之，因其映日幻成五彩。巳初，船復搖動，波浪洶湧。未初，又東西小島四五，亦皆白色。入夜，熱。

十四日乙巳，晴，熱。午後，忽見二蝶飛入艙中，色淺黃，長約寸許，不知來自何處，翩翩雙舞，輕盈可愛。入夜，風清水靜，熱退涼生，星稀雲淡，皓月當空，宛似中秋景也。

十五日丙午，晴。水平如鏡。雖係隆冬，而熱如盛暑。因同船有六七日本人，早餐後與法人畢路安談次，畢君極贊日本前進之速。言：「十餘年來，不惟國政多所更張，即民間風俗亦多改從西法。如輪船、火車、電線等，皆已通行國中。衣飾房屋，亦漸次改式矣。」彝言：「天下各國政教，咸有所本，固當不失本來面目。至火器車船等，因西國多以戰爭為心，在他國自不得已而仿行之；其

12　蘇耳士：蘇伊士。
13　阿柏奚呢亞：衣索比亞。

他似不必然，因無事更改也。夫日本諸事既效泰西，自當一律，其大者不必深論，姑將至微者言之。試問日人所著衣履，究比西國如何？」畢曰：「按所著衣履，較之西國相去遠甚，而且貽笑他人。蓋其服色，於官民文武品級尚未分別也。」彝聞所言，笑而未答。

十六日丁未，晴，平。申初微陰，逆風，船甚簸揚。晚，有日本人鹽田者，持《溪琴山房詩稿》，係伊國時人紀伊菊池、保定士固所著。士固者，鹽田之父執也，能吟詠，其律詩頗佳。如五言者，題有〈岐岨山中〉七首，以「紅葉青山水急流」為韻。紅字韻詩云：

曾自五丁鑿，遙遙一線通。
苔磯帶雨綠，霜樾破煙紅。
雲漲蒼山沒，溪回石路窮。
行聞樵者語，山下穽寒熊。

葉字韻詩云：

關河遠跋涉，秋暮山重疊。

客袖薄於雲，鄉情多似葉。
芒鞋親短策，蔬食彈長鋏。
尚有客魂豪，行看弋者獵。

青字韻詩云：

板屋倚林坰，寒泉入小庭。
敲雲孤磬冷，燃夢一燈青。
烏起月侵砌，風鳴葉打櫺。
臥知霜威重，衾薄睡頻醒。

山字韻詩云：

中山百二關，險隘老杉間。
藤絡臨溪石，雲沉欲雨山。
四時岩萼發，千古嶽蓮閒。

暮吊英雄跡，淒然淚自潸。

水字韻詩云：

疏鐘萬木里，蕭寺何處是。
行見歸林雲，坐聞鳴澗水。
蔓枯薯蕷脆，葉落茱萸紫。
為擲羈旅愁，欲尋赤松子。

急字韻詩云：

健竹青蓑笠，潭明影如揖。
思家曉月遙，為客年華急。
霜重野狐愁，葉零山鬼泣。
總驚千里魂，只見單襟濕。

流字韻詩云：

單身辭帝州，來踏信中秋。
樹抱荒城古，水搖危棧流。
家書封暗淚，燈火照青愁。
為問故園月，寒衣已寄不？

十七日戊申，晴，熱，逆風。早見東西諸山，連綿絡繹，色皆黃白。東為阿來比亞[14]，西為努北阿[15]，皆埃及國之邊界也。蓋一因已入黃道，更因將出紅海，故度數既與蘇浙同，而天氣亦覺無異。

晚，見洋人一種玩物，法名「貝拉柏凱」。係一皮條，長約二尺。兩端各置一木球，大如橙。一端連一木棒，長約半尺。擅此技者，一擲一轉，自將球插棒頭。有日本童僕，年甫十四歲，善擲是球。日本武生告之曰：「若能擲十而得八，必跽而叩首。」已而果然，而與之賭者若崩厥角矣。

又，日本人管原萬信，強令彝一揮毫，並乞一拈韻。彝辭以船搖心亂，伊仍嘵嘵不已，乃磨墨伸紙，草錄唐詩二首，又口占四韻云：

14 阿來比亞：阿拉伯。
15 努北阿：努比亞（今蘇丹北部地方）。

四海皆兄弟，瀛寰五大洲。
遨遊輿地外，數載弗能周。
幸遇鄰邦士，乘風溯上流。
挑燈衷曲訴，詩酒足千秋。

當日因將至蘇耳士，多有下船而他往者。於是本船總管茹良、英人賴安，索中國紙扇，以便奉揚；法國婦人戴都姒與杜彩鵡，索女工針黹，以作表記。彝乃一一與之，眾皆喜謝。酉正，見東山頂月出少半，俞惕庵乃舉酒而邀之。移時，光圓如鏡，彩徹雲衢。而西山後日落餘輝，上映如火，噴吐少刻，曚影限盡而光滅矣。海面不寬，如中土鄱陽湖，左右小山羅列，惜無花木，皆突兀不毛耳。

亥正一刻，抵蘇耳士住船下貨。有法人單安者，性嗜曲蘖，自言恨無華友代購瓊漿。彝乃商諸惕庵，乞高粱一杯而與之。其人喜云：「較之敝國直因酒，遜此多矣。其色同，其味甘，其力柔。」

十八日己酉，晴。此地排列風篷、火輪各舟，多於前三次經過所見者。所識輪船，有埃及七隻，英、法數隻。內有英國雙炮臺鐵甲輪船一隻，不甚高，長三十餘丈，寬逾三丈，鐵厚四尺，雄壯可觀。本船原欲早開，因有英國兵船擱淺當路，午後始移。

申初，開船北行，入法國新開之蘇耳士河口，係同治三年法國輪機使者賴賽樸[16]設法開墾者。時閱六載，共用洋圓萬萬，合銀七千二百萬兩。長三百里，寬六丈，深二丈四、五尺。南口在蘇耳士稍東，仍名蘇耳士；北口在阿來三它呀[17]之東，地名波賽[18]。此地原為亞細亞、阿斐里加二洲之連脛，今竟瓜分為二，神工鬼斧，人定勝天。古之愚公移山，不過徒傳虛語也。入口，見左右堆土，高皆逾丈。此外地皆沙漠，無房舍。行八里許，遇英國輪船名「敖蘭兜」者，長二十餘丈，寬二丈許，通身綠色。其上男女行人甚夥，彼此眺望。有相識者，皆免冠搖巾，對呼名姓。又數里，忽見一坑，只鋪乾草一堆而已。共行六十餘里，戌正，至薩哈哈地方，恐夜行遇險，因而停泊。遙見西岸酒肆木房二三間，一簾在望，而甕頭之香已習習而來矣。

晚餐後，駕小舟，往看船右輪機挖泥船。船長四丈一尺，寬盈丈，首尾如船，中空，立鐵架如橋，前後鐵鍊數根。以輪機轉斗三十二個，每個鐵造，長約三尺，周逾四尺，底有孔，上下環行，取泥澄水。上若滿而下自空，泥皆歸入船旁木舟。舟滿傍岸，聚泥成堆。每一小時汰泥萬斗，一日可掘地周數丈，深二十四尺，誠挖河之良具。以之掃沙，自無淤積之患焉。

16 賴賽樸：李西蒲。
17 阿來三它呀：亞歷山大。
18 波賽：塞德港。

十九日庚戌，晴。卯正開船。去此漸寬，後則兩岸高低曲折，或遠或近，間或渺茫，名曰鹽湖[19]。是湖自開河後始有水。沿路過小船六七，復入新河，行十餘里，入小湖，地名賽喇彬，始見青草數堆，蔥籠可愛。午正，抵義思麥利呀[20]住船，即時束裝，改乘小輪船，行三里許登岸。策蹇行一里，過木橋，入葩釀店。樓高二層，亦頗整潔，主人係法國婦人名巴囊者。晚，見五孩戲於樓前，一人手舉扁鼓，以指敲之，無節奏，只聞丁東之聲而已。四人互相跳舞，忽躍立於頭之上，忽偃臥於足之下，如戲猴然，殊有趣。

此地多沙漠，鮮田疇，人煙稀少，亦一寂寞鄉也。由蘇耳士至義思麥利呀，計水程一百七十里有奇。

二十日辛亥，晴。早，隨星使乘馬車，北行三里許，至法國激水廠。因波賽無甘泉，故每日由此以輪機鐵筒激去二百萬瓶，每一萬六千瓶值銀一兩。此廠已設三年，大獲厚利。廠主名皮爾者，引入機房。一大鐵輪，周約八丈，旋轉極速。出此，則前後花囿，引水開渠。所植茨菇、蓮花，其種來自中土。橘橙、葡萄，每架可結二百數十斤。花有一品紅、仙人掌、旱金蓮、僧冠帽、黃紫佛茄、紅粉繡球、大麻子、霸王鞭等類。蔬有秦菜、波菜、白菜、蘿蔔等類。畦隴交通，芬芳襲鼻。

19 鹽湖：大苦湖。
20 義思麥利呀：伊斯梅利亞。

去此復行六七里，至新河畔，觀法後行宮。規模不大，亦無樓閣，高約二丈，石座木身，內外糊紙，圖畫五彩。內分一大間六小間，鋪陳華美，四壁生輝，有土人四名看守。據云，前二年新河告成之時，法後來此賞覽。宮外四面無樹無花，殊少點綴。回而南行，見有新建本地總管公署，樓房高大，壯麗可觀。再南，入一長街，東西市廛對列，多係西人開設者，房皆無樓，頗鄙陋。惟一鋪門首懸中國一畫，所繪華官，紅頂大翎，貌似粵人，頗生動。後入一小花園，環垣繞以花木，中有鐵架水法，木凳行行，係為遊人休息之所。少坐，即歸早餐。

巳初，登火輪車，北行稍西，至雜戛集地方午酌。地近埃京開路[21]，微覺繁華。過此則田疇交錯，樹林陰翳，竹籬茅舍，繞屋扶疏，多有松柏楊柳、棉麥菜蔬。沿河一帶，荷葉菖蒲，清氣撲人眉宇。後過乃勒江[22]鐵橋二三座，至北衲爾地方易車。因地係通衢，少待片時即開行矣。戌正，抵阿來三它呀海口，改乘馬車行五六里，至豪泰德安代街，入法人開設之英邦大店。樓三層，頗華美，前臨街市，後傍海邊，上置花石水法。登樓看海，一望無際，潮浪之聲，晝夜不息。由義思麥利呀至阿來三它呀，計陸程五百一十里。入夜微陰，涼。

二十一日壬子，晴。午正，有法邦總領事博洛呢業來拜。其人曾到上洋，約於戌刻在彼晚酌。

21 開路：開羅。
22 乃勒江：尼羅河。

去後，彝同俞惕庵街遊，樓房閭巷，稠密曲折。城市鬧熱如中土，房舍形式似泰西，路途平坦。鋪多洋人開設，所售者本地回錦絨氈。穀有粳米、麥麵、高粱、薏米、黑黃豆等類，蔬有白菜、波菜、豌豆、蓁菜、香菜、大蘿蔔、胡蘿蔔、扁豆、黃瓜、茄子、蓁椒、蔥、蒜、韭、芋、無花果、山藥豆等類，果有蘋果、梨、杏、葡萄、甘蔗、西瓜、榧子、榛子、栗子、石榴、核桃、橘、桃、李、柰等類，牲畜有牛、羊、雞、鴨、魚、蟹等類。間有豬肉，亦係洋人所售，因土人皆回教也。所用器皿多與中土同。其衣履則詳見初次航海日記，無須再述。惟見女子間有不著象鼻形布套者，其下唇有針刺藍點一叢，不知何意。伊國古字象形，今則與中土回民同。其數目，如：

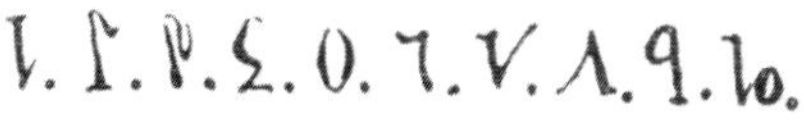

他如：

其義未詳。其式亦左起橫念，與泰西各國同。所用銅銀錢亦無孔。

戌初一刻，同殷伯爾、那威勇隨星使乘車行里許，至博洛呢業家。登樓，見有上海各商所贈萬名〔民〕傘二柄，如德茂莊、德興齋等字型大小。橫幅一條，上嵌「中外式孚」四字，亦係上洋各商所贈。四壁羅列中土東洋陳設，頗華美。同坐有伊眷屬。食味甚佳。少談謝別。入夜，暖。

二十二日癸丑，晴。巳正，隨星使乘車答拜博領事，遂同伊往拜本地總管蘇茀哈喇法。其公署頗寬敞，式與泰西同。其人先把手，後以手扶頂為禮。談次，每人各進旱煙一袋，加非[23]一杯。煙具

23 加非：咖啡。

長五尺，黃銅鍋，蜜蠟嘴。土奴燃著，跪而進之。地放銅盤，置煙鍋於其上。少坐辭歸。未正，蘇總管來答拜。旋有前同船之俄商吶斯闊福及美國領事官白塔臘來拜，留飲而去。

申正，持星使名片答拜吶斯闊福，伊邀同乘馬車，東行二里許至海邊。有一方石柱，高七丈五尺，周約二十八九尺。其底座經苔蘚剝蝕，多有損傷。據土人云，已歷二千餘年矣。去此，出城門名勒賽達者，復行十餘里，登土岡，有一圓石柱，高八丈七尺，周二丈。據土人云，係古時王后名柯柳碧尤塔喇者所立，亦二千餘年之物也。看罷，分歸。其地城皆土堆，羅列鐵炮，內外兩門，有濠無水。客人僑寓者，夜間不可出遊，恐有強盜，故懷戒心。街市乞丐固多，而土人之跣足鶉衣者，亦復不少，足見土瘠民貧也。入夜微風，涼。

二十三日甲寅，晴。午正，隨星使乘車往得拉羅店，答拜白領事。申正一刻，偕德威理亞乘車北行二三里，出城復行七里許，入一大花園。園名大都，每禮拜與禮拜五日開。其園甚古，周逾五里，花樹叢雜，豔冶馨香。中一樂亭頗高，樂工三十二人，紅衣紅帽，所操係西洋樂器，而音調稍差。四圍鐵椅木凳行行，男女遊者甚夥，車馬喧闐。少時樂止，樂工列隊出登小舟，絲竹復奏，順流而南，遊人傍岸追隨，半路而別。河不甚寬，長流渺渺，兩岸楊柳，翠色迎人。本地所售點心，有油餅、麵包、麻花、涼粉、炸糕及油炸果等類，宛然京都風味。栗子頗大，惟以小爐鐵盤燒之而已。

土人棺木係一長匣。窮人持服，只以白布纏頭。其墳塋亦與中土回民同。

二十四日乙卯，晴。巳初，有希臘國領事官扎吶司來拜。其前驅者，兵服白褲，紅氈金線靠，黑帽上插黑雞翎，身佩長刀短劍，手舉長槍，下連銅刺，上置血字形王帽不甚大。

是日，見鄰鋪有出殯者，前舉一十字、二玻璃燈，後有三神甫誦經。棺不著蓋，四人以手提環。亡人著新服，以白布交縛其手，口含白棉，係奉天主教者也。

未初，持星使名片答拜扎吶司，乘車東北行四里許，登其樓，頗整潔。其人能法語，坐談片時而回。入夜金飆送爽，蚊雷聒人，而晝間蠅仍群舞，揮之又來，何惱人者之如是多也。

二十五日丙辰，晴。巳初，乘車出城至碼頭，其繁庶如羊城。舟行二里許，登法國公司輪船名「賽得」者，式與前在地中海者同，頗寬敞，長三十二丈，寬三丈。遙見口內火輪風篷約過百艘，岸上樓房鱗比，氣象一新，勝於二年前所見多多矣。午正展輪，出口西北行，逆風，船甚簸揚。

二十六日丁巳，早細雨，卯正晴，涼。浪大於昨。晚餐後，因見俞惕庵多飲少食，彝奉四句云：「先生一日酒，勝我飲三年。惟有加餐勸，杯中物可捐。」

二十七日戊午，晴。風息水平，船行頗快。辰初，過甘的島，希臘國所屬也。長逾百里，山頂白雪迷漫，終年不化，所謂「銀沙鋪滿三千仞，玉線圍周十二峰」者是也。

記：埃及人呼一曰「哇亥」，二曰「他乃恩」，三曰「達拉塔」，四曰「阿拉巴」，五曰「哈木薩」，六曰「司業達」，七曰「薩瓦」，八曰「他麻呢阿」，九曰「代薩阿」，十曰「阿沙拉阿」，十一曰「海大什阿拉」，十二曰「艾他那沙拉」，十三曰「大拉他沙拉」，十四曰「阿拉巴大沙拉」，十五曰「哈麻斯大沙」，十六曰「賽大沙」，十七曰「薩瓦大沙」，十八曰「塔麻呢大沙」，十九曰「代薩大沙」，二十曰「阿沙林」，三十曰「他拉的因」，四十曰「阿拉巴因」，五十曰「哈木三音」，六十曰「賽的因」，七十曰「薩巴因」，八十曰「達麻呢因」，九十曰「代薩因」，百曰「米業」；問好曰「那拉克薩伊達」，今日曰「那哈拉達」，明日曰「白歐克拉」，昨日曰「按比業拉」，老爺曰「好阿格」，太太曰「賽達」，是曰「艾瓦」，否曰「喇」。

入夜涼生，大有秋風之感。

二十八日己未，早微陰，水深綠色，巳初晴。昨由英邦大店僱一洋僕名費立克斯者，年約二旬，係義大利國人，生於埃及，能英、法語，性聰敏，一路照料行裝，靡不周至。聞埃及回民之棺匣，多係植梨之木，甚為堅固，葬時傾亡人於坎內，覆之以土，將棺帶回，以備他人再用。為雙親持服一年，亦白色。不知中土回民之俗傳自埃及？抑或土民之俗來自他邦？皆不得而知也。晚餐得食西瓜，甚甘。入夜，北行稍西，順風，船始覺速。

二十九日庚申，晴，平。早起束裝，卯初抵墨西拿住船，即駕小舟登岸。路燈未息，行人稀少，步至倭番斯圭喇的街武宜呢甲店。店不大，樓高四層，街道狹窄，泥濘難行。是島在義大利之西南，通名西奚里[24]，縱橫皆四百餘里，居民十餘萬，度數與中土之河南、山東同。是時雖值隆冬，花木吐秀，天不雪，亦無冰。島上多火山，山頂火石頻飛，火漿迸流，田畝頻年受害，而居民不肯他徙者，因土地膏腴，物產豐厚也。無如性多懶惰，不事工作，故貧乏者居半。嘗聞西人云，義人最美，而特嫌其不潔。蓋義人不勤澡滌，一月始沐浴一次。今見其幼女，率皆環眼隆鼻，粉面烏眉，天資甚麗；惟破衣赤足，殊欠修飾耳。

申初，率費力克斯街遊。北面臨河，舸艦連檣；東北山岡，蒼茫滴翠。有一大禮拜堂，甚古，通身石建，名曰喇呢本達布魯戛達的，高約九丈，深十九丈，寬八九丈。入內，見男女跪而誦經者六七，中設黃綢幔帳，陳設多珍。左右白石古像十八，正中十二石柱，列為兩行，其色青黃如鐵。回店，因地近囂塵，湫隘不堪居住，乃移於賽力巴喇的街路北之韋兜亞店。院落寬闊，樓高五層，華麗

24 西奚里：西西里。

淨潔。見其搬運行李，係以四輪長車，二人曳之，甚快。是日午正，有法國領事官於達來拜。

三十日辛酉，晴。早，街遊，清風轉蕙，爽氣宜人。見有驢騾牛馬，負載往來，大小與中土同。惟山羊成群，有黃白紫黑四色。蘋果形長而色黃，其味如梨。又一果，形如雞卵，前尖後凹，皮有黑點，如中土之柰瓜，有冗刺，觸之痛甚。洗以熱水，其刺自化。其色三變，先白，次綠，次黃，熟乃紅，味甘價亦廉，其名未詳。餘有栗、檬、梨、橘等類。所需器皿，與他國大同小異。惟撲滿一物，亦係以泥埴之，與中土無殊。

未初，陰而細雨，隨星使乘車答拜於領事。行三里，始抵其家，見其妻子，瀹茗食果，少為周旋而歸。其房臨河，雲嶺相連，高低莫測。一路甚涼。

十二月

初一日壬戌，自晨至夕，時而晴暖，時而陰涼，時而大雨，時而惠風，一日之間，氣候不齊如此。得食白菜、波菜、茴香菜、紅蘿蔔、蓁菜、芋頭等類。

聞冬月初一日地中海日蝕，遍海皆黑，燃燈不明，竟壞輪船四隻，風篷三十餘隻。亥初，于達來，呈其外部派迎中國欽差之委員由馬賽寄信，云請星使「即乘所至之船，前來馬賽」等語。伊云：

「此船今夜不來，翌午必至。」是夜檢點行裝。

初二日癸亥，陰涼。早發行李於碼頭，以待輪船。未初，本地官蒲萊棐來拜。未正晴。此地雖屆冬令，蠅蚊尚多，營營擾擾，晝夜相尋。申初，有土人男女老幼二十餘人來店，爭看華人，皆能英、法語。乃同登樓，步梯四十餘級，至頂一望，蒼海無涯。窺以千里鏡，遠見濃煙一縷飛來，乃火輪船也。即辭眾下樓，料理一切。酉初，乘馬車行里許至碼頭，復駕小舟行二里，登法國公司輪船「斯戛莽達」，長二十七丈，寬三丈五尺，式與「賽得」同，係自土耳其國埔頭走黑海來此者。船主郭地陽，言語溫和，款待恭敬。亥初開船，出口甚平。

初三日甲子，晴。北行稍西。遠望東鄙，山嶺連綿，即義國之西南界也。早餐，得食一物，英名「阿的抽」[25]。其色青，芽瓣層層，似中土之百合，又如蓮花座。洋人皆以白水煮熟，或生食，醮以油醋，味似茭白。入夜極冷，風起船搖。

初四日乙丑，細雨。早，見東面二島，不大，一名艾拉巴[26]，一名莽代克里斯兒。西面大島，

25 阿的抽：artichoke，即菊芋。
26 艾拉巴：厄爾巴。

長二百餘里，上鋪白雪，下滿綠樹，山高故也。地屬於法，名曰闊爾賽戛[27]，係前法君拿破崙第一生產之地。旁一小島，名戛布雷喇。臨過時，見島上海燈樓出花旗問話，船主取書核對其所問者，係「願以電線往馬賽送信否？」與「乘船者何人？」本船亦係花旗，對云：「願送電信」、「乘是船者係中國欽差」等語。入夜船搖，大雨如注。

27 闊爾賽戛：科西嘉。

親見普法戰事

初五日丙寅，晴。辰初，抵法國馬賽海口住船，有前駐中國之法國使臣哥士奇來接。下船，乘車行八九里，仍入前二次所住之得露大店。哥士奇去後，查收行李。申初，隨星使乘車行里許，至閣朗店，答拜哥士奇，未遇。晚，有本地二等寶星、第四隊副將韋烈及千總傅達義來拜。二人知彝曾來此四次，暢談已往之事，臨行邀同觀劇，因公務匆忙辭謝。

亥初，忽聞樓外樂聲一陣，出而視之，共兵百餘名，亂步而行，有唱者，有泣者，有疾驅者，有緩行者，行人皆擊掌而賀。蓋當時法郎西與德義志兩國鏖兵數月，其構釁之由，因五十年前（西曆一千八百三十年，即道光十年）[28]夙怨未平，法君拿破崙第一將日爾曼諸國盡行征服，令各國兵將聽其指使，以助征討。法雖屢勝歐羅巴各國，而日爾曼勞兵費餉，已屬不支。嗣於西曆一千八百五十九年（即咸豐九年），法助義大利及德義志征澳地利亞國。三國凱旋，議割澳地，以苐呢、奚米浪二地

---

28 從一八三〇年到一八七〇年只有四十年，此云五十年誤。

歸於義國，德國自取邊界數地。法君以比利時國之陸克尚蒲[29]與瑞士國之芝乃瓦[30]二地界於法疆，擬欲取為己有，以固其圉，而德君不許，此一釁也。德君因此設防，繕修甲兵，操練軍馬，屯儲糧糗，細考法邦地理。

西曆去年六月間，日斯巴尼亞國老王薨，因其天閹，雖有太子，究非己出，民以為恥。乃欲招選國主，請諸德。德君以日斯巴尼亞北界法郎西，遂令其兄子發達利克舍爾[31]登日國主位，意在日後如與法戰，則日主即德人也。法有戒心，不許其事。德國大臣以戰事尚未完備，不可與法較，請姑從之。德君聽其臣諫，其議遂寢。法猶恐之，乃與法臣計，飭駐德京之法臣貝楠德的者面告德君，並與盟之曰：「嗣後德國子孫，不得登日斯巴尼亞之君位。」及盟期，德君不答而退，乃向法使曰：「從此兩國無事可為矣。」法使以其語飛聞於拿破崙。德義志（原名布魯斯[32]）乃由是合日爾曼諸國為一，以圖協力攻法。

西曆七月十七日，法外部大臣萬孟請與德戰，即日發電線知照法國之各省軍營，剋期發兵。兩國各撤回公使，各發照會通報歐羅巴暨阿美利加諸國，宣告兩國不日交戰，與諸國無涉，各不藉助

29　陸克尚蒲：盧森堡。
30　芝乃瓦：日內瓦。
31　發達利克舍爾：利奧波爾。
32　布魯斯：普魯士。

云。法君與其世子親領大軍，令兵部大臣婁白虎為前導，先抵美趾[33]省。晝夜輪車往來各省，徵調軍馬。至八月初二日始齊，共兵二十四萬。當日午初，法兵過界，至色合柏爾[34]城，遂失守。

初四日，法三營將軍屠威[35]領兵攻葦子柏爾[36]城，大敗，全軍幾歿。惟屠威一人匹馬獨戰，痛受槍傷。後有將軍馬克謀宏[37]兵至，救回色合柏爾城。

初六日，德兵過法界。有將軍富斯愛[38]率兵抵敵，法覆敗，遂同馬克謀宏逃過海素汾城，至直立唐奚城外禮拜堂中隱避。此役歿於陣者，將官二員，兵馬死者不計其數。

初七日，德兵三萬圍色合柏爾城，擒法兵三千，克復城池。

33 美趾：梅斯。
34 色合柏爾：索爾布呂肯。
35 屠威：杜埃。
36 葦子柏爾：維桑堡。
37 馬克謀宏：麥克馬洪。
38 富斯愛：弗羅薩爾。

初九日，婁白虎戰亡，令歸白生[39]。富斯愛、馬克謀宏各營兵馬齊集美趾。

初十日，法京出示，通城預備火器，多進糧草，嚴兵固守。城上添造木房，城外各炮臺添設大炮，以壯聲威。

十一日，馬克謀宏在苐合曬地方與德戰敗。

十三日，德圍斯達泗浦[40]城。城內兵一萬，勇四萬，被困五十日。晝夜進攻，法軍陣亡大半，房屋平毀無數。連日槍炮火飛如雨，人皆藏入地洞。後因鐵道不通，援兵不至，餉糈告乏，遂皆納款於德。

十五日，德軍一面進攻直立唐奚，一面合圍美趾。直立唐奚失守，法君攜其世子逃至葦河洞城。白生率軍出美趾城，與德決一死戰。自晝至夜，德雖傷兵四萬，法仍不能取勝，乃退入守城，內外炮臺堅固，兵九萬，勇七萬，槍炮火藥足供一年之需。德軍圍至七十日，環垣高築土城，以大炮俯攻二十八次。後以城中糧盡，遂乞降焉。

39 白生：巴贊元帥。
40 斯達泗浦：斯特拉斯堡。

十六日，法君退至舍隆[41]。因各處電線鐵路皆為德軍拆毀，援救罔應。二十五日欲去舍隆走水塘[42]，乃部署未定而德軍四進矣。

【西曆】九月初一日圍攻舍隆，法兵覆敗，馬克謀宏創傷甚重。

初二日，法、德大戰於水塘城七晝夜，互有勝負。是役也，德軍六十萬，用槍炮百二十萬。至是俘虜法軍三十五萬，奪獲大炮四千七百門，槍三十萬桿，踞地二省。

至**初六日**，法君欲與德議和，德君不允。當日午刻，法君手舉免戰白旗，欲見德君；乃先遣一官，往送寶劍，以示相投之意。德君答云：「不能與劍對語，即欲議和，可令拿破崙自來。」未初，法君親詣德營。德帥畢駟馬[43]與其大將何楠暗約，調軍三十萬，乘間竊發，與法軍八萬復大戰於水塘城。法旋敗績，拿破崙遂被俘焉，城池、官員、兵卒皆歸於德。

41 舍隆：夏龍。
42 水塘：色當。
43 畢駟馬：俾斯麥。

初七日，巴里[44]聞各處失守，國君被俘，眾議改為民政。遂於是日擬定各官：巴里提督代理營務；所選各部如吏部亢貝得[45]，戶部皮格[46]，禮部席孟[47]，兵部傅羅，刑部柯梅[48]，工部唐安，海部富立松，商部馬年，外部發福爾[49]；外以岡北達為帥，內以屠額許[50]操兵，而民主執國政焉。君後問眾「可仍居巴里否？」眾云「不可」；遂攜世子逃往比利時，尋又入英吉利。

初八日，巴里查點各營軍器，計存槍三萬桿，而火藥皆係沙土。

十五日，派員往英，乞代議和，英乃告德。德除索法三省地、兵船一半及各營軍器外，須賠償兵餉數十萬磅，合銀八千四百萬兩。英、俄、澳諸國同議，無法。

44 巴里：巴黎。
45 亢貝得：甘必大，亦即下文之岡北達。
46 皮格：皮卡爾。
47 席孟：西蒙。
48 柯梅：克萊米約。
49 發福爾：法夫爾。
50 屠額許：特羅胥。

十八日，德困巴里，拆毀鐵道電線，音信不通。發福爾親入德營，問其前言能改否？畢馹馬言不能改，乃歸。後又求德免戰數日，因此時巴里民選會堂大臣。畢馹馬先要法予邊界大炮臺二、巴里大炮臺一，德兵被俘者釋還，並償銀八千四百萬兩。法不能從其議，於是西南北三面憤起義兵。

二十二日在巴里東炮臺大戰，法勝。次日又戰，法亦勝。德共傷兵萬餘，失大炮數門，噴炮十二門。旋戰於北炮臺，法又勝，德軍退住衛灑[51]與三克路[52]二舊王宮，日夜築土炮臺以攻巴里。

二十四日，義大利國因見法敗，乘勢進兵於羅馬，逐出天主教皇，以羅馬為都。蓋法君後係天主教，而教皇多賴其勢以轄人也。後借公論，令其移住瓦的甘[53]城，而盡銷其權。

二十五日，法東鄉兵來援巴里，遇德兵。戰，德敗。時巴里儲備糧糗，足供三月之需。城外大小炮臺二十三座，計炮八百零八門。城上計炮一千二百門。沿濠戰艘十數隻。各處埋伏地雷火炮。官兵二十萬，鄉勇四十萬。每日出城引戰，德不得入。

---

51 衛灑：凡爾賽。
52 三克路：薩克萊。
53 瓦的甘：梵蒂岡。

三十日，夜半，法兵四面出城，探德兵地勢。於南炮臺外二十里遇德兵。戰，德敗，退入村堡。法兵追入，步戰，彼此傷兵數千，法奪回二村。

【西曆】十月初九日，有戴紅帽之鄉勇十萬，名為「紅頭」[54]者，齊赴外部，偽以擊退德兵為名，欲藉改民政而作亂，遂調各部兵將擊退之。

自**十月初至十五日**，各炮臺日夜轟擊德土炮臺數座，而德兵移營漸遠矣。

官出告示云：「凡鋪出售，皆依官價，不得多賣。如麵包每斤三穌[55]半，牛肉每斤一方[56]零一穌，羊肉每斤一方，豬肉每斤一方四穌。此數日內，凡窮人無依者，准其入城逃避而收養之；德兵退，皆放還。」

54　「紅頭」：指以紅旗為標誌的巴黎人民建立的自衛武裝。
55　穌：蘇。
56　方：法郎。

十三日，法京東南四路出兵與德戰，德敗，又奪回二村。西炮臺放大火彈，自焚三克路鎮與舊王宮，德兵退。

十八日，德兵五千至石頭洞村，村人與之戰，乃於道口築起土城，以阻德兵歸路。德放噴炮，房樓盡毀。德傷兵一千八百乃退，法亦被傷數百，官賞洋圓一萬二千，以褒其忠勇云。

二十一日，有將軍瞿克歐[57]者，率兵十一萬，帶炮九十二門，分左右中三營，出城探德兵地勢。其中營往阿侯驛麻爾梅松各村引戰，自未至戌，彼此大炮噴炮，連放不止，法大捷。後遇德救兵至，不得前進，乃各行緩退。法失炮二門，傷兵四百四十三名，德陣亡者二千四百名。其左營阻德過河，德乃自造木橋而渡之，不意馬隊過時，而西炮臺連放二炮，擊壞木橋，兵皆落於水矣。各土炮臺亦連放數百炮。而將軍白朗士者，追獲德兵一百四十名。其右營將軍韋努阿者，與德戰於三克路、茂洞賽、佛比陽暨古皇河邊，無分勝負。日暮罷兵，各自守營。

此時巴里城內集捐鑄炮五百門。各家儉用，每日兩茶一飯。一人只准買肉四兩，其餘豬鴨雞魚及乾鮮菜蔬皆無。雞蛋每個六穌。各村鎮禮拜堂之銅鐵器皿皆取以鑄炮。城內造鐵道以運軍器。

57 瞿克歐：杜克羅。

二十九日，丑初，法東北方隊長貝喇嘛，遣兵急走蒲日村[58]，暗襲德營。遂入村，據守各要路，築木柵，四面立土炮臺。午正，德伏兵掩至。法兵將牆垣穿孔，槍炮齊施，德兵漸退；至東北大炮臺，又被轟擊而退。午後，德又來兵二萬五千，帶炮數十門，連攻一夜，德仍未勝而去。此村距巴里十二里，屍填溝壑，血滿田疇。

當時德兵在巴里城外四圍築大炮臺，下開深溝，為炮子所不及。各樹林中，亦築炮臺，掘大洞，兵藏於內。德共來大銅炮數十門，重皆十萬斤，長一丈六尺。銅炮子長一尺，重千斤；開花子，重九百九十八斤；圓子，重九百六十斤，內含火藥十四斤；錫炮子，重一百九十六斤。炮車用六輪大盤，重二萬四千斤，共值銀六萬五千二百五十兩。大炮每門值銀四萬六千二百五十兩。每放一次，火藥炮子值銀三百八十四兩。開花子每次用藥二百八十八斤。近因火道電線皆被德兵拆毀，巴里乃以輕氣燈四外寄信。

三十日，德兵三萬，帶炮三十門，由古南寺分路下山，復得蒲日村，法兵被俘者四千名。

58 蒲日村：布日村。

三十一日，法外部遣告英、俄、澳、義四國，乞代議和，即日派員赴德營，乞暫停兵，以便選舉各省會堂官[59]，畢駟馬未允。午後，有「紅頭」數萬，圍守提督公署，聲言要改「紅頭民政」。廷臣集議，示以翌日宣告，須通城人民保結，再為酌定。

【西曆】十一月初三日，巴里百姓保者五百五十萬七千九百九十六名，不保者六萬二千六百三十八名，改否未定。

是日，前往四國之員，各同使臣奉命而往德營會議：一為法國選舉各省會堂大官，以立民主之邦；一為巴里辦糧；一為免戰二十五日以為議和之地步。德君與畢駟馬駁云：「法京糧糗告乏，不能久敵，待其嘩潰，自然乞降。又有紅頭作亂，其敗可翹足而俟也。」

初九日，四國使臣因議未果，乃請護照而行。未幾，而南方之兵與德壘戰於奄立陽城矣。德兵被俘者二千餘名，失大炮二門，火藥二十餘箱，輜重馬匹無算。德兵逼近巴里，繼此又各傷二千餘名。此時巴里城四面與各炮臺施放火器，晝夜戒嚴。

59 會堂官：國民議會議員。

十四日，南城外法兵退德兵，折回克河、堆善皮呢二村。工部親點軍器，刻即製造大炮一千五百，噴炮五十，炸炮子二百五十，其餘鉛丸火藥稱之。又令將牛馬騾驢貓犬鴿鵲納官分賣，有定價。不論貧富，每人一兩五錢，持牌領肉，而車無代步矣。又兵部出示招兵，無論何人，其有妻無子者，自二十五歲至三十五歲入隊；有妻有子者，登埤守炮；無妻子者，二十一歲至四十五歲皆出戰；其十七歲至二十歲，願者亦可入營。此時共兵六十萬，大炮三千五百門。

二十九、三十兩日，東南戰，勝敗無分。

【西曆】十二月初二日，法兵連奪五村，擒德官四員，兵八百二十名，大炮四門，槍無數。法兵死者九百三十六名，傷者四千六百八十七名；武官傷者三百四十二，死者七十二。德之傷亡者一萬有奇，因此免戰六日，以便瘞埋。此次血戰，地周五十餘里，死屍枕藉，慘目傷心。嗣因德兵阻路，法兵只得退入巴里，以謀再舉。

二十一日，法兵出城東北交戰，自辰至酉，奪回六村。德兵被俘者百餘名。

二十二日，德兵折回轉戰，勇倍於前，法力不支而退入城矣。失兵六百餘名，傷亡者千餘名。是日，巴里西南敖的洪城失守，傷亡各二萬有奇，而法兵被俘者一萬二千。十餘日來，外省連戰，法又失二省四府。法共三十三省，自初戰迄今，計失五省四府數村。

二十八日，法兵戰於巴里東南狄仁省，德敗退入五昌府。法兵追至，奪回五昌，德乃西退，得援而止。繼又戰於巴里北美梅府，德敗，傷兵七千，退入南嵎。武官柯立尚追至，德旋小捷，而陣亡二千餘名，內王一、將軍二，法之傷亡者相埒。又戰於巴里南，法敗，德王發達力克舍爾受傷。又巴里正東，每日小戰，法兵東進，以斷德之回路。

三十一日，巴里東之荷泥、花溪、努尚三炮臺俱被德兵轟陷。德又築土炮臺十二，放銅炮八十門，其力可及三十里。法兵連日仰攻，未能得力。

【西曆】本年正月初六日，城外西南山頂德築大炮臺十二，放大鋼炮一百二十門，晝夜齊發，以攻炮臺與城。兼放開花炮五六千於城內，大半落於思安江[60]之南岸，擊死養濟院中之病人無數。

60 思安江：塞納河。

又一炮子落於女學院，幼女傷者六，死者五，其血肉飛粘四壁，慘不忍言。又轟天去堂數座，傷死男女老幼數十名。又燒毀樓房數處，大花園火樹銀花，牲靈園禽鷲獸駭，誠為未有之浩劫也。按萬國公法，應於未攻之前二日宣戰，以便準備一切。今德未先通報，遽行火攻，殊屬有背公法。故法外部照會歐羅巴及阿美里加各國，聽其公論。

十五日，巴里出示，每人只許吃麵包四兩，德兵至此，已圍困一百三十三日，城內糧糗告乏。又因「紅頭」反間，幾有嘩潰之虞。加以每日房宇崩壞，死傷相繼，雖各省救援，亦皆敗走。眾議決一死戰，以圖保全於萬一，亦不得已之舉也。又巴里東北之山泥城，被攻五晝夜，每日炮子落於城內者，已積如山。

二十一日，巴里城內各營出戰，自辰至酉，敗績回城，兵多逸去者。

二十五日（即華十二月初五日），因巴里城內有一百八十萬之眾，而糧糗不足半月，廷臣集議，欲往德營乞和。擬停戰二十一日，以便運糧。訂於明日，外部大臣前往決議。

（稿本卷二終）

巴黎公社見聞

庚午十有二月，初六日丁卯，陰。午正，哥士奇請星使遊。同乘馬車出店，行十餘里，繞至山頂。上有禮拜堂，高約十二三丈，廣數丈，深十餘丈，純以白石建造。頂立一金人，抱一幼孩，即天主母也。堂前臨大海，後依村城，名曰那歐塔達木得喇戛，譯言救人聖母也。下車，步石木梯共百八十級，入其門內。其式與他堂大同小異，惟上懸小船數十，長皆一二尺，左右畫軸千張，繪海船遭風顛沛之狀，皆水手之遇險得脫者所獻，與中土之供奉天后娘娘同。去此登車，行二三里下車，復步行數武，入一大園，園名「高立巴那巴」，花木頗多，雖屬隆冬，依然繁盛，枝葉被雨，清潔如秋。右有育瞽所，亦高大壯觀。後步石磴四十二級而下，左右兩行，式如拱手。中一瀑布，下流而成水法。上下鐵闌石路，平坦整齊。繼而登車，復遊十餘里，見校馬廠與酒肆。流泉水法，花徑迴環，鳥多人少，幽雅異常。下山，一路道途泥濘，樓房鄙陋，破牖頹垣，居民半類乞丐。回寓後，有地方官布蕾斐暨前四川主教法人范若瑟來拜。

酉初，微雪。晚餐得食蘋果與梨，皆大於橙柚。戌初，傅達義復邀觀劇，固辭不獲，遂同慶靄堂乘車行二里許，入一戲園。所演率皆平易，惟大海汪洋，疏星皓月，尚屬精巧。看戲者武將頗多。

子正回寓。

聞是日法邦外部大臣發福爾親至衛灑德營，與畢駟馬商議停戰二十一天。畢對云：如欲停戰，須依德營十五款，如左：

第一款　兩國免戰二十一日（自正月二十九日至二月十九日），各營自守，相距三十里。彼此界內，可駐二國兵船。自停戰後，所有拿去之兵商各船，皆當互還。惟有東邊三省近德界之地，不在免戰之例。

第二款　免戰之意，係為法國辦理國政，並保舉各省會堂之大臣在波耳多[61]城公議或戰或和。官民往來，須領路票，到德營查明蓋印，方可行動。

第三款　巴里城外，所有大小炮臺、軍器、村堡、廬舍，皆暫交德營掌管。城邊炮臺，彼此分立地界，各選將官看守，不得屯兵。

第四款　巴里城上大炮，移置城外炮臺，令德兵看守。

第五款　停戰期內，德兵不許入巴里。

第六款　城內兵勇水手不許出城，亦不許擅動軍器，只准一萬二千持械，為鎮紅頭作亂。其

61 波耳多：波爾多。

餘兵將；德營另有拘留之地；以待會堂眾議定後，將所有照管城內將佐花名錄妥，投送德營。倘停戰期內，未有和好，將城內已降之人，送回德營。各將官准去寶劍，存鞘在身。

第七款　護軍持械守城，或有反亂之事，只得用三千五百名馬兵、巡捕、水龍勇等。其鄉勇之首領出令，一概不准。

第八款　自免戰後，德營炮臺前有將軍為法採辦，委員代謀轉運，便法或入鄉村，或往外邦各地，輸運貨物入巴里。

第九款　自歸炮臺解甲及城上撤炮之後，一切照第五、第八二款辦理。巴里轉運，諸得自由，或在大道碼頭，或在江湖海內，惟不准佔據德兵所守之地，亦不准在德兵所守界內採買，如德將有令方可。

第十款　凡人出城，各在法營領據，再至德營查考。此據惟保舉會堂之人可用，每日辰起酉止。

第十一款　巴里應出兵費三百四十萬兩，此銀當於十五日內付訖。

第十二款　在免戰期內，不用契票，改交現銀。

第十三款　各物皆可轉運，惟軍器不許進巴里。

第十四款　免戰定後，在阿美教的洪或佛許爾等處，將自戰迄今德之被擒者，開單呈送德營。德營亦將法之被擒者開單交法，以便互易。至德國商船人等，亦如兵弁，送回德界。

第十五款　凡巴里與外省往來書信，不得封口，必先送至衛灑德營查看後，方可投遞。

法外部大臣持所約十五款回巴里，與眾集議，定否未詳。

初七日戊辰，陰。午正，隨星使與哥士奇乘車，行六七里，抵造胰局。樓高、闊、深均約七丈。地置磚缸八，各深二丈，周丈餘。右横石箱十四，各周一丈六七尺，深九尺。所用材料，係城水與各種牛羊油。造法係以機器於箱中磨碎，運入缸內加牛羊油。缸底連有熱氣筒，將胰熬熟定塊。每塊長約尺半，寬七寸，厚四寸餘，此係浣粗衣污布用者。

去此，又行五里許，抵油作。亦一大樓，上有壓架六十，石磨四盤，串機二座，吹機四架。所用係胡麻與巨勝子。造法係以火機先串，串機用二石輪，周各丈餘，厚盈尺。串畢自運入石磨，磨亦甚大。磨罷吹皮，實自流下，以麻布包成四方，邊約尺半，堆於壓架之中。壓架鐵鑄，形如呂字，每架可置二十餘包。輪機動則下壓，油自流入桶內。壓畢，麻子成餅，厚六七分，匠人取而售之，可餵牛羊。每日得油五千餘斤。油色黃，貧民用以燃燈，或以之膏車及滑各種機器。

去此，折回十餘里，抵一棧房。房係民建，純以石鐵造成。樓七層，寬約六丈，長逾里，以氣機上下貨物，靈便異常。看其氣機，係二大鐵輪，前一水箱作目字形。鐵輪旋轉，速而力猛，不知吃若干馬力也。

去此，繞行十數里，至其新炮臺。極長，不甚高闊，卻極堅固。直伸入海，左右皆水。下有巨石百方，皆盈丈。酉初回寓，甚冷。

是日，有本地總督茹艾達暨千總蒲占業來拜。晚，有日本武教習畢路安攜二日本武生來拜，坐談片時而去。

又，是日途次，見有法兵百餘，徘徊一處，抱肩蹲臥，狼狽不堪。蓋皆由印度、埃及等國聚來者，因法兵已失十分之三四故也。法京被困之時，有大官乘氣球欲逃，不意行至半路，落於德營，奇甚。

又，前日來拜之武官名傅達義者，係奉命來此與兵購買鞋襪者。彼尚遊玩看劇，不以官事為重。斯時城雖被困，王雖被擒，而閭閻市廛，仍是朝朝佳節，夜夜元宵，鼓樂喧天，車馬震地，可謂燕雀不知大廈之傾也。

按：德法雖經議定免戰，尚未畫諾。而此日「紅頭」又亂，滿街喧鬧。經看街兵攔阻，而「紅頭」縛其人於木板，投諸河中，擲石如雨，繼用長桿插入水底而死。以致人心惶恐，後日夜嚴防，少為安帖。

初八日己巳，微晴，冷。巳正，隨星使往拜本地總督與主教范若瑟。未初一刻，至火輪車客廳，同哥士奇登車。東行二百五十里，申初至拉薛村，改乘馬車，復至前所看之船廠。管廠官偕入廠內，見木架上懸未畢工之輪船一隻，長三十餘丈，據云往中土去者。回入機器局，見所造者並無輪機、車船、器具。因是時法國軍務緊急，將所有銅鐵改鑄炮位，長約七尺，多由後腔裝藥者。看畢，登樓飲酒，看船圖六七張，酉正謝別。出門見數粵人，蓋在洋船為「戛拉桑」[62]來此者。土人前後追隨，皆呼「親親」[63]，係以是二字為華言問好也。戌正回寓。

近日街市間有武官驅車一輛，上插國旗，擊鼓往來乞錢，以養受傷兵勇。又，有武官少婦，胸掛十字小旗，手持紅布袋，迎人乞錢，亦稱為養苦兵者。

是日，法國發福爾與德國畢駟馬會於衛灑德營，將所定十五款畫押施行，係西曆一千八百七十一年正月二十八日。

初九日庚午，晴。未初，隨星使與哥士奇乘車行八九里至一處，名曰「巴雷朗商」，係為通城集水處。下車入鐵闌門，左右四石台，上臥石獅，揚爪縱身，作賓士狀。左右各樓三層，當中石牌以四十柱聯之，通身白石建造。前有瀑布，後倚山岡，面如山字。正中牌上立三女，皆赤臂跣足，手持玩物。下面碎石峻嶒，水由中出，湧落小池，暗入鐵筒，分流各處。石上立水牛四頭，左右大魚各

62　戛拉桑：僕役。
63　親親：疑係「請請」之音誤記。

四，搖尾決蹯，悠揚騰躍，皆作奔出之狀。

遊人先登土岡，行數武，後步石梯八十級，至牌下石闌，入左樓門，再步石梯四十八級，則四壁懸碎石攢成大畫百張，皆係千古野獸新奇形像，筆墨難描。又箱櫃百餘，外有玻璃罩，內放各種鳥獸，裝飾得體，躍躍如生。下立長槅，羅列古魚奇鳥，彩羽錦鱗，筆難細述。中列玻璃罩匣數十，內係昆蟲萬種。第二層所別〔列〕者，係人獸禽魚之骨，式與巴里之白骨樓同。每層樓高四丈，寬十八丈，長逾七丈。出此，入右樓門。其頭層，四壁懸油工大畫三百餘幅。二層，中間懸百餘幅。左右二間，列白石人像二十餘。門外兩壁二石畫，係馬賽二千年前與現今之景致，江流山峙，妙手通神。去此至瀑布後，登梯四十六步，至石牌頂四望，通城畢見。此後花園，紅紫芬芳，亦頗幽雅。西一水槽，下流入岡而為瀑布。外有石牆，頂作石槽，高與岡齊。土人云，其長二百餘里，西北直抵他村。

是日，男女老幼甚形擁擠。得遇「拉布當內」船主郭地陽。後乘車繞行二十餘里，至海邊，較前兩次景致尤佳。道路修齊，樓房密建，日光入海，紅如火柱。將下山，見一輪船碎於海燈鐵帽之間者。土人云，係六日前誤觸石礁，幸遊人三百，一無所傷。申初回寓。

有日本人山田正方者來拜。以筆坐談，令其以平假字書其名，乃：

ヤマダマサカタ

念曰「亞馬大馬薩戛達」；今書「德明」二字，係：

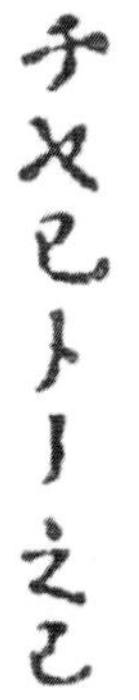

其音未詳。伊言：所有武生，現皆宿於此地馬賽大店內，其公使已經西去波耳多城矣。蓋當時會堂百官，已立公舉名人遰爾[64]者為伯理璽天德[65]。巴里雖已停戰，而「紅頭」時時反亂，故移會堂與外部於巴里西南之波耳多海口，各國駐紮公使亦多因而移去焉，是地距巴里一千七百四十里有奇。入夜微風，涼。

初十日辛未，晴。辰初，隨星使同哥士奇、殷柏爾、薄郎等乘車至南海輪車客廳，少坐登車，東行少南。過山洞七，村鎮九，行二百一十里，巳正一刻抵杜隆莊[66]。改乘馬車，行半里，有本地水師提督之委員迎入都龍店內早餐。樓高五層，亦屬華美。午初，往拜提督貳狄妻。入門有兵十名鼓吹相迎，見畢，排對護送。行五六里入機器局，登小輪舟。其地臨海，與莊右喇賽安村合而成口，兵船

64 遰爾：梯也爾。
65 伯理謹天德，議長、總統、首腦。
66 杜隆莊：土倫市。

密列，兩岸多設炮位。凡機器局與造炮局中作工者，皆係罪犯，兼有德兵，共萬餘人，著紅衣黃褲。其戴紅帽者，在此一年或半年；戴綠帽者一世；並有以鐵鎖鏈於一處而作工者。

行里許，先登兵船，名曰「馬蘭溝」。純以鐵鑄，長四十丈，闊四丈，深八丈，重七千噸（合中國一千四百萬斤），有一千二百馬力。登岸入造炮局，銅鐵大炮、炸炮、噴炮、長圓炮子，院內羅列成山。樓上四壁布滿槍刀，列成類難盡述。有四百年前之鐵炮，長逾二尺，粗合把，亦由炮頂下藥。據土人云，自古已有是法，奈代遠年湮，無從考查，今復由名人創造，非新式也。又有一種法邦新出之槍，名「沙斯坡歐」者，稍亞於德義志之巧針槍，一分時之工可放十子。又入一樓，係以舊炮改造螺螄槍處。

出門，臨岸立一鐵造曳物機，形如仄字，高約十丈。無論何等重物，皆可曳之登舟上岸。又一物名「木勺鯆」，乃中土所謂之水雷，係以鐵造，形若扁爐，可裝火藥三千斤。沉入海心，上飄小物，中連電線。無論大小兵船，觸即轟碎。又一鐵甲兵船甚大，其名未詳，或云，可載兵三四千名。又一隻合眾國船，無事時，可將後輪係起乘風，以省煤費。岸邊有修船池四五，各作斗形，前橫鐵閘，後三面以石砌，上下石磴四十一級。其小者寬七丈，長三十丈，深三丈。

旋駕小輪舟出石牆，曰內門口，行六七里，登大兵船名曰「吶滿的」，係前四日由呢泗[67]地方

67 呢泗：尼斯。

來者。長三十丈，寬三丈，高四丈，兵六百名，皆列隊鳴鐘以待。鐵炮二十二尊，長皆六尺，亦由頂上下藥者。船主云：「不知貴星使及諸位光臨，有失迎迓，請飲三鞭一杯，以申敬意。」談次，又云，「各口兵船之酒食皆取給於此。」辭去，復乘輪舟至對岸，風平浪靜，四壁皆山。哥士奇云：「此口水甚深廣。」帆檣之集於此者，往來不絕。

上岸看一樓，係犯人臥室，小屋鱗次，皆置木床氈被，以便犯人棲止。所作各種器皿，排列出售，遊人多給錢而不取物。樓上有火機磨面，滿屋長箱，一人可作百人之工。又一存酒樓，酒箱大於小屋，運動皆有關鍵，無須人力。下樓見一修船處，係一高臺，形如冂字，甚屬堅固，無論何船，可以水機曳上，其力可知矣。又一新造兵船名曰「法邦」者，長逾三十丈，闊三丈餘，高數丈，重四千噸（合中國八百萬斤），有五百馬力，本價二百二十萬方，合銀二十八萬六千兩。又有數處，皆以火機鑄鐵鋸木之所，式與他處同。又有炮車若許，土人一一與看。謝別後，乘雙馬車行十餘里，申正，上火輪車即開，戌初一刻抵寓。

是日往來一路，左臨大海，右傍山村，田疇交錯，山嶺崚嶒。回時見落日臨海，隱於雲間，光如巨火，忽方忽圓，忽而兩半，忽而三分，萬古靈烏，一時屢變，可觀之至。

十一日壬申，晴。巳正，隨星使乘車往拜總督茹艾達，坐談片刻而歸。其公署自八年前興工，去歲告竣，白石建造，宏敞可觀，其陳設之華美，可謂巧奪天工矣。

十二日癸酉，陰。巳初，細雨。未正，隨星使同哥士奇乘馬車遊行八里許。河干有禮拜堂，尚未畢工。土人云：「已造十八年矣，再須八九年，其工可竣。」所用五色石塊，皆由義大利運來。堂高九丈，寬十丈，深二百五十八步，可容萬人。所費法方千萬開，合銀一萬三千萬兩，精巧之極。時有教士四名偕遊，指講一切。後出旁門，入一小屋，內有此堂之規模，長逾丈，高五尺，係以白石雕刻，雖具體而微，與真逼肖。蓋西俗，凡興造房樓，必先以石或木造成式樣。去此行里許，至其主教府。其人名布啦斯，服紅氅，紫帶，金花邊。坐談，待以葡萄糕、紅色酒，酒名「什布啦」，味如松子。辭去，北行十五六里，至一糖房，石樓九層，地極寬大，通用銅器火機，整齊潔淨。上下羅列大箱萬萬，先熬後壓，清水淋出，倒入鐵模而成塔糖。其大者，高約二尺，周尺五，色白如粉，每日可得二百餘斤（？）。其黃糖皆來自印度，每十斤黃糖可煉白糖八斤。未刻回寓。

十三日甲戌，晴。辰初起身，乘火輪車西行，巳正微陰。至達啦斯村，停車片時小食。後過倭吶江[68]七孔鐵橋。午初雨，未正止。申初，至賽達莊，住車半時晚餐，得食白鱔，味似鱸魚，石榴大於香瓜。亥正抵都魯斯[69]城，改乘馬車，行四五里入店。店名「艾達芋呢」，不甚寬闊，尚屬淨潔。

68 倭吶江：羅納河。
69 都魯斯：圖盧茲。

記：來時過山洞五，中一大者，長十二三里。過村鎮四十六，其名無須繁述。沿路兵勇，多有破靴敝褲，背負紅酒罐，槍頭插麵包者。又，一路左海右山，後則右海左山，忽又左右海汊，當中鐵路，兩岸鷗鴨戲水，碧綠盈眸。又，方的陽城外，鹽積如山。又，釀酒一種，甚甘，名與城同。

十四日乙亥，晴。早起，見店前正對官廨，日中為市。男女百人，各來一車，支棚掛帳，儼成屋宇。所售器皿針黹，以及糕果肉菜等類，往來瞻望者甚夥。惟見婦女多長鬍鬚者。

午初起身，登火輪車即開，西行少北。先見左臨運河，右傍山田。未初，過大鐵橋，又度二小山洞。未正則左田右河，繼而左右皆河。又過一鐵鍊長橋，運河仍右，即時在艾根城少住午酌。申初，左河右山，又過三小山洞，共過莊村十四。酉初，抵波耳多。乘馬車行十餘里，至賢真詹街第二百八十號法人賴斯舉之別墅。樓高二層，房屋不多，裝飾樸素。前有馬廄車棚，後有園亭，花樹蔥籠，景致幽雅，亦有玻璃暖窨、望街樓等。又由馬賽雇一洋僕名陶木斯，以便買辦日用之物。

按：外國各城無牆，而此地似在城外，因街道整齊，市廛稀少，終朝闃寂，絕少紅塵也。由馬賽至波耳多，計陸程二千零十六里。

十五日丙子，陰晴互變。是日立春，為正月節。早餐，見飯廳北壁懸一油畫，不甚大，所繪地如海口，樹木蒼茫，房屋隱約，河水蕩漾，山嶺嵯峨。中一禮拜堂，外立五人，似欲參拜者。其工不奇，惟堂頂懸一真表，按刻擊鐘。畫下垂一繩，曳則作樂，如堂中禮拜然。晚，見小兒放一風箏，如北京幼童所放之門簾、四塊瓦。

十六日丁丑，晴。風和日暖，的是孟春。是日係禮拜之期，午後，男女老幼多扳牆攀樹，以眺望華人。該國自交兵失利後，人民禮拜尤勤，門首多插十字花旗以明心。

彝自航海以來，凡遇法人，彼必問「景致之擅勝者以何國為最？」彝則曰「巴里」。「人之公平溫厚以何國為最？」彝則曰「法」。眾皆喜聞。且云：「我國各主教神甫之仁心善意，海內皆知。即如在貴國救護溺女一事，想君已早知矣。」彝云：「我國人民之多，居天下三分之一。苟有是說，則華人定少於貴國矣。今攘往熙來，比比皆是，足見此說之誣也。」聞者默然。

當晚皓月當空，明星在望，涼侵床榻，春風襲人。亥刻，陰。

十七日戊寅，細雨。按其地之經度，與中國之科布多、庫倫同。而其天氣之暖，忽晴忽雨，無雪無冰，人不多衣，樹不盡凋，一似上洋之冬令。

是日午後，有法人嚴布林者與彝言：「君來此已三次，以我國教化比之，貴國似稍遜之。」彝詰其說，彼曰：「我國男婦老幼相見，皆以接吻為禮，非為教化之國耶？」曰：「若以接吻而言，我國父母之哺嬰兒，往往有之，此係喜愛之意，不知貴國以接吻為何禮？」彼曰：「此係恭敬之意也。」彝曰：「若以此為恭敬，則不如我國之跪拜為合宜矣。再，予之三次航海，雖不多見，少有所聞。以我國教化比之，貴國亦似稍遜之。」彼請其說，彝曰：「父母生子，原望奉養終身，不意貴國之人畢婚後，即分居而另立門戶。雙親雖老，視若旁人，子不侍父母，媳不奉翁姑，豈非少經教化者乎？」其人大慚，面赬而退。

又英人白婁安者向彝云：「既來泰西三次，何不將各國有用之物，詳細記載，歸告眾人，令其勵學前進？」彝曰：「公曾往華一遊乎？」曰：「曾駐華八載矣。」彝曰：「既駐八年，則我國有用之物，亦必有所見聞。」彼曰：「所知甚夥。」彝曰：「諒必已告於眾矣。」曰：「尚未。」彝曰：「然則已稟之於君主矣。」其人俯首無語。

十八日己卯，陰雨。因旅舍逼仄，王竹軒與張雲波移宿於對門郎柏爾家。戌初，郎邀飲。乃同俞惕庵步至其家，見其妻女與子，並其友畢羅蘇夫婦子女數人，皆係由巴里逃至者。飲酒食糕，相談甚得。見郎年逾古稀，鬚髮頒白，子女皆未及笄。其妻云：其長子郎為廉，弱冠出征巴里，四月未接家報，不知尚在否。言之慘然，泣數行下，郎擊其背始止。以此見父母愛子，天下通情，但不知子念父母否？

十九日庚辰，陰。早，蒙星使延請法人名臘包耳者，以便慶靄堂溫習課藝。其人年約三旬，語言溫厚，每日辰初來，巳正去，所教係地理尺牘等書，每月館俸七十二金。

又，見對門石樓一所，門橫一匾，係小兒義塾。鎮日鳴鐘擊點，限時出入，頗為嚴肅。

二十日辛巳，晴。未初，同高引之、慶靄堂、薄郎乘車行三四里，至集新院。因內現存軍器，故扃其門。又北行二里許，至公花園，一望繁盛，甚為整齊。中一鐵架玻璃房，極其高大，地含火筒，旁列水池。其花木有數千種，皆來自五大洲，多有未知其名者，枝枝豔麗朵朵新奇。有高二丈者，有有花無葉者、有葉無花者，有花放葉上者，有葉長花心者。其葉有粗如指、細如絲者，有圓餅與舌形者。花房前一小河，人可駕舟而遊，鷗鷺成群，金魚數百，見人皆追逐浮沉，似乞食狀。又一小木橋，彎曲盤繞，如龍爪然。隨處皆有鐵椅，可以坐憩，亦有鐵亭、石闌作樂之所。

出此，至一禮拜堂，名曰「賢米士愛」。堂不甚大，惟左偏小屋立有男女老幼屍骸二十一具，係於十七年前民變掘出者。各處死屍皆已泥化，惟距城四里許所出之屍，皮髮筋骨皆存，衣服亦有粘留之處，形狀可見。有張口者，閉目者，抱肩者，扶胸者，形象不一。竟有彎腿俯首者，據土人云：「乃死而復甦，欲出不得故也。」各男女名姓，由何症而死者，司堂人皆能細陳。蓋墓前立有石碣，注明某人何年月日由何病而死。中有一家夫妻，三子一女，係誤食蘑菇而毒死者。其老者百歲，少者幾月，皆係六百年前或數十年前之人。堂之對面，石塔高三十八丈，步石梯二百三十二級，至其中腰盤頂，四望無涯，山河畢見，塔頂尖形直立。回時街市閒遊數里，過一大石橋，長約一里，寬逾六丈。河名「路旺」，碧浪溶溶，舟艇密密。

按：波耳多城內，道途平坦，惟多泥濘。樓房銜接，樸素整齊，稍亞馬賽。城周四十餘里，居民二十三萬四千。天時暖而多雨，入夜微涼。

二十一日壬午，陰。辰正，風雨大作。午初，見法兵百名，背包荷戈，破靴敝褲，結隊歌唱，冒雨而行，不知其從何處來者。申初雨止，戌正又雨。因樓高四面無倚，雨灑風吹，聲音撼動，與輪船行海相似，其震慴亦可想見矣。

二十二日癸未，晴。辰正微陰，申初復雨。又過步兵二百，隊伍不齊。入夜晴。

二十三日甲申，晴。早見露結為霜，水始成冰。巳初，暖則皆化。午後，同高引之，慶靄堂與薄郎乘雙馬車行數里，至一公馬廠。係城中紳富養馬之地，每月給銀若干。此廠甚大，地鋪乾草，潔淨異常。馬共三十餘匹，中有尾大於駝而肥壯可觀者。後有操馬房，與前在英、美所見者同。去此西北入鄉，周遊三十餘里，田疇肥沃，碧樹成行，竹窗草屋，景象清幽。間有高樓幾處，土人云皆富室之別墅。因法邦久戰，所有近城一帶樓房田畝，率掛木牌租售，故有力者另覓桃源以尋安樂也。未正回寓。

是日為禮拜之期。登園角小樓一望，牆外男女紛遝，來看華人。有小攤出賣栗、桔。其押賭者所畫六地，係人心、船錨、梅花、葉、星與六點，其意未詳。後有英國領事官何恩達攜其子何益安來拜，坐談片時去。申初，陰而細雨。

二十四日乙酉，終日陰晴風雨不定。午初，同俞惕庵乘車北行十餘里，至一鐵鍊橋，名「賢安得類」。長逾三里，高五六丈，寬三丈餘，分路三股。除入水石座，左右各五鐵塔，每塔十五層，每層五六尺不等，玲瓏剔透。鐵鍊横諸塔頂，左右各三十二條。兩首石砌，各長半里。下臨沙堤，中作月門，各高三丈五尺。又每對鐵塔當中亦作月門，其上横疊鐵板，左右鐵闌，皆甚堅固精巧。土人云此橋造已五十二年，今則鐵皆糟朽，禁止行車。申初回寓。

晚，郎柏爾邀坐談。見男女十餘人，有郎之外舅，年近八旬，能英語。又其妻之姊妹四人，年皆四五旬者，同飲茶與加非，食糖果。郎云，三日後，其外舅即攜眷回巴里。蓋德法二國將定和議，永息干戈。奈巴里食用不足，已食騾馬，今則貓鼠亦將覓盡矣。彝言「貓性最喜捕鼠，若貓鼠共食，腹內恐不免騷擾矣。」眾皆大笑。戌初回寓。

二十五日丙戌，早，大霧迷漫，巳初晴。未正，同俞惕庵出遊。步至河岸，一路人煙稠密，大鋪宏敞華美，一如巴里。又一大戲園，現改會堂，五層高樓，層層壯麗。四面各石階八層，白玉石柱十二根，高皆四丈。又河岸石樓前，一銅鑄水法，係三女赤身並立，各挾銅炮一門，由炮心出水，甚湧。

二十六日丁亥，晴，暖。午初，有日本武生六名及畢路安來拜，遂留午酌。得食蘋果，皮如洋芋而味甘。又有桃仁、栗子等，其味亦佳。

二十七日戊子，晴。本地有種漆布，長數丈，寬二尺至八九尺不等，係麻布上漆，顏色花紋與真花梨、紫檀無異。亦有黑黃二色者，黑者間有方塊，周自八尺至十六尺，繪以五彩，金碧輝煌。油布長闊皆六、七、八尺，其色青黃白黑，以之鋪桌、做雨衣皆妙。鋪地漆布，寬窄不一，厚而且固，色分五彩，花樣極多，乍看以為木造席織，或石砌紙糊者。竟有造成假席或木與石者，與真畢肖。又種石紙，色亦五彩，與真太湖、孔雀、青金、瑪瑙無異，木紙亦與松柏檀梨同，以之糊飾牆壁，真假難辨。

戌初，郎柏爾請酌，同坐十男一女，皆紳富也。談及三綱五常，眾皆喜聞，且云：「敝國風土人情，較貴國不如多矣。」彝言：「天下萬國，各有所長；取長補短，彼此有益。」又問中國食物同異，彝曰：「中國平日所食，與貴國大同小異。惟燕窩、魚翅、海參、魚肚、蠔蠣、海蜇、江瑤柱及蔴油、豆醬之類，在外少見。」眾云：「不惟不食是物，且未聞是名，望示其詳。」彝乃一一細告，眾皆異之。亥初回寓。

二十八日己丑，早，大霧，巳正晴。隨星使乘車往造煙局一觀。樓高而大，所造係絲煙、煙捲與鼻煙。其鼻煙色黑而粗，即華人所謂「螞蟻煙」。女工二千餘名，面前各置一錶，可知一刻造煙若干。回時見一王宮古跡，名曰「戛連」，大片石牆，高皆數丈，中有月門如城，凋殘頹朽，寂寞荒涼，土人云已千年矣。申初回寓。

近日德法雖不交戰，而街衢隊伍猶多，然整齊者少，或一鼓引十兵，或十餘匹馬。各戶小孩五六歲者，亦著兵服佩刀街遊，趣甚。

二十九日庚寅，晴。午後，同俞惕庵乘車行十餘里，入一燒瓷局。樓院高敞，人工二千，以機器磨沙與土。其陶法與中土同。瓷器大小形式不一。有印花者，係以暗花銅板塗色印於紙，將紙粘於瓷面，水洗片刻，則花朵如畫，分毫不損。未正回寓。晚餐得食冬筍、鮮蘑、海參、魚翅、花生、杏仁、梨、橘、蘋果等，酒則紹興酒與三鞭酒。彼此坐談守夜，以待新春，樂甚。

同治十年歲次辛未，正月

初一日辛卯，晴。寅正，隨星使至大廳，向北恭叩聖牌，行三跪九叩禮。早餐後，同高引之乘車北行里許至一花廠，內有玻璃房數間，列鮮花百餘盆，如竹葉梅、大紅雀、秋海棠、馬尾草、小芍藥、玫瑰花、荼蘼、凌霄、芙蓉、山茶等類。惟水仙一種，質雖同於中土，色則有藍、赤者。有葉如百合，花似丁香，其色藍而味如椿，高約三尺。有葉如倭瓜，花似野菊，其色紫，其味香。有葉如艾，花似碎瓣梅，其色紅白者。有葉如水仙，花似玫瑰，皮黃心赤，可名為獨角蓮者。有枝如嫩松，花密如鈴，其色粉紅，高約半尺。有葉如刺苞，長枝盤繞，花同蝴蝶梅者。其餘不可枚舉。花之矮小者分畦而栽之，每畦上有玻璃罩，買者隔罩挑選。彝乃擇其罕而見珍者，買得八盆，令人持去。

旋至一禮拜堂，堂名「賢徐林」，白石建造，高約七丈，闊如之，深十三丈，牆垣多頹壞處。土人云，亦數百年者。是日為禮拜之期，男女擁擠，數逾千百。有二十餘樂兵，擊鼓吹號，俱有節奏。

又至前所去之公花園，是日開骨、畫二樓。先入骨樓。樓二層，所存係人獸禽魚之骨暨昆蟲石木之類。獸之奇者，有一羊二頭者；又有一頭二身，係後分前連，前四腿。左之右腿，右之左腿，並而上舉。人之奇者，有小兒一身二頭者，有二身聯絡者；更有二三月胎內之小兒，長四五寸者。鳥有獨目生於頂上者。魚有穿山甲，有形似蝙蝠者，有如合豚魚而滿身尖刺者，有小口小目身大於磬者。

蟲有蛤蚌螺螄，大如西瓜，小如米粒，色分五彩。石有木變者，骨變者，有含花藏魚者。木有粗四五圍者。又一玻璃櫃中列阿斐利加之刀槍衣履數件，與乾草大瓜二堆。瓜如人臂，肥而且大。

後入畫樓，樓亦二層，所存畫軸千幅，亂置當地。因前日失慎，大半罹回祿之災。有一大幅，所繪係一船遭險，別船來救，男女皆攀繩抱木，倍極顛連。看久，似聞有人喧浪湧之聲。此軸亦被煙熏模糊大半，土人云，其價值銀二千六百兩。申初回寓。

戌正，同高引之、俞惕庵、慶靄堂與薄郎乘雙馬車北行四五里，至格拉奚巷第二十四號路益戲園觀劇。台座整齊，鋪陳華美。所演係義大利故事，不甚鬧熱。惟末出山林樓閣，雷電賓士，山崩地裂，水湧房搖，令人真假莫辨。亥正回寓。

初二日壬辰，陰。早，有武官馬多文邀至本巷技勇營一觀。左右樓房，中一花囿，列炮五門。有一銅炮，長六尺，週三尺餘，心分二十四細孔，藥由尾入，放出如驟雨然。左樓為諸生肄業之所，上懸各國地圖、軍器圖式、隊伍規模，下置紙筆書籍，以便講求各種槍炮形式，暨製造施放之法。武生共一百七名，鎮日學習操演。右樓為教習考課之所。前一大几，壁掛黑木牌。旁列木凳，令諸生坐。教習以粉畫牌，乃問某處有山，某處有水，我當何法對陣？何地紮營？或某處有城，我當如何進兵？以及仰攻俯擊之法。諸生能對者為上，否則一一講解。是海國之重武備，不啻中國之重文教也。未初細雨，酉正微晴。入夜大雨。

初三日癸巳，陰晴不定，時落細雨，覺冷。戌初，復同高引之諸君至路益戲園，所演與昨大同小異。惟中出則有著花秋帽、金頂綠纓、黃袍鑲紅大褂者，有戴塔帽而著黑衫者，狀如魑魅魍魎。女子有著男衣而戴假面者，離奇怪誕，頗快心目。是園樂工五十名，臺上懸煤氣燈一百二十盞，台下懸插共三百九十五盞，可容二千一百餘人。子初一刻回寓，涼。

初四日甲午，早霧，辰正晴。午後，有法國二主教來拜，一名巴貝多，一名戞達類，與慶靄堂暢談良久，甚歡。後巴問彝係何教？彝曰：「儒教」，問何不奉天主教？彝曰：「孔門乃中國之本教，故不敢改。」問究以何教為上？彝曰：「某國人似當以某國本教上，且二教多同少異。」彼云：「二教所異者多矣，君不知天主生已一千八百七十一年，今之奉教者，已有數國之多乎？」彝言：「此說固是。然孔子已生二千餘年，並無主教傳播異邦，而今之崇奉者，亦有數國之多乎？」二人無言辭去。

晚，郎柏爾請茶，同座有伊甥女菊桂然者，年未及笄，乞教華言。遂以鉛筆書俗語二十句，告其音義，移時述對無差。洵乃慧中秀外，聰敏絕倫。以擬黑齒國之才女，殆不遜云。

初五日乙未，早，大霧，巳初晴。按自去歲十二月十八日為西曆二月初七日，係耶穌受四十日大難之始，例應停止宴樂，用無血齋四十日。而此地人民吃肉者多，甚有跳舞宴樂者，亦無著異服戴假面遊於街市者，每晚只聞一二人吹弄牛角。酉正，高引之復約同往觀劇，辭謝未去。慶靄堂與殷伯耳云：德善之父請於初八日往阿拉戛桑村一遊。彝乃登樓稟請星使報可。

初六日丙申，早起大霧見冰，巳正晴，暖。近日門首經過馬步隊伍，稍微齊整，而其軍器衣裝，仍多破壞。又聞自去歲十二月初九日德法議定停戰後，至今已逾二十一日，而法會堂咸議再戰，諸多掣肘，乃於是日令伯理璽天德遆爾攜外部大臣發福爾親往德營講和。經德君與畢馳馬議得十款，遆爾攜回會堂公議，計大僚五百四十六員，願畫諾者只一百零七員而已。〔編者按：一八七一年三月一日國民議會表決和約時，贊成票五百四十六票，反對票一百零七票，與此處所記的正好相反，當係作者誤記。〕

按：所議十款如後：

第一款　法國願讓與德東邊一省半地，計六府，一千七百六十三村，一百五十八萬四百七十四名口。一切法例契券皆去，永歸德屬，即時兩國各派委員前往分立界址。所派官員係為兩國清分地界與財物等事，苟有不公不明之處，准其稟明國家。俟換約後，彼此各存地圖一張。惟東省之北拉佛爾[70]炮臺仍歸於法，可將去歲九月間在柏爾林[71]所畫者改色。

第二款　法應償德兵費五十萬萬方，年內即付一萬萬方，分為兩次，每次五千萬。餘歸三年分還，由換約日起。

第三款　自民會[72]願准和好後，彼此兩營定期將巴里城內外暨河邊各炮臺與西南十五府及思安江右邊各地之兵退盡。因法兵亦皆南退，應准巴里屯法兵四萬，以照管各炮臺。所有東北方德兵所據之地，自換約日起，隨時付銀，隨時退兵。按照第二款，初次交五千萬方之日，先退附近巴里之地。二次付訖，即將北方一帶退盡，江東及巴里東北之炮臺亦然。至東方臨界之地，或待全數（五十萬萬方）交訖，或法國言明先交保據契票於德收執，德兵即行退完。若臨期未能全退，應出官利五分，由換約日起，每年照算。

第四款　所有德兵存留之地，不許取兵餉、收地租，法國供其日用。

第五款　法國所讓之地，其人民貿易如舊。所立和約，皆有一定之規，妥為照料，以益將

70　北拉佛爾：柏爾福。
71　柏爾林：柏林。
72　民會：國民議會。

來。現在皆得任便自由，或願歸德、法何國，或移去他邦，德國概無禁阻。其在所讓界內，法國官員不得仍行拘人治罪，亦不得代他人作主擅理財產。

第六款　法營被獲之兵，尚未放還；俟允定和約後，急行解送。法當預備火輪車前往德國。議定解送法兵之費，應按法國定例。

第七款　條約定妥，照前講和之規，應在比利時國京都商定。

第八款　條約定後，各省德兵佔據之地，盡交本地法官料理。所有德兵食用，均照德營總軍辦理。德兵住留之地，德營派員往收稅糧，與法國互相清算。

第九款　和好已定，應照前規，無論德官何權，皆不得行令於法，因現無德兵駐守。

第十款　此十款應速呈波耳多民會，妥為集議，以取進止。

初七日丁酉，晴，暖。未初，隨星使乘車至公花園，風和冰解，鳥語花香，人之遊春者，踵趾相接。入骨樓，復見一鹿，頭大如驢，角長盈丈。一魚肚大於鐘，目小如豆，嘴約一寸，四牙外露，二分水細小如耳。又一海魚，肉翅形如蝙蝠，須長頭小，狀若老人。其餘豺狼虎豹、海馬斑驢、金雞鸚鵡、鸞鶴鵰鷗，罔不畢具。申初回寓。

初八日戊戌，晴。卯初睡起，同慶靄堂、殷伯爾登火輪車，西南行一百五十八里，巳正抵阿拉戛桑[73]村。一路停車五次，樹林青鬱，阡陌縱橫。至則前臨海汊，後傍山岡，而德善之父早已掃徑以待。乃同步行登山，磴雖盤繞，路極平坦，左右環以木闌。千峰疊秀，曲徑通幽，樓房點綴，松柏婆娑。緩步芳茵鋪翠，十里不遇一人，寂無音響。於山環處忽見木樓一所，極其高大，乃仿華房造者。頂似城樓，座如廟殿，石闌瓦脊，頗為壯觀。數武外，又瞥見一樓，高插雲漢，亦仿中華殿閣建者。惟頂作半球形，滿鋪黃金，如俄國禮拜堂。一路逶迤曲折，下山步至其家，見其內眷。談次，詢及德善起居，彝乃告以平安，無須掛念，眾皆悅之。早餐，同坐有其鄰居父女二人，父名鞠智晏，女名格秘。飯畢，在院中少憩，後同車出遊。先抵湖畔，步沙堤里許，潮長日落，掩映波光。又至山頂，見一望海台，純以鐵造，高十數丈，作豐字形。登八十級，至中層，已四面畢見。村落不大，槐柳成行，鋪戶稀少，房屋整齊。下山步入鞠家吃茶，見四壁木槅，設有中華瓶罐碟碗，瓷皆上等。申初告別，再三婉留，且云「不知能再見於巴里否？」彝言公務羈身，不敢逗留，遂送至火輪車客廳。夫妻囑見德善，告以一切平安，不得遠懷等語，言之悵然欲泣。即時開行，頗快。戌初回寓。

聞自前日德議十款，法會堂終日議論紛紛，雖不欲和，無法自處。遆爾、發福爾遂於是日與畢駟馬同在衛灑畫押蓋印，後書「一千八百七十一年二月二十六日，衛灑立。」

73 阿拉戛桑：阿爾卡雄。

初九日己亥，晴，暖。早起，見天光清朗，微風習習，乃口占八韻云：

好似清明節，誰知正月天。
微風吹浪靜，細雨注花鮮。
林內松垂翠，河邊柳散綿。
田疇蔬菜遍，山嶺橡楊連。
度數如回域，風光比蜀川。
因何涼過越，卻竟暖於燕。
莫訝時差異，方知地使然。
周遊千萬里，冬夏日三遷。

初十日庚子，早，大霧，辰初晴。記：前所看之洋水仙，法人呼曰：「赭赤」。若婦人懷孕，可卜熊蛇。係將一紅一白同置於水，白者先開為女，紅者先開為男，紅白齊開則為雙生。是日頗熱，可著夾衣。晚在園內緩步，桃花吐萼，碧柳垂絲，而金菊、地椹、三月蘭、蝴蝶梅皆已遍地矣。

十一日辛丑，晴。近日連接洋信二函，係一貧婦吳門麥氏者所發，內云：「巴里被困三百三十餘日，今幸逃此，又值夫故，無計謀生，懇求施助若干，以便度日。」憶在北京見有乞丐向洋人討錢者，即叱退去。不意至此數日，即有婦人乞助。以是觀之，貧富何得以地限哉？

十二日壬寅，晴，暖。見園中杏樹兩行，花如吐火，滿徑幽香，蜂蝶爭飛，十分春色。而遠近之楊柳榆槐，參差偃蹇，碧綠盈眸。入夜則寒風襲被，惟有一縷爐香，尚含暖意也。

十三日癸卯，晴，暖。早起則花香鳥語，日麗風清，緩步尋芳，頗饒佳趣。午後，同俞惕庵乘車街遊。見一種痲布甚長，寬逾五尺，灰質白花，極固。又一種存稿簿，長方紙甚薄。書信寫畢，中夾油紙，刷水置於簿內，再置於鐵夾板上，有活軸，轉則下壓，絕不費力，取出字皆印於白紙，而原信仍分毫無損。又，近日牆外，男女小兒爭討中華制錢為奇物。

十四日甲辰，晴。午後，同俞惕庵街遊。見一大雜貨鋪，樓高三層，極其宏敞。每層當中與四壁，羅列雜貨萬種，如紙筆綢布，鐵木器皿，婦女針黹，小兒玩物，以及瓷盆竹筐，鋼鑼皮鼓，無一不有，筆難盡述。每桌一人看守，客買何物，則守桌人同至大櫃，言明物件若干，價值幾何，則掌櫃者隨聽以筆登記，外書門票一張，上印某城某巷第幾號某鋪字型大小，何業月日賣去物件若干，價值幾何。若令持送，則票邊另書姓氏住址。無論何鋪皆如此，大約夫賣貨而妻司帳者多。又各鋪自備車軸，每日按家去送，雖些須小物亦然。小鋪無車，則令夥計背握。所售貨物門票，逐件畫押，以明貨價已收。有不現給值者，則送貨人收訖畫押。其價逾十圓者，於收訖時，必另貼一小長方票，亦為畫押，否則官罰。蓋票皆官出，不得不取償焉。

十五日乙巳，早霧，巳正晴，晚則月午風清，照如白晝。乃約德威理亞、殷伯耳、那威勇及薄郎四人共食，羅列酒肴，同賀佳節，杯盤狼藉，歡飲暢談，亥正始散。當晚，果蔬甚佳，得食海參、魚翅、燕窩、魚鴨等類。櫻桃狀如李杏，春橘大如木瓜，酒如中土紹興，香烈醺人。

十六日丙午，晴，涼。巳初陰雲四合，細雨終朝。近日頻聞車聲轆轆，鈴響丁東，雖在午夜，其聲不絕。蓋前於十一日，因兩國換約，有三萬德兵列隊入巴里，齊唱凱歌，由阿爾克得特立羊福大石牌樓[74]直抵王宮後埃及石柱，轉至馬達蘭禮拜堂。各街巷口，皆有本國兵弁，持械嚴守，以阻民人觀看。

十七日丁未，陰雨，申正微晴，亥初陰而復雨。

---

74 阿爾克得特立羊福大石牌樓：凱旋門。

記：本院有園丁夫婦戴姓者，殷勤灌溉，於花園之北偏種柳一圈，周約四丈，頂上交枝而成棚，內設圓桌小凳。亭外四面，地分六畦，各作扇面形，每畦鮮花一種，如牡丹、玫瑰、金菊、鐵梗海棠等類，畦邊鑲以地椹、芙蓉，此外桃、杏、蘋果、梨、橘、壽丹，行行夾道，頗覺可人。百樹交花，幽雅之至。

十八日戊申，陰雨，稍冷。午後，哥士奇來拜，坐談片時辭去。見本地丐者之音樂盒，長三尺，高二尺，寬一尺，外露一鏟。旁有關鍵，按節作樂，聲音洪亮，數里可聞，每個價有值銀七八十兩者。丐者多由樂鋪賃出，每月給法圜十開二十開不等，終日背負穿巷遊街。欲乞錢，則在樓前支以木架，轉其機關而奏之。願給者，則於樓上以紙包錢而擲，多者五六方，少者一二穌。入夜微風，雨止。

十九日己酉，晴，暖。早，有郎柏爾之妻來請俞惕庵，言其夫染重病，乞救之。診係春瘟，兩頻皆腫，遂畀刀圭一劑。令彝告以煎服之法，且言不可以風，翌日必癒。其妻拜謝。

當晚，同眾在園內柳棚瀹茗，微風敲竹，皓月映花，因口占云：「萬個參差綠，重台掩映嬌。一杯聊代酒，寵辱亦堪消。」

二十日庚戌，早陰，細雨陣陣。午後，往看郎柏爾之病，現已消腫。乃另給一劑，以去毒火，告以在室靜養為妙。郎云：「勺勾臘[75]局之東主，約去清帳，昨日未往，今早已疊令人催請。」彝言可以暖布圍頦，以防風氣，否則再犯，便難著手。郎與其妻連應唯唯。少坐，各飲加非一盅回寓。申初晴，入夜復陰。

二十一日辛亥，陰雨，巳正晴。午後，有房主之友來氏者，同一官兵名過斯橋者，面懇惕庵診治。且云：「久聞名醫來此，因貧苦求救，量不推辭。」見其大指腫起不亞雞卵，惕庵乃給藥末一裹、湯藥一劑，告其煎法敷法，拜謝而去。

晚，因郎柏爾病癒，請惕庵與彝小酌。果有櫻桃、蘋果、地椹、花生，酒則舍利、高釀、醱芝、柏都等。同坐惟有伊甥菊桂貝、菊桂然兄妹二人，言其親友已回巴里矣。因德法早和，城中安堵如初。彼此暢談甚得，深贊惕庵之能，察脈通神，為今時之和緩。其病若經本地外科療治，必使其腫出，割破見膿血而後已，不知幾月方癒；雖癒亦必留有痕跡，何能如此之速耶？可見華醫與西醫，各擅其長，並行不悖。酒罷辭歸。

75 勺勾臘：巧格力，可哥。

二十二日壬子，晴。未初，菊桂貝約俞惕庵、黃道崇與彝同乘車行八九里，至婁亢街第十號，拜其教習高那昂。其人年約五旬，係患半身不遂者，鎮日坐一木椅，前後三輪，以手推柄，攸往咸宜。其師生相見，亦以接吻為禮。坐談良久，臨行，求各書華字一篇。去此，復遊公花園。是日係禮拜之期，又因德法已和，人心安靜，街市往來，密若螻蟻。

二十三日癸丑，晴，涼。

記：西國男女喜養犬，多有以人名地名為名者。牡者可名卓安、漢利，牝者可名美麗、安呢。其來自巴里即名為巴里，或犬主喜某處，或意在何人，亦可命名。酉初一刻，陰雲四布，微雨花香，碧樹沉沉，寒侵几榻。

二十四日甲寅，細雨，未初晴。晚餐，得食洋鱖魚，亦係扁形闊腹，緊肉厚皮。惟其烹調少異，以白水煮之，外加牛乳汁、香菜末、青果油各少許；雖不如蓴羹鱸膾之美，而食之尚覺清鮮有味。

記：泰西人家日用食物，如油、醋、椒末、滷蝦、醬油、芥末等，皆盛瓶罐盒碗，鮮有買一二銅錢者。餘如咸菜、醃黃瓜、豌豆、橄欖、蘿蔔暨醬魚蝦等，亦皆按玻璃瓶罐、馬口鐵匣出售。

（稿本卷三終）

辛未正月二十五日乙卯，陰雨。未初，同俞惕庵、慶靄堂乘車，往拜那威勇之友、侯爵葛戞斗。行十餘里，始抵其家。其人蒼顏鶴髮，年近八旬，一人獨居，有三四僕役服侍，其子女皆移宿於鄉里，居室華麗，光怪陸離。伊言自幼無病，身體堅壯，惟於戰陣微受創痕。每日看書養花以自娛，性好古董，不憚窮究。論及集骨，帶往小屋一間，內放鳥獸蟲魚之骨，暨木石種種。其藏花亦玻璃小房一間，紅紫丹青，異香滿室。其書齋則古今書籍汗牛充棟，率皆蝌蚪奇字。後求諸人書華名以為紀念。看畢辭歸。申初，雨止。

戌刻，經星使派彝同德威理亞往巴里僦居，囑以寬闊潔淨，與伊外部相近。遂即治裝。子正起身，乘馬車行數里，過大橋至火輪車客廳。少坐登車，丑初開行。一夜甚冷，雲寒風緊，涼比初冬。

二十六日丙辰，終朝陰雨，落地成冰。酉正一刻，至都爾[76]城晚餐。按程今晚亥正子初應至巴里，因車行緩，須明早方到。恐星使懸係，遂急致一稟寄至波耳多。亥初，他車始至。換登後，停至

76 都爾：圖爾。

子正方開。一路威風凜冽，冷逼重裘，四野雲垂，尤涼於昨。

二十七日丁巳，晴，冷。卯初抵巴里，與德威理亞分袂。見征客雖多，鮮有馬車。遂僱小兒一名，令持手箱衣包，步至妥朗矖巷第六號王子顯（承榮）鋪內，相見甚喜。彼云：「去歲志、孫二位星使未去時，已由電報聞君派隨崇星使之信矣。」在彼早餐。因當時巴里初定，旅舍大半歇業；雖開，亦恐內藏「紅頭」。遂於午初步至居福巷內第五號霍福家借房小住。

未初，同德威理亞乘車至賢卓智巷第五號拜費亞柏，係經法國駐京公使羅淑亞代托覓房者。坐談少刻，即同乘車先至婁氏巷看房。樓高三層，白石建造。頭層客廳，極其寬敞淨潔，陳設古玩甚多，洋琴五架，油畫數軸，中二軸據云價值銀二百六十兩。二層臥室前一望台，玻璃罩壁三面，鮮花數盆。正立一白石女像，赤臂跣足，腰圍帛帶，手舉飛禽。後有蒼竹數竿，曲沼一區。各屋亦皆寬淨。惟西屋設一金花坐鐘，面書各國經度，高約五尺，下有臥立小兒四五，上弦則小兒跳舞，可辨天下各國時刻分秒。各屋牆壁糊以雲緞，罩以紅綢，簾帳褥墊，亦皆華美整齊。院落不大，鮮花圍繞，每月租值一萬四千方。此巷極窄，前後高樓，在上無可眺望，距其外部十五里。去此，行數里，至巴菊弄。樓房一所，不甚寬闊，距其外部五六里，租值每月一萬方。再行八九里，至丹膽街第五號，石樓一所，高五層。每層八九間不等，鋪墊齊備，陳設華美，器皿俱全。後接鄰舍，前對花園，左近凱歌路，右臨思安江，撥窗眺望，無遮目處。距其外部約一里，每月租值四千五百方，合銀五百八十五兩。訂於翌午送信。酉初回寓，即將間數、位址、距其外部遠近，繪圖貼說，稟呈星使。

二十八日戊午，晴。午初，同德威理亞、費亞柏步至丹瞻街，租寓已定，並告以如何安排修飾。房主欲先收租銀三月，屢向辯駁不允。後德威理亞代改兩月，其妻猶沉思良久始允。乃訂於次日開明一切物件，及將來某物失損作何計算，畫押立據等事。酉正，德威理亞邀晚飯，同坐有其母妹戚友八人。亥初回寓。

聞是日會堂公議，出示逐散巴里各鄉民勇；又各營派兵四萬，攜帶火器，前往北衛[77]、比述夢、葦萊暨綱馬山下[78]四路，擬取回大炮四百餘門，因此四處皆係鄉勇看守。官兵到時，鄉勇阻其前進。將軍出令施放火器，眾兵抗而不遵，倒戈相向。將軍無法，暫令收兵，叛勇[79]猶追逐不已，槍斃官兵數十人。武官被擒二員，一名臘公塔[80]，一名雷猛多[81]，亦皆以槍斃之。戌正，叛勇下山，欲來巴里。一路民勇爭鬥，終夜喧鬨。彝飛稟星使，請仍在波耳多暫駐數日；俟軍務稍定，再稟移入法都。

77 北衛：伯利維爾。
78 綱馬山下：蒙馬特爾高地。
79 叛勇：此指巴黎人民的革命武裝國民自衛隊。
80 臘公塔：勒康特。
81 雷猛多：克列芒・托馬。

二十九日己未，晴，涼。聞昨夜叛勇已入巴里，至王宮左萬洞坊[82]之銅柱下，約千萬人，譁然鼓噪，聲言將吏、兵二部大僚，並民勇將軍、巴里提督、按察司皆改用其黨。各官畏懼，皆避往衛灑等處，巴里遂無主矣。叛勇行令，官兵皆倒舉火槍，以示無與戰意。人心惶恐，畏其搶奪殺害。富者已經他徙，貧者無以自衛。王、霍二家亦不日即逃去。彝恐大亂無可避居，即擬出巴里。苦無車馬，萬難步奔。遂函稟星使，擬回波耳多再為料理。正繕稟間，忽炮聲大起。急投信於信局，而信局已閉門不納。欲改送電信，而電局亦暫停止。欲往向德威理亞計較，據洋僕云：江北各巷口皆以車輪石木堆築炮臺，行人往來有暗號，不可遽往。只得函雇送往，以候回音。不意其人回云：德威里亞因故他出。及至火輪車局，始知戌刻方有車來。欲留行李局內，以待海車[83]前往，而海車之有無，亦難預定。無奈，先至霍福家謝別，後往王子顯鋪內晚餐。酉正一刻，步至車局，人多散去。幸有王子顯送至河干，恰遇一火輪舟，急行搶渡。行十餘里登岸，步行三四里，至火輪車客廳，買票登車，與王子顯作別。當時，沿途老幼男女擁擠喧嘩，絡繹不絕。戌正開行，甚冷。亥初一刻，至都爾城，駐車晚餐。子初復開，頗快。

82　萬洞坊：旺多姆廣場。
83　海車：公共馬車。

三十日庚申，晴，暖。午初一刻，抵波耳多。乘馬車回寓，謁見星使，面稟一切。星使甚喜，溫語慰之。

記：由波耳多至巴里，計陸程一千七百三十四里，過山洞九，停車五十七處，各村鎮大小不一。田疇肥美，樹林陰翳，而山環水繞，風景夷猶，殊堪懷想。

二月

初一日辛酉，晴，暖。

記：泰西一種針黹，係以三鋼針，各長五六寸，搭成三角，上繞絲繩，陸續倒換，以之織手套、暖領、睡帽、小袖與襪等，皆甚活軟。熟習此工者，雖年逾七旬，亦有能閉目而織者，其大小尺寸、式樣，毫無差錯。

初二日壬戌，晴，暖。午後，哥士奇來拜。有本地風篷船主武禮和者，前來乞錢，自言船遭風險，無資度日。又聞本地會堂百官，皆移往衛灑，將改王宮為公署，各國公使亦皆移去。

初三日癸亥，晴。微風淡蕩，天氣清和。聞是日有巴里良民數千，於午正至萬洞坊民勇將軍衙門，與其頭目商議平定之事。「紅頭」不允，即時槍斃人民數十，眾皆驚散。此後風聲鶴唳，草木皆兵，各街口皆塞大炮，門戶難開，人多逃逸。

初四日甲子，微陰。早，聞呂陽[84]兵勇亦叛。見土人有種八連環，其解法與中土之九連環同。另種銅環，作凸字形，下一尖圈，連有小環，以能取下者贏。申正細雨。入夜束裝。

初五日乙丑，陰。巳初起身，乘馬車東行三四里，過大石橋，至火輪車客廳少坐，巳正登車，即開。北行迤東一千零四十一里，酉初一刻，抵都爾城。一路田地沃饒，山河峻秀。過黑山洞九，中有連過者五，各距一矢之地；又過村鎮四十五。因車專為寄信者，其行甚速，故途次只停車十次。其住車之處，率皆通都大邑。至此下車，復行里許，入店名居凝瑞，在廠大路。路之北為舊城，路之南為新城，周八九里，居民四萬四千餘人。戌初細雨一陣，亥正大風，晴。

84 呂陽：里昂。

初六日丙寅，晴。是日為禮拜之期，街市遊人甚夥。廒大路之東，有陸雅巷，鋪戶淨潔，樓房一律。向北直行里許，巷口有欒瓦河。九孔石橋，高逾二丈，寬二十步，長七百二十步，石徑寬平，闌架堅固，四角花園，兩岸樓閣。入夜則微風送暖，簾幕生春矣。

初七日丁卯，晴暖如昨。早餐後，同張雲波、劉輔臣步至陸雅巷，觀集古樓[85]。其頭層所存油畫千軸，已皆收去。據土人云：「因被德兵打壞。」又值養育傷兵。牆壁穿有大小圓孔數十，其樑柱門牖亦多損壞，煙痕大片，間有含槍炮子處。其二三層，槅櫃行行，所列無非禽獸魚骨及奇石古木，亦有他國土產。又有中國之水旱煙具，羅盤筆筒，石章紙畫等物。更有賈益謙之大字名片，暨撚匪[86]文封。橫放茸城同善堂助葬局票，浬江娘娘廟簽板與書板三四塊。登樓而望，山水樓臺，橋樑花木，無一不在目前也。

初八日戊辰，晴。早，大風，涼。記：是日與店主沙婁敘談，伊取書一本與看，據云其友所贈。啟而視之，乃華人所讀之《三字經》也。為之講譯一通，伊免冠深謝。

85 集古樓：博物院。
86 撚匪：統治者對撚軍的污蔑之稱。

午初，有本地老嫗，攜一上海人，年十五歲者來，云：「伊自童年因無父母，攜帶於此，曾學文一年，當兵二載，頗聰敏。現因家道貧乏，不能自存，倘能將此子帶回中國，則感激無既矣。」其人貌固與華人同，而華言一句不解。

當晚風息，獨步廠大路。行數武，見一法兵，低聲討錢，言欲回歸故鄉無力。又一老人，年近七旬者，手提衣包，滿面灰塵，當途四望，問路於彝，奇甚。

初九日己巳，晴。申初，星使派彝持刺往拜本地之提督乃葛烈。其人年約六旬，坐談數語而歸。聞都爾城外設有製造花紅綢緞暨五色玻璃廠，皆甚廣大，工人有數千名。又，本店櫃房後，欲添設套間，係亦以白石建造。石塊大，皆出自他山，稍嫩於巴里者。砌法係支架灌漿，與中土同。

晚，在寓內遇已故蒲大臣（安臣）之友巴克爾與戴樂爾，彼此坐談極久。問及前在包斯頓所遇司那歐，阿立安及李文模父子，言各安居無恙。

各國國旗一覽

初十日庚午，細雨，冷。卯初起身，上火輪車，辰初一刻開。午正雨止。東北行七百一十一里，酉正抵衛灑，晴。一路停車十八處。先過二大石橋，曾被德兵毀壞，闌柱缺殘；幸有鐵架支持，車則緩步徐行，各有戒心。

又，過美達蕾村，土人云，周逾三十里，田畝膏腴。凡通國小兒之挑〔佻〕達者，皆發於此，令學農工，已有七百五十餘名；而工於其事者，不下六百餘人。又，狄斯業莊後，多穴居山洞，如中土之山陝。

午初一刻，至芒太鎮早饍。去此急行，見麥囊村後各村鎮，房屋多被德兵拆毀，牆壁頹倒，木石成灰。其被創之血跡，宛然猶在。

至此下火輪車，乘馬車行六七里，宿於橘子街第二十六號。樓高四層，整潔樸素。窗外臨街，晝夜車聲震耳。後有小園，花木紛繁，草徑苔階，布置精巧。當晚兵馬雲集，人語喧嘩。因官兵不與叛勇戰，故調水師來此，藍衣草帽，不甚整齊。入夜氣爽風疏，煙沉雲斂，涼比中秋。

十一日辛未，晴，冷。見邇來法邦各處，亦有賣馬肉、狗肉者。甚至下等人不靧面，不整容，衣服藍褸，多生虱蚤，更有以唾沫和煙而吸者。女子則首如飛蓬，小兒則坐於塗炭。如是則洋人之笑華人不潔者，其亦未之深思耶？聞近日「紅頭」固守巴里，兵難進攻。入夜烏雲密布，細雨濛濛。

十二日壬申，陰，涼。巳初，細雨陣陣。午初一刻，雨止微晴。忽聞有千軍萬馬經過樓下，其聲轆轆。不聞號令，但見旌旗蔽日，電掣雲馳，使地震搖，驚心動目。未初，法外部副總理費得功來拜，其人年逾花甲，言語溫恭，皤然一老翁也。

十三日癸酉，陰，涼。晚見新聞紙云：本日午刻，有「紅頭」二千西出巴里，過思安江[87]，欲往大炮臺取炮。中途至古瓦莊，遇一名醫丁吉業者，出與講和。不意「紅頭」有一童子名吳愛文者，將丁刺死。據云，被伊刺死者，此為第五人。其桀驁兇悍，殆亦秉於天性者歟？後官兵截戰，「紅頭」始為敗回。

十四日甲戌，早，晴，冷。辰正，陰而細雨。午初，過馬步隊共四千餘人，行動稍覺整齊。衛

87 思安江：賽納河。

灑通城所用甘水，皆由他處灌入。聞是日叛勇三路出巴里，拆斷水道。官軍迎至鷗泗地方對陣，而得伊斯義炮臺，叛勇敗退。

又，前日對門死一老者，停棺門首。前掛黑布簾，外設銀壺與所謂之聖水。旁立四巨燭，長各三尺餘。凡人經過，或免冠，或滌聖水，再以手指點胸肩與頭作十字形。是日午後出殯，送者男女數十人，列隊而行，皆服烏衣，前有教師舉燭與十字架。

十五日乙亥，陰晴不定。聞昨夜官軍與「紅頭」大戰而勝，被俘者一千二百餘名。是日經過，見每十「紅頭」縛以一繩，有官兵二十名，舉槍以護之。

記：德法和約所讓一省半地，其一省名阿喇薩[88]，半省曰羅林[89]，地在法之東北，與日爾曼毗連。又賠款五十萬萬方，計銀六萬萬五千萬兩，分年歸還；當年先給一萬萬方，合銀一千萬兩零一錢三分。此銀應於七日後償清。無如法邦耗費一空，無處周轉，致將所讓二省之火車鐵道拆賣，仍不足數，良可浩歎。

88 阿喇薩：阿爾薩斯。
89 羅林：洛林。

十六日丙子，晴。未初，隨星使往拜法外部大臣發福爾。申初回寓後，哥士奇來拜。酉正，見樓下經過一殯。先二兵徐徐擊鼓；次一神甫舉十字架；中則四兵手提一棺，上罩法旗；左右六十四名步兵，分為兩行；後隨武將數十，免冠步行。不知亡者為何如人也。

十七日丁丑，晴，暖。申初，復見一殯經過，死係一女，送者男女數十，皆服烏衣。又，見王宮右小湖之四面，屯馬隊營。其帳房圓形，不甚高，可容十數人。馬皆飲於小湖。晝夜人馬來往，使人寢臥不安。

十八日戊寅，晴暖如昨。未刻，有法外部大臣發福爾、主客使德布雷、戶部度支畢林，陸續來拜，皆坐談極久而去。又法外部幫辦邦妥沽郎投刺。

聞是日「紅頭」在巴里捉獲主教神甫百名下獄。

十九日己卯，晴。午正，隨星使乘車往拜駐法羅馬教使齊日暨各國頭等公使、英國來羊斯、土耳其國智米樂。後令彝持中外名片，代拜各國二等公使：俄國敖古業、合眾國瓦是本、瑞士國該杭喏、比利時國貝燕斯、丹瑪國[90]莫力根、和蘭國[91]金固業、瑞典國阿堤瓦、智利國葛訥、日斯巴尼亞國武文模及奧地里亞國賀悅斯，其他如呢戛拉掛國[92]屠敏方格、義大利國朱色門、薩瓦多爾國龔爾慶等，尚未來此駐節。申正回寓。

晚，有前在巴里代為僦居之費亞柏攜其妹費儀貝逃此。據云各持手槍由炮臺經過，險甚。巴里共有「紅頭」四萬七千，槍炮六萬餘具，頗屬厲害。前日在納里[93]一役，官兵追之過橋，叛勇所備炸炮未得施放；不料官兵炮子誤觸，彼此各傷數百人。提督陣亡二員，一名斐斯旺[94]，一名杜其良。所幸者，現在「紅頭」內亂，互相殺傷，並下其頭目伍阿喜於獄，想不日可平也。入夜烏雲密布，細雨通宵。

二十日庚辰，早，細雨。巳正，費亞柏攜其妹又來辭行，欲回巴里，奇甚。見二殯，一官送，一車載，送者無多，蓋皆陣亡之兵也。午後微風，晴。同俞惕庵街遊，遇前在巴里相會之合眾國人高富爾，自言七月前移此，鎮日搜羅新聞，現居哈雜巷第四號。詢之，始知為倫敦新報局採訪使也。

90 丹瑪國：丹麥。
91 和蘭國：荷蘭。
92 呢戛拉掛國：尼加拉瓜。
93 納里：訥伊。
94 斐斯旺：貝森。

二十一日辛巳，晴。早，有陣亡之二提督出殯，前有神甫與聖徒三十餘人，左右官兵百餘名，後則伯理璽天德遆爾率文武大僚數十員，及仕宦男女百餘名。二棺平行舁入東首大禮拜堂停厝。神甫誦經，四面跪者男女三四百人，各隨神甫祝禱，忽而叩頭，忽而俯首欲泣。其慘痛之情，洵足令人哀感也。

晚，有高富爾之友白蕾斯來拜，自言原籍俄國波蘭人，現為法邦千總。又有巴里官表局東培阿思之弟培亞慈來拜，自言由巴里逃此，欲往芝乃瓦[95]（在瑞士國之西南界，距巴里東南八百二十里），其地為法、瑞往來通衢。

二十二日壬午，晴。午正，星使令持名片往探法外部大臣費得功之疾。乘車行六七里，抵其家，見其二女並其外戚，皆能英言。坐談良久，費始柱杖而出。據云，「病已痊癒，辱承下臨，感謝不盡。」後言欲赴外部，遂請同車，送其入署而歸。晚餐得食油炸扁魚，甚鮮。

記：西國婦女之已嫁未嫁者，不有別於鬢髮。惟其擇定有人，及已出嫁者，於無名指上必戴素金戒指

95 芝乃瓦：日內瓦。

以別之。至鑲嵌珠寶者，可隨意裝飾而用之，乃無關乎嫁否。耳環，有戴者，有不戴者，各任其便。至鐲釧則皆用，惟左右腕各具一式，不必成對也。又老嫗生鬚，於此恒見之，長皆三四分。土人不以為奇，乃云須由天賜，以文其陋，趣甚。

二十三日癸未，早，細雨，巳正晴。未初，隨星使乘車答拜發福爾、德布雷、畢林及美國公使瓦是本，申正回寓。

聞此地亦有出賃古今野史之鋪，並寄售筆墨脂粉。有賃書者，進門先敘寒溫，漸入遊語。話久欲去，始問欲賃何書，故為尋覓不得，乃攜手而言曰：「君為奴之妙人，薄暮來取可也。」若如約而至，其觸發心機，當不至紙上空談而已也。

晚，由外部遞到陣亡二提督之訃，內云：「前日出殯，未曾知照各國公使，今定於翌午在大禮拜堂誦經超度，懇請光臨為幸。」

二十四日甲申，陰。巳正，隨星使乘車行里許，抵大禮拜堂。外立馬步隊千餘名。堂高九丈，闊八丈，深十四丈，內外橫有黑布簾幔，中立一十字，上懸耶穌木像。兩旁立瓷燭十二隻，高各五尺。上下左右燃燈千餘盞，插國旗數十桿。臺上設香案，右坐主教馬比喇，頭戴白緞帽，形如山字，身著白袍，上罩青絨金邊十字披肩，足登白花鞋。又教師六七名，頭戴黑帽形如凸字，亦係白衣，黑十字披肩未緣金邊，著黑皮鞋。台下紅椅三行，坐本國大員，如逆爾、發福爾等。後長凳數行，坐各國公使以及外客，再則小學生數十。木闌外設假木柩二，上覆黑帳，四圍列白蠟長四五尺者百餘只。前列亡者之甲胄刀劍，再後列樂兵四百餘名。樓上設有風琴大瑟。左右石闌外，立本地男女無數。

初則奏樂唪經。其主教時而免冠，時而看經，其立坐無暇晷，觀者皆隨之。餘人時而遞書，時而呈帽，皆跪進。又皆北向十字，忽而請安，忽而問訊。其中亦有著黑衫白披肩者，皆教徒也。有三教徒以金壺、金盤、白布巾各一，跪而進水於主教。主教坐而浣其左手前二指，後步於十字架前拈香。其合掌膜拜，如僧道禮。又以提爐焚檀，繞台三匝，闔室生香。回台後，教徒跪進黑布鞋、紫地金花氅。更衣畢，有二對高燭、一爐木香前導，主教步於柩前。後一烏衣人戴氈帽者，手舉銀鍤，長約六尺。奏樂念經一通，其禮乃畢，宛然一齣戲也。又，第三次禱告天主前時，門外馬步隊鼓噪一陣，以助其威，以贊其忠，聞者罔不慘然。歸時沿路男女擁擠，寸步難移。

回寓早餐後，未初一刻，復隨星使乘車西北行三十餘里，道途寬坦，田畝膏腴。中過馬利莊，見一運水台，鞏固如城，高三四丈，長里許。兩首二高樓，內含水機。城下月門二十餘洞，即「紅頭」所欲拆毀之水道也。

又過有邦麻里村，樓房整潔，道路崎嶇。申初，抵賢日曼村，下車步至沙土老王宮。樓四層，高六丈，周八十餘丈，下築白石，上壘紅磚。外環水池，深闊約二丈。過石橋入內，四面皆樓，中一方院。樓之東北塗飾簇新，西南尚未告竣。乃入北面樓門，步石梯百零四級。每層四壁與櫝簏中所存者，皆羅馬古董，如石人石斧，刀槍劍戟，甲冑服飾、金鐲耳環、項圈古錢、瓦壺麻布等物，珍藏無空隙處。土人云：「一切皆由窀穸得來者。」

宮對面一禮拜堂，石室清幽。後一花園，極其宏敞，奇花分畹，佳木成行。一路藤蘿，楊柳松柏，蒼翠滿目，洵堪引人入勝。林內列有四輪鐵船三十餘隻，長約三丈，前闊後狹，係為戰陣過渡用者。園在岡面，東邊砌以巨石，邊橫鐵闌，旁羅椅凳。在上向東北望，則巴里在指顧間，相距約三十餘里，中有思安江與巴里通。由巴里來此者，亦可乘舟遣興也。沿江有丁香桃杏等樹，可作一幅畫圖觀耳。遊畢入一茶園，食有櫻桃、地椹，飲有舍利、加非。桓磔片晌，煩渴之疾頓消。去此登車，由別路折回。途中稻田肥沃，犬吠雞鳴，炊煙上升，別一風景。戌正一刻抵寓，知有瑞典公使阿堤瓦來拜。

二十五日乙酉，晴。晚接洋信一函，外署「中國欽差公署勳啟」，不知伊誰所寄。啟而視之，係那威勇前所雇洋僕韋良之妻寄來者。內言「自夫出後，一信未聞，不知仍在公署否，乞賜一音為感。」內附信票一紙，以抵回函之費。入夜，陰。

二十六日丙戌，自晨至夕，忽而大雨滂沱，忽而狂風呼號，雨未止而日出，雲不見而雨落，陰晴不定，雷始發聲。甚矣，天時之難測也。晚餐得食黃瓜、豌豆及扁豆，味皆鮮美。

記：西國菜圃之業甚精。凡菜種於場畦，欲其生長速而莖葉嫩，乃按畦下藏鐵筒煤爐，分類上覆玻璃圓罩。又灌不用糞，乃制糞穢成粉屑，以紙包裹置於菜根之下；即使菜根沃其肥，而莖葉亦不沾穢惡。故在溫帶各國，菜蔬四季不斷焉。

二十七日丁亥，陰雨如昨，冷。

聞現在「紅頭」黨中，有法人戴色里者，本係元帥亢貝達營勇將。因德法已和，稍有觖望，竟改名為鄧波斯紀[96]，投入「叛勇」營中，參謀一切，可謂始終異轍者歟。

二十八日戊子，鎮日忽陰忽晴。午後有土耳其國公使智米欒來拜，坐談極久。中刻街遊，見本地糕點鋪中賣有蘋果餅、櫻桃糕、奶油牛舌、奶油卷酥及雞蛋酥等，甘脆異常。惟一種沙糖花，形如奶餅，染以五色，中含硇砂，極甜香，入口即化。

記：西國店肆，門首不掛招牌匾額，乃將字型大小貨物橫書玻璃窗間，或簷前板上。鋪之大者，夜間

[96] 鄧波斯紀：東布羅夫斯基。

留一二人看守；小者但關鎖回家，清晨持匙啟門而已。又，鋪之曾經君後照顧者，必於門首樓頂飾以國號，如婦女、城塔、獅、馬、鶖〔鷹〕、牛之類，或裝飾國旗，以彰榮耀。

二十九日己丑，陰雨陣陣。申正，瑞士國公使該杭喏來拜。雨止，步入樓後小園。見正面臨牆，松柳幾株，中隱茅屋一間，玻璃窗壁。繞屋滿架薔薇，清香觸鼻。正中牡丹一叢，甚大。地作圓形，環以曲徑，豐草綠縟，百花馨香，其名率多不識。樓之左右，分二小院，亦係滿栽佳卉，嫩紅深綠，頗覺可人。雖樓前車馬馳驅，其聲聒耳，賴有鶯歌蝶舞，聊可解嘲也。

三十日庚寅，早晴；巳正，陰而細雨。記：近日連過水陸各軍數千，較前稍微齊整。是日午後，忽大雨一陣，馳風掣電，駭浪迷空。所過步隊四千，各皆抱頭蒙目，冒雨狂奔。兵過，雨止而晴。

三月

初一日辛卯，陰雨鎮日。見眾兵往來，皆筐抬牛肉，肩荷草柴，蓋由他處領來者。又。見步兵小帳亦三角形，高約四尺，欲臥者，蛇伏而入。晚，食油烹菽豆，嚼之固脆，味則鹹腥，蓋所用者牛奶油也。

初二日壬辰，終日風雨交作。當晨雞未唱時，忽聞車馬經過樓下，聲震如雷，兩時之久始息，不知有幾千萬人也。

記：西國男子持傘，專為障雨，色皆黑紫而長大。婦女則晴雨皆用，色分五彩而細小，裡面既不一色，更有四圍垂穗長二寸餘者。

初三日癸巳，早大雨，午後晴。同俞惕庵街遊，遇一名醫名鄺貝者，年逾六旬。延入其家，見其妻女，並出其三部醫書與看，每本長約二尺，寬尺餘，厚二三寸。每頁圖印，皆男女之臟腑經絡，筋骨俱全。其一切應用器具，與如何用法，皆有圖說。又，人身內外形像，橫剖如何，豎割如何，皆有注解。另有耳目手足百二十餘圖，亦詳解某病如何治法。自言曾在軍營療病，鮮有不癒者。由是有功於國，得有寶星四枚，現充醫院院總。

初四日甲午，晴，涼。見對門有姊妹兩人，未詳姓氏，年皆妙齡，服飾一律，鎮日倚門四望，不知有何懷思也。未初微陰。

記：西俗，男子雖當酷暑，不揮扇，不裸體，不著紗羅，不換涼帽。婦女用扇不拘時候，夏固因熱搖以生風，冬季於赴茶會跳舞會等而仍用。所用皆摺扇，其舊式甚巨，今則長不及尺，造以綾綢、象牙，繪以五彩；至蕉葉、翅羽，則不尚焉。又，除俄國因地近北極外，他國男子，雖值嚴寒，不畏霜雪，不披絮，不著皮衣，不換戴暖帽。婦女則不然，雖夏日驟涼，亦可擁裘也。

初五日乙未，早陰，午後晴。

記：泰西各國，有種啞談，法係以手比字。如以右手食指指左手之大指為A，指食指為E，指將指為I，指無名指為O，指小指為U；又將左右手之大指食指作圈，橫連一處為B；右手之大指食指對曲作月牙形為C；右手大指食指對彎成弓，連於左手食指如弦為D；右手之食指將指橫分，左手之食指豎連其中為F；二拳疊落為G；以右手急行橫擦左手為H；右手食指豎畫左手心一線，至尾稍彎為J；右手食指彎於左手食指旁為K；右手食指橫按左手心為L；食指將指並按為N，分按為V；又食指將指無名指並按為M，分按為W，或兩手對插作花朵狀亦為W；右手大指食指彎作半圓連於左手食指頭為P；左手大指食指作圈，右手食指插入斜扶於大指為Q；又右手食指橫彎於左手心作鉤形為R；左右二小指上下勾連為S；右手食指直頂左手心旁為T；左右二食指橫交作十字為X；右手食指指於左手大指食指之間作丫字形為Y；右手托腮左手扶肘為Z，或將右手食指將指無名指小指齊倒插於左手心亦為Z。此乃舊法也。

另有新法甚為捷便，只須一手。乃一拳斜立，大指在外為A；四指直舒，大指下曲為B；大指與後四指彎作月牙為C；大指與後三指作圈，食指直立為D；一拳正立，大指內曲為E；後三指直立，大指食指作圈為F；手橫出，後三指回曲，前二指平伸作D形為G；手橫出，後二指回曲與大指交，食、將二指平伸為H；拳立小指外出為I；拳橫小指外出為J；手立後二指回曲，食、將二指分立，大指按於其中為K；拳立首二指分伸作八字為L；手下伸，大小指曲交，中三指齊出為M；手下伸，後二指與大指曲交，食、將二指齊出為N；如是，手上伸為U；大指與後四指作圈為O；手橫伸，食指外出，後三指微曲，大指橫於將指之上為P；拳下伸，大指、食指出作幾形為Q；手橫出，後二指回曲與大指交，食、將二指疊成乂字為R；拳緊合，大指曲而豎出為S；拳微攏，夾大指於食指、將指之間為T；拳上伸，食、將指分立為V；中三指分立為W；拳橫出，後三指扣大指，食指外伸作鉤為X；拳上伸，大小指外出作八字為Y；拳上伸，食指外出畫Z形為Z；手上伸，五指攢於一處為&，其義係等也，云云也。以上二法，啞聾人皆可用以接談。每成一語，必以大指敲將指作響為句讀，否則字皆連貫，其義難分矣。

蓋外國字母不多，英國只用以上二十六字；一二字為一話，十數字亦為一話。如A音「阿」，又音「厄埃」，「一」也；「IS」二字音「伊自」，「是」也；「FOR」三字音「佛爾」，「為」也；「STAR」四字音「斯達爾」，「星」也；「NATION」五字連音「內慎」，「邦」也，

「國」也；「CHRYSANTHEM-UMS」，十四字連音「克力三西墨斯」，義乃「菊花」也；又「INDISTINGUISHABLE」十七字連音「因的斯丁圭沙布喇」，義係「亂」也，「難分」也。如是，似與番蒙文同。

初六日丙申，晴。見西國庖人所用器皿，多不與華同，無沙鍋瓦盆之類。大小銅鐵鍋，皆平底直牆，銅表錫裡，有鐵柄扁而長。炒勺平底，亦有兩耳者。鐵罐如西瓜，中粗上下細。大小刀皆牛耳。湯勺與中華同，惟體深柄扁。鐵爐似櫃，上有鐵蓋，下一活屜，內盛煤灰，左右亦有活屜鐵門，為暖食物。有洗菜簍，編以鐵絲，形似水盆。牛奶罐、加非罐，皆直筒如湯壺，其質皆馬口鐵，尚屬堅固明亮，用過者積無油膩。再，烹調火候，以鐘錶為準則，其分刻不得少有增損。凡雞魚鵝鴨，皆棄臟腑而不食，以其有毒，恐人生病。至食器，既異色，亦異式；則冷熱既分，味自不亂。如酒器，因冷飲，故造以玻璃；其式有大小廣狹之分，色有紅白藍綠之別。至加非、勺勾臘與茶，皆熱飲，故造以瓷，色雖一致，惟式有大小耳。

初七日丁酉，晴。早，隨星使乘車，往拜英國公使來羊斯，巳正回。午後，費得功攜其侄費瑠來拜，坐談極久。見有將鵝翎管洋筆之用壞者，剖開改造筆頭，染以黃色，裝飾盛匣，每匣五十個，合銀二錢六分。

記：西國男女，不論冬夏，出門皆戴帽，入室即脱去。惟婦女赴白晝茶會不脱。男子雖入酒肆、茅房，亦必脱去露頂，乃禮也。男女帽制亦殊。男帽造以氈絨，色惟黑紫與灰。女冠造以綢緞，色則五彩。婦女不簪鮮花，其綴於帽上者，皆布造，色極鮮美，與真畢肖。間有飾以假果者，如櫻桃、地椹、李子等，亦皆精巧，色相宛然。

初八日戊戌，陰雨，午後雨止。見樓下經過一車，內坐一男一女，正馳騁間，女扶男腿，男捧女腮，大笑親吻，殊向〔不〕雅相，亦風俗使然也。

初九日己亥，早陰雨，巳正晴。午正，哥士奇同其外部總辦布日埃來拜。近日樓下往來騾馱驢車絡繹不絕，所載多係柴草，因王宮右鄙一帶，屯有馬步隊數千也。又行人多有帶大小犬者，步行則隨於後，乘車則臥於旁，乘馬者則蹲馬尾，以足抱主之腰。馬雖奔逸如飛，犬仍安然無恙。

初十日庚子，晴。午初，法之民會官葛勒賽及麥里得同哥士奇來拜。未初，隨星使乘車行三四里，抵王宮右小特農園。先入一屋，內存先代轎輦與冰床、雪床共數十輛，皆甚華麗。又有娶後彩輿，極其高大，銅質，飾以金銀，內鋪錦繡茵褥，重一萬八千斤，曳以八馬。其轎輦、冰床，皆與前在俄國王宮所看者同。惟雪床專為踏雪用者，式係二蛇作篆文女字形，上臥一虎，虎腹空敞，人坐其中，以馬曳之，其速如飛。出此，步行半里，過屏門，入其先王路義第十六[97]之故宮，清幽靜悄，所有畫軸床椅，及一切陳設，皆先代之故物也。傍門立王后馬斐愛訥之石像，工極靈巧，望之如生，詢知係二百年前被民殺害者。下樓，步數武，入一大園，樹林陰翳，花木參差。所識者，花如杜鵑、玉蘭、丁香、木筆、牡丹、芍藥、繡球、玉簪、鳳仙、木槿、辛夷、石榴等，樹如松、柏、槐、柳、橘、橙、榆、竹、桃、李、栗、梨等，率皆蔥蘢可愛。又有小河曲徑，丘壑橋樑，亦皆一一入畫。人之初入，多有迷途者。因馬後為農人女，在此特建草樓數椽，前臨小湖，後傍深林，鳧飛鳥語，別一洞天。王后每來此乘涼，躬造牛乳出售以自娛。樓前有一花塢，繞以藤蘿，四布濃陰，紅塵不到。屋內設有木盆花草數種，或沛甘雨，或披和風，皆可尋芳攬勝也。戌初回寓，知有比國公使貝燕斯來拜。

十一日辛丑，微陰。未初，費得功請遊國王夏宮。未正一刻，隨星使乘車前往。見其樓臺殿閣，花木水法，陳列如前，無須再述。惟因德兵駐此，樓內陳設微少，油畫亦多被德兵割去。

又，本國民會移此，正殿改為官署，戲園改為會堂。大廳皆以木截成小屋，外掛一牌，云某號某司，專理何事。內設床榻火爐，窗壁尚皆整齊。酉初回寓，入夜大雨。

97 路義第十六：路易十六。

十二日壬寅，陰雲靉靆，和風吹噓。申正，同俞惕庵街遊。見王宮前三條大路中路旁，新設木房百間，羅列各種貨物，如刀匙盤碗、鞋帽紙花、小兒玩物、紙筆點心等。又有賭博技藝，與前在巴里城外所看者同。因是日係其教某賢之生誕，故商集趕趁於此。見一屋中設一木盤，周二丈餘，上列木人數百，如鋸木者、鑄鐵者、栽花者、取水者，種種不一，上弦則人人走動，與真逼肖。當日遊人甚夥。酉正回寓。

十三日癸卯，晴。未初，隨星使遊王宮後之小園。四垣環以花籬，前臨小湖，後依石徑，道路彎曲，花木整齊。遍地青草，割去上半，使遊者周行綠茵，不見石土。蓋西國有種割草具，形似轆轤，含有利刃。草逾三寸，則以此具薙之，當中軸轉，草自割齊，所餘不足一寸。

十四日甲辰，晴，暖。午後，復去商集一遊。見一棚中橫以布帳，外露十餘顯微鏡[98]。每鏡上橫小匾，云某處景致，如紐約、倫敦、色威雅[99]、華盛頓、菲達伏亞[100]、司鐸火木[101]等，率皆描畫不

98 顯微鏡：西洋鏡。
99 色威雅：索菲亞。
100 菲達伏亞：費城。
101 司鐸火木：斯德哥爾摩。

差。惟北京一張，似是而非。所繪城內横有長河，舟艇密列，鴨鷺浮遊。兩岸槐柳成行，遠近樓房隱約，車馬馳驅，行人填塞。距河里許一樓，高矗如鼓樓，又有一橋如御河橋。雖畫工少殺，而帝京風景，不覺有感於懷也。

十五日乙巳，晴。見王宮前右邊大道兩旁，新立造營房數百間。其造成者，已住兵丁數百。未畢工者，仍有土木工數十在彼經營。晚，在樓後小園見添有奇花一盆，無葉，枝如垂盆草。花皆下垂，其色綠，朶極大，形如百合，瓣皆肥厚。花莖齊長，無子而續根，或折下插於土中即生。惜其名未詳。又近日晝夜過兵有百萬之多，其狼狽不堪者，數居其半。

十六日丙午，晴。聞前夜兵至巴里，係先與黨中數人定計，暗行開城。不意謀洩，俟兵到時，「紅頭」連施炸炮地雷，所傷甚多。機事不密則害成，此之謂也。申初陰，入夜細雨，涼。

十七日丁未，晴。午後，隨星使乘車，先至宮後小園少遊。後步入大園，見一圓石牌樓，高約二丈，雕刻玲瓏，周三十餘丈。共月門三十二洞，正面四門，便人出入。餘二十八門，每門置一石盤，高五六尺，周丈餘，由盤之中心激水，高至丈五，直射牌頂。正中一圓池，周六、七丈，立一石人，由石人腳下有水四面漾出，洵奇觀也。出此，轉入小特農。一路道途寬敞，左右椿橡兩行，高皆三丈。各樹交枝作月門形，經人修治，挺拔整齊。遊人來此，無須畏日也。酉初回寓。夜間槍炮齊發，震地驚天。

十八日戊申，晴。凌晨，猶聞槍炮之聲，闐闐震耳。聞茹良現在巴里，欲仿華文造字，教「紅頭黨」，以異於法國民會，未詳確否。

是日為禮拜之期，街市遊人，甚密如蟻。晚，過二醉人，甲將乙推倒而反自擊。甲被他人勸去，乙始而大怒，繼而欲哭，終則大笑，脫帽高歌而去，其情態亦殊可哂。

十九日己酉，晴。早見新聞紙云：「法國應賠德國之六萬萬五千萬兩軍餉，皆已交訖。」此必虛言。因現在法國盡力剿辦叛勇，尚一文未賠。故造此言，以譏其貧也。

二十日庚戌，晴。晝夜火器之聲不絕。近日樓下過有數殯，詢係陣亡武官，勢與前所看者同。惟每次只一神甫，年近五旬，著駝色氅，披髮跣足，手持小銅十字，隨步誦經。

聞前日會堂招募在外閒散武將前來聽用。是日來者數百，只選數員，餘皆令回故鄉，因此咸懷怨望，遂投入「紅頭」黨。

又，昨接法外部來文，內稱本國會堂現派全權大臣熱夫類專與貴大臣辦理中外交涉事件，是日星使令人送名片往拜。

二十一日辛亥，晴。午初，哥士奇來拜，熱夫類投刺答拜。未初，隨星使乘車，先遊小特農，後行二十里入大特農。石崗重疊，樹木蕭森，橋樑環繞，溪水瀠洄。因口占四韻云：「海外探名勝，天清氣正和。野花紅落澗，石蘚綠盈坡。地僻人蹤少，林深鳥語多。遊來心意暢，把酒欲高歌。」回時，遙見巴里濃煙衝突，烈焰飛騰，似焚房屋數千間狀，亦一浩劫也。

二十二日壬子，晴，暖。見園內白刺梅、綠萼梅皆開；杏、桃、地椹，亦染春色。又，每晨夕過牛千頭，蓋此地已屯兵數萬矣。入夜，復聞火器之聲，亂其何時已哉！

二十三日癸丑，晴。近日法兵屢次報捷，聞是日「叛勇」之首乘氣球逃去。法兵奪獲大小銅鐵炮數百門，皆運此，排列古王宮前，四圍闌以長繩，有兵往來巡守。

二十四日甲寅，晴。記：泰西一種樂器，名曰「半笛音」。束以七根葦梃，前短後長。長者四寸，短至寸餘，按管橫吹，聲韻淒清。又有「三角響」者，係以鋼條造成三角，每邊長約三寸，闊逾五分，以四寸長之鐵條擊之，隨鼓敲打，音調鏗鏘如方響。有鼓名「丹布林」者，如中土之八角鼓，周約三尺，邊高二寸，柳木鞔以牛皮，周含小鐃十四，扣以手指節骨，亦頗可聽。又有銅鼓名「大木大木」者，出自印度，形如西瓜，一面蒙皮，鑄以銅錫，擊以木錘，而聲奏淵淵矣。

午後，和風拂拂，花氣入簾，春意盎然，洵可樂也。入夜微陰。

又，西國居室無平房，皆係層樓。不惟都城如此，雖村鎮亦然。每樓重數，以多為貴。人但見其有高至八九層之樓屋，而不知屋下尚有一二重地窟也，故較之浮屠尤峻焉。

二十五日乙卯，晴，涼。是日為禮拜之期，法外部函請聽樂。未初，隨星使乘車行數里，抵古王宮，登禮拜堂。共坐男女數百，率皆紳富也。主教神甫數人，皆免冠跪立叩頭。正面一台，設有風琴，一人鼓之，響遏行雲。有胡笳以和之，錯雜可聽。又，一男名畢三，女名尚米業者，對諷一曲。末一人立於臺上，手舞足蹈，高聲暢言一段，良久始住。有男女多人，手持小紅布口袋，向人乞錢，給者多少任意，係為養受傷兵勇者。後又鼓琴一陣。酉初回寓，入夜陰涼。

二十六日丙辰，晴。見街市亦有磨刀剪者。所用如中土琢磨玉器之具，係一木架上橫鐵軸，中一圓石如輪，周約三尺，厚逾二寸，左右有繩，下連二板。磨匠坐於架後，腳踏二板，石自轉而磨厲以須矣。

記：西俗女重於男。因女不吸煙，故凡遇婦女在座，男子不吸，以昭敬重。而婦女有故示體恤者，乃於晚餐後先出飯廳，以聽男子自便。又，西人喜淨，早晚飲食之際，男女以及童稚，入座必先更衣、漱口、浴面。飲食不得有聲，唾餘必盛以器。男女寢必有衣，長與身齊，縫以白布，有袖無襟，從首套下。故遇華人之服白長衫者，必發狂笑，蓋以為誤著寢衣出戶也。又，見華人之露頂出行者，俱以僕役目之。緣西俗僕役非因主遣外出，或未經告假，私自遠行，皆不得冠。

二十七日丁巳，晴。

記：外國富戶，床榻多用植梨。長約六尺，寬四五尺，左右闌高一尺。頭上者作花雲，高四尺；腳下者，或平方，或作雲頭，高約三尺。中一木槽高尺半，中嵌銅條圈共百餘個，或五行，或七行。圈若盤香，皆倒立，中一行稍高，左右以次而殺。外蒙灰地白花麻布，上鋪錦褥厚盈尺，實以羊毛或雞鴨之冗翎。上覆以大白布二塊，細絨氈一二塊，長闊各約七、八尺。左右後三面皆下包厚褥，前面惟頭層白布帶包長枕，枕與褥同。二層布與絨氈，皆下挽一尺。睡者臥於二布之間。其長枕上又放方枕或一或二，周約七尺，內盛絲綿，外包回錦，罩以白布，作口袋形。此口袋與白布，皆六七日一換。床之四角有小輪，可於屋內挪移。亦有以榆柳木造者，惟皆薄淺，或無銅圈。再次者以鐵造之，飾綠色油，長五六尺，闊由二三尺至五六尺。四鐵柱高三尺餘，外橫鐵條，中鋪馬口鐵片、鐵絲或麻繩，亦頗活軟。只鋪一褥，不甚厚。前後亦有鐵絲闌，高不及一尺。此床亦有三折式者，攤之即為床，折之即為椅。褥亦隨分三塊，厚皆四五寸。平放床面為寢褥；床成椅，乃放二平者為坐褥，一立者為靠背。更有三折成方如匱形者，褥亦隨之。土人外遊，多有攜帶者，以便舟車。小孩者亦多鐵造，式與大者同，四面有鐵絲闌，高約六寸，上有白布小帳。其餘幔帳，有塔形者，長方者，上連棚頂，下逾床闌，長有一丈四五尺者。亦有木頂作雲頭形，上小下大如洋鐘者。綢緞紗羅，各隨時令。

二十八日戊午，晴。未初，隨星使會熱夫類於小特農，酉初回寓。

按：各國旗幟形式不一，今將見聞所及者記之。如美國之旗，有十餘種。其國旗長方，橫分十三層，六白七紅；其四分之一臨桿之上半，藍地繡金星三十七，蓋國分三十七省，每一星指一省也。其合會同心旗，則長方正藍，周列三十七星。水師提督之旗，長方正藍，中列四金星。水師副將者，列三金星，作鈍角形。水師船主者，四角列四金星，中繡一船錨。其後隊水師提督有三種，係正藍正紅正白，各列二星，惟正白者星作藍色。水師參將者亦紅藍白三色，中惟一星，後作魚尾形。引水船者長方，藍鑲紅邊，中列三十七星。水師行文旗，長方正白，四角當中分列五星，藍色。護送船旗，紅鑲白邊三角形。病人船旗，長方正黃。稅關船上者長方，縱分十六行，八白八紅。其正藍列星處改正白，上彎橫十三藍星，下飛一鷹。鷹口含一橫條，云「合眾為一」。鷹藍色，胸前復畫一旗，作垂桃形；亦縱分十三行，七紅六白。其平常遠行者，係一橫長條，前半正白，十三藍星，後半橫分十二節，六白六紅。航海桅頂永掛者，一銳角長條，前半正藍十一金星，後半上紅下白。

俄羅斯國之旗，長方，前半正白，斜橫藍十字，後半橫分白藍紅三色。其航海者，照式改一長條，前寬後尖。水師旗，長方正白，斜橫藍十字。水師提督亦然，惟係方形。商旗長方，橫分白藍紅三色。

瑞典國之旗，正藍色黃十字。字之上半右角臨桿處另一十字，橫黃縱藍，左右鑲白邊。十字之四空，又各分紅藍二色二鈍角。商旗與此同。兵船者，前與此同，惟後邊將十字橫筆與旗之兩角改成三尖如橫山字形。水師提督者，銳角形，下黃上藍，臨桿亦有花十字。其航海者，長條，前一分係花十字，後三分則上藍下黃，末作兩岔如魚尾。

諾爾衛國[102]之旗，正紅色，中橫白邊藍十字，其臨桿小花十字與瑞典者同。商旗亦然。其航海者，式同瑞典；前亦花十字，惟後三分橫分五行，中藍，上下先白後紅。其兵船旗式與瑞典同。水師

102 諾爾衛國：挪威。

提督者細長，後三尖形。水師副將者，正紅色，銳角形，中橫一畫，橫分三行，中藍，上、下白，臨桿亦有花十字。

北日爾曼[103]之旗，正白色，長方，中橫黑十字。每畫又分五行，三黑兩白，惟其中行極寬。又十字中心一黑邊圓徑，內一金鷹，頭頂王帽。十字右邊上半臨桿處，另橫分黑白紅三色，中心又一白邊黑十字。其商旗，則長方橫分黑白紅三色。

丹尼國之旗，長方正紅色，白十字。商旗亦然。兵船者亦正紅色白十字，惟後改魚尾。水師副將旗式同兵船，惟旗角臨桿處加一小白十字。航海常行者，正紅色白十字，長條小魚尾。水師提督旗亦式同兵船，惟十字中心另一白方，上先畫一紅裡金玉（王）帽，形比倭瓜；下一黃圈藍心，中又小黃王帽三；圈下左右二枝綠葉，係以紅帛，托此黃圈與王帽。水師參將旗，正紅色白十字，作銳角形，其尖又另分二小銳角。

韓博爾國[104]之旗，正紅色長方，中繪白塔三頂，皆藍窗，下一石座如城，上有女牆，下一月門。航海常行者，正紅色細長條，白塔橫畫，後改魚尾。

布蕾門[105]之旗，長方，先臨桿縱立兩行，分十六方，八紅八白，後橫分八行，四紅四白。航海

103 北日爾曼：指1867年建立的北德意志邦聯。
104 韓博爾國：漢堡。
105 布蕾門：不來梅。

常行者，細長銳角，前分八方，四紅四白，後分四橫，二白二紅。

魯貝[106]之旗，長方，上白下紅。航海者，改三角長條。

法郎西國之旗，長方，縱分三行，前藍後紅中白。航海者改三角長條。水師提督旗亦如之，惟正方。後隊者於藍色上加二星。副將者加三星，列成三角。

英吉利國之旗，正藍色長方，其四分之一臨桿之上半，加紅色白邊橫斜二十字，如六出花。航海者長條，尖分兩岔，後藍前白，上一紅十字。商船者正紅色長方，其臨桿上半形作藍色長方，中二白邊紅十字。水師者，正白色，紅十字；其臨桿上半形，亦藍地，二紅十字與他旗同。桅頭常掛者，正白色長條，尖作魚尾，臨桿一紅十字。水師提督者，正白色長方，紅十字。副將者式同，惟臨桿上角加一紅點；後隊者加二紅點。參將者如式，無紅點，改成魚尾。水師駐口者，正白色長方，中一藍長方，橫斜二白邊紅十字。

日斯巴尼亞國之旗，長方，橫分五節，三黃二紅。商旗亦然。水師者，上下紅中黃，臨桿畫一紅地金王帽，帽下一圓徑，左白右紅，紅邊一金塔，白邊一紅獅，獅頭又戴金王帽。水師提督者亦然，惟將王帽與圓徑移於正中，式改正方。

奧的里亞國之旗，長方，橫分三行，上下紅，中白。上行正中一金王帽，圍以十二銀星，作橢

106 魯貝：盧貝克。

圓形。帽下於中行正中另一方旗，亦上下紅，中白，圍以黃邊。航海者長條銳角，上下紅，中白，無王帽小旗等。水師提督者與國旗同，式改正方，惟臨桿上角另添三橫，二黑一黃。副將者亦與國旗同色，式改三角，其尖又分二岔，作從字形。

義大利國之旗，長方，縱分三行，中白左紅右綠；中心另一紅方，藍邊白十字。商旗亦然。水師者，於紅方上加一金王帽。水師提督者，於臨桿綠色邊加三白圓光。副將者二圓光。參將者一圓光。航海者長條銳角，色與他同。

葡萄牙國之旗，長方，左白右藍，中一紅裡金王帽。帽下一紅小方，四圍窄黃邊，臨邊左右上共七座小黃塔。當中又一小白方，中列五小藍方，作十字形。航海者長條銳角，色與國旗同，惟無王帽與小方。

比利時國旗，長方，縱分三行，中黃左紅右黑。航海者長條，尖分兩岔，色與上同。水師提督者，於臨桿黑行上加四白圓光，式改正方。副將者加三白圓光。參將者加二白圓光。商旗色式皆與國旗同。

和蘭國旗，長方，橫分三行，中白上黃下藍。航海者長條銳角，尖分二岔，色與前同。水師提督者，於上行近桿橫四白圓光。副將者橫三白圓光。參將者橫二白圓光。

希臘國旗，長方，橫分九行，四白五藍；其上半臨桿另成一方，藍地白十字。商旗亦然。航海者正蘭色，後一小白十字。水師者，十字中心加一金王帽。

土耳其國旗，長方正紅色，臨桿上半另一長方，紅地窄白邊，中一白星。商旗亦然。水師者正紅，中一星，旁立一月牙，皆白色。航海者，正紅長條，尖分二岔。

突尼斯國旗，長方正紅色。商旗亦然。水師者，中一白色橢圓，內含一星與月牙，皆紅色。

摩洛哥與的黎波里二國者，色皆正紅。

墨西哥國旗，長方，縱分三行，中白左紅右綠。商旗同。航海者長條，色亦如之。水師者，中一飛鷹，口含一蛇，爪踏枝葉。水師提督者亦然，式作正方。

呢葛拉卦國[107]旗，長方，橫分五行，中紅，上下先白後藍。

英屬加拿他旗，長方，上半正黃，下半二橫，先藍後紅。

海的國[108]旗，長方，上藍下紅。

煥都拉國[109]旗，長方，上下藍，中白。

閪斯達利戛國[110]旗，長方，橫分五行，中紅，上下先白後藍。

祕魯國旗，長方，縱分三行，中白左右紅。

107 呢葛拉卦國：尼加拉瓜。
108 海的國：海地。
109 煥都拉國：洪都拉斯。
110 閪斯達利戛國：哥斯大黎加。

智利國旗，長方，上白下紅，臨桿上角另一方，藍地大白星。

大圓金星作人面形

烏拉怪國[111]旗，長方，橫分九行，四藍五白。臨桿上角另一白方，上繪大圓金星，有眉目鼻口，作人面形。

萊北里亞國[112]旗，長方，橫分十一行，五白六紅，臨桿上角另一正方，藍地一白星。

埃及國旗，長方，綠色，中立白月牙。

波斯國旗，長方，白地綠邊，中畫一獅，黃色，作賓士狀，前左爪舉刀，藍色，背荷日帶金光。

日本國旗，長方白色，中含紅日。航海者，長條魚尾，前後白，當中黑。

暹羅國[113]旗，長方正紅，中一白象。

義奎多爾國[114]旗，長方，縱分三行，二白一綠，中列七星，作水字形。航海者，長條銳角，色亦如之，惟無七星。

牛西蘭國[115]旗，正白長方，紅十字。臨桿上角，另一長方蘭色，中橫白邊紅十字，每空各一白星。

111　烏拉怪國：烏拉圭。
112　萊北里亞國，賴比瑞亞。
113　暹羅國：泰國。
114　義奎多爾國：厄瓜多爾。
115　牛西蘭國：紐西蘭。

瑞士國旗，長方紅色，中一粗白十字。

羅馬教皇旗，白色長方，中一大花，係二鑰匙，交成乂字，上架一藍地金花帽，形似甜瓜。鑰下一橢圓，四面金邊，內分四鈍角，二藍地金獅者，二紅白各二行者，上下左右相錯。此下二枝綠葉，上彎長及鑰頭；鑰下有穗，帽與枝下亦有飄帶，皆紅色。水師旗亦同。商旗前白後黃，前畫帽與鑰匙。航海者，白色銳角，臨桿亦只此花。

以上旗制，係五大洲常見者，其餘未詳。再，各國旗幟，尺寸大同小異，各皆長方，橫寬七八尺，縱長四五尺。航海桅頂常掛者，寬一尺，長八九寸不等。皆織以絲麻，狂風久吹不碎，堅固之至。顏色鮮明，雖經日照雨灑，永無改變。

（稿本卷四終）

辛未三月二十九日己未，晴。

記：外國一種文會，其名未詳。係約男女數十，訂於某晚會於某處。屋列長案，按甲乙分坐。會首擬題，係問生澀艱難字之寫法，如𪓔、霹、𪏭、玃等字，有能隨口述出筆劃無訛者為勝。先問甲，甲不對則問乙。乙對是，則乙立而甲坐，另出一題問乙。乙不對，問丙。丙對，則丙立乙坐。如是陸續挨問至尾，其能久立者為全勝，其獎賞有銀錢紙筆不等。

又，聞昨早巴里火藥局失火，轟火藥五萬餘斤，傷死女工五百餘名。蓋自「紅頭」反後，貧民不得脫逃，遂有投入逆黨者。有被脅逼入者，男皆當兵，女則有造火藥者，有縫布袋裝沙石以築土城與炮臺者，有能文工書草露布者，竟有荷戈而驍勇倍於男者，奇甚。

四月

初一日庚申，晴。見外國有皮球之戲具。二球色黃而體輕，以手足踢打，旋轉不少停。薄郎善是技，當庭戲舞，上下高低，無不拍合，如獅子之解數，宛轉環生，趣甚。

按：法邦自立民會後，銀票號記皆改印女像，以前所印其君那破侖之像，皆吐而棄之。其票由五方至百方、千方。近因國帑支絀，有一、二、三、四方者，其紙長二寸寬三寸，印皆深藍或蔥綠色。

初二日辛酉，晴。未初，星使復會熱夫類於小特農，酉正回寓。近見園內櫻紅杏綠，結實盈枝。華人有摘青杏食者，土人以其酸澀齒牙，甚為詫異。眾豈知華童多有喜食者，固因其酸而解醒與渴也。而彼國食味亦有可異者，即如以牛髓和雞卵加蔥絲，既腥且辣，名曰「御湯」，我華人當食不下嚥矣。入夜風生，花氣襲人。

初三日壬戌，晴。午後，遊王宮後園。風和日麗，水淨山明，樹深鹿伏，花暖鳥鳴。而苔徑映日處，見有蟋蟀盈寸，其色灰，其聲清，儼然秋序。華人有掘而取者，土人異之。有鳥如鶯，其色灰黃，其聲睍睆，可為詩腸之鼓吹也。盤桓片刻而歸。

是日，聞巴里城已克復。緣德知法久戰，所費不貲，恐賠款不能如期以償，故協助而速克之。酉初，微風，涼。

初四日癸亥，晴。未初，星使又會熱夫類於小特農，戌正回寓。

記：泰西一種樂器，名「戛斯達那」者，如中土之拍板，二小塊形如匙者，或象牙或硬木為之，結繩長八九分，按以中指，輕敲細拍，聲調葉和。日斯巴尼亞人於跳舞時，多用此以代琴之節奏。又銅鼓名「凱塔得木」者，圓形如磬，圍以彩穗，支以鐵架，擊以木槌。又小鐃如中土古時之中軍帽，名曰「散鈸」，音與鈸同。

法國王宮被焚

初五日甲子，晴，熱。未刻，見有兵萬餘人，隨行鼓樂而歸，雖列隊而步伐不齊，更有持麵包飲紅酒者。其被獲叛勇二萬餘人，女皆載以大車，男皆攜手而行，有俯而泣者，有仰而笑者，蓬頭垢面，情殊可憐。其始無非迫脅之窮民，未必皆強暴性成而甘於作亂；今俱伏罪受刑，睹之不禁惻然。

初六日乙丑，晴，熱。未初，隨星使乘車遊大小特農，酉正回寓。是日，慶靄堂同殷伯爾與薄郎乘車往看巴里，經薄郎往法外部領入城之據，當晚未歸，眾皆懸繫。入夜北望，烈焰飛騰，炮聲不絕。蓋巴里雖克，而「紅頭」仍拒城外炮臺數座，故火器猶不時施放也。

初七日丙寅，晴。未初，慶靄堂同殷伯爾與薄郎回寓。聞其將入巴里時，他國人因城池新克，多有爭觀者。彼時槍炮頻發，以致義國副使誤中炮子而亡。故巴里下令，雖有文憑亦不得出入往來。慶靄堂等乘車至其王墓前馬隊營，見槍炮子飛騰遍城，其急如矢，其密如星，遂避於義大利街之閣朗店，即丙寅年彝隨斌副使所寓之旅邸也。店多受傷官兵，食用皆無。又值叛勇焚其王宮與兵、戶二署，其轟擊聲徹夜不止，次日始驗據得出入，險甚。

初八日丁卯，涼。早大雨，酉初雨止。見馬隊一百餘人由巴里回，被獲老幼女子三十餘名、男子二百餘名，皆攜手步行，前後縛以麻線，有馬兵解送。入夜風雨尤大，沛然通宵。

初九日戊辰，終日大雨，聞去歲法王被俘後，德民朝朝懸旗賀彩，夜夜作樂張燈；並德國之商人雖旅寓他國者，亦皆朝夕宴賀，遙頌德王之德，而為德民伸慶。

當德兵圍困巴里時，法於城內思安江兩岸，各設氣球公司，以便乘之出入、窺探軍情、往乞救援等用。蓋氣球可以騰空俯視。今制則高必六十丈，用照相鏡下映敵營，則其兵陣地形一一映入。並可攜帶電線，以千里鏡俯視一切，隨看隨報，極其迅速。小說所云騰雲駕霧，其神奇殆不過是云。

初十日己巳，早仍陰，午後大晴。是日禮拜之期，市廛關閉一日。見本地整容鋪，外掛小銅盆為招。西人雖不剃髮，而剪髮、修鬍、滌香水等事，亦須匠人為之。麵包鋪則窗外立一假麵包為招，其大如樑。煙捲鋪則於簷下懸紅色木煙捲一束，共五六個，長一尺，粗皆盈把；更有做假人手捧一二枚立於門首者。

又，外國男子二十餘歲，髭鬚漸生，例不芟剃，聽其鬔鬔。及至五六十歲以後，或漸將上唇之髭剃去，或將上下髭鬚盡行剃去。蓋謂年力就衰，無須生此，有礙飲食也。

十一日庚午，晴。是日，因巴里通城克復，炮臺亦皆收回。自申至戌，見馬、步隊三四萬歸伍。有面目黧黑而步履彳亍者，有身體疲憊而臥於當途者。土人則施水、施酒、施藥、施錢、施煙捲、施麵包者甚眾。又見叛勇之被俘者，男女老幼有三四百人。戌正大雨二陣，雨止天晴，後復陰而細雨。

十二日辛未，早陰，午後晴。未初，隨星使乘車，北行三十餘里，至賢路義村。其地為國王夏日乘涼之所，花木叢雜，池沼回環，亭台曲折，山石嶔崎，洵勝境也。當德法鏖兵時，德將王宮焚毀，樑柱無存，只剩破壁頹垣，荒涼無限，其民舍亦多傾圮。宮前高岡上有石燈樓，高五、六丈，下有石橋，長七、八丈，皆墜落折斷，王氣為之黯然。左右有德兵所築土堆炮臺，四圍橫繞樹杈，以阻法兵。後有京觀數十塚，皆德兵之戰亡者，立碣詳書隊伍姓名，以為標識。

申初回寓，復同劉輔臣街遊。步至巴魯街，見大禮拜堂內男女老幼跪而默誦者十數人。旁立一少婦，懷抱嬰孩，係本日所生者。甫生未逾一日，即抱出戶，風氣之不同，於此可見。婦旁一童，著烏衣，舉燭長逾四尺。中立神甫，年近三旬，與之看經解義；後將聖水滌於兒頭，以棉拭之。拭畢登記於簿，少婦深謝而去。此初生入教之禮也。晚，見馬步兵解送被脅之「紅頭」萬餘人上火輪車，皆流於阿斐利加[116]。其餘黨惡作亂者，皆黑布蒙頭，以槍斃之。聞「紅頭」不獨法國武官，間有他國人乘亂隨入者。

十三日壬申，晴。午後，哥士奇與德威理亞來拜，皆坐談極久始去。又，熱夫類投刺來拜。酉刻，見步兵二行，手執刀槍，防護叛勇六百，由樓下經過。五人一排，攜手同行，並未加以縲絏。叛勇經過之處，土人皆高聲賀彩，不解所賀何人。

十四日癸酉，晴。早，有一男二女來寓拆洗茵褥。其拆時，將褥中羊毛倒出，以く字形之鐵刷將毛刷順。待褥皮洗後，鋪敘羊毛，掛於架上縫之，則厚皆盈尺。每褥拆洗一次，工值計銀三銀〔錢〕九分。

申正，又過被獲叛勇一千四百人。近日巴里雖平，而昨夜有更夫被殺者六人。將軍馬克謀宏因而出示，每晚至十一點鐘鋪門皆閉，違者治罪。官兵有留鋪內者亦然。

十五日甲戌，晴。見本巷鋪中有綢，幅不甚寬而極厚，色則兩面一藍一紅，不知若何組織也。

116 阿斐利加：非洲。

申初，又由樓下解叛勇一千二百餘人，中有女子二行，雖衣履殘破，面帶灰塵，其雄偉之氣，溢於眉宇。夫鄉勇之叛，由於德法已和。蓋和局既成，勇必遣撤；撤則窮無所歸，衣食何賴？因之挺〔鋌〕而走險，弄兵演〔潢〕池。故叛勇不惟男子獷悍，即婦女亦從而助虐。所到之處，望風披靡。居則高樓大廈，食則美味珍饈，快樂眼前，不知有死。其勢將敗，則焚燒樓閣一空，奇珍半成灰燼。現擒女兵數百，訊明供認，一切放火拒捕，多出若輩之謀。昨由會堂審斷，其女中之主謀者以槍斃之，餘皆發往牛戛列丹呢島[117]充軍贖罪。按是島在赤道南二十度，澳大利亞西〔東〕十六度，距法國西南二百餘度，地甚褊小，周約五六百里。天氣雖然炎燥，土脈尚屬膏腴。

十六日乙亥，終日忽雨忽晴，微風涼爽如秋。午初，隨星使乘車北行，迤東三十九里抵巴里。路過賢路義大橋，見其斷處接以木板，厚皆盈尺，長六七丈。橋之東，樓房百區，鮮有存者。入巴里之西南班都門，路皆拆毀。叛勇在各巷口多築土石牆、几案牆。又有木筐牆，係以荊柳編筐，內盛零碎什物，堆累成台；炮子雖入，含而不出。行十餘里，至丹膽街租寓一觀。

申初，復乘車少遊，見王宮左鄙一帶，空牆矗立，紅焰猶存。宮後埃及石柱下之鐵闌，曲彎折毀，其四角石台亦被轟壞。宮旁立伍力街之市廛樓房長約里許者，率皆焚毀，亂石堆積如山。臘佩巷

117　牛戛列丹呢島：新赫里多尼亞島。

前，萬洞坊之銘勝銅柱，被炮擊碎，銅塊紛飛。馬達蘭禮拜堂前羅雅弄之鋪戶，焚毀無一存者。凱歌路北之石牌樓，被炮子穿成巨孔。有叛勇所掘之河，築以石壁，將浸水之氈布覆於其上，以禦槍炮。瓦礫遍城，可憐焦土。

酉正回寓。聞是日衛灑雨雹如豆。

晚，又解過「叛勇」二千五百餘人，有吸煙者，有唱曲者，蓋雖被擒，以示無憂懼也。可知天下風氣，大抵相同。又，是日男女入巴里城，可以免持憑據。

十七日丙子，晴。見法國木器，雕刻極細。唯桌凳櫃椅所雕花木，率多粗大，並喜雕赤身之男女，不知何所取意。午後街遊，遇前次同船之法商福業，對語片時而去。入夜陰，冷。

十八日丁丑，陰雨，涼。未初，同高引之、薄郎乘車往巴里拜費亞柏，未遇。旋至丹膽街看視租寓。原立對票[118]租定兩月，自西曆三月十八日（華正月二十八日）起，至五月十八日（華三月二十九日）止；如不用時，當於十五日前計之，為華三月中旬，預為給信。而租期滿時，正值叛勇作亂，消息不通。現因信遲給一日〔月〕，房主議罰，應另給兩月房租。前兩月房租一千一百七十兩，已經

118 對票：合同。

費亞柏代給。當告以前定之兩月，欽使未住，而房租已付，無須更改。所以未能致信者，實因遇亂阻格，並非爽約逾期，無從議罰，當於今日起另租兩月。伊不允，再三與之辯駁，乃允由五日前另租兩月，自西曆六月初一日（華四月十四日）起，至八月初一日（華六月十五日）止。如不用時，改於十日前給信。伊又言：「司閽每月工值銀六兩五錢，已付一月；雖未住房，應給兩月。」正爭執間，費亞柏至，斥其無理，乃止。可見信義交易之說，未可概論。因另立租據二紙，令其即日修理，以便遷移。戌正回寓。入夜微風，晴，暖。

十九日戊寅，晴，涼，未刻陰。近日，櫻桃、地椹、玫瑰、葵花，萬紫千紅，觸處皆是。未正，由樓下解去叛勇一千八百人。婦女有百餘名，雖被赭衣，而氣象軒昂，無一毫嫋娜態。後又於樓下經過由巴里搜獲叛勇四十餘名。申初，往拜醫官光貝，見其妻女。伊令觀骨節臟腑等圖，與真畢肖。回寓後，又見解去步兵七百餘名，背負衣食，手無器械。詢之，始知為干犯軍律者。晚，接法外部訃云：「巴里大牧師達卜瓦[119]，昨為叛勇所戕。現定於翌午在巴里城內那歐他達木禮拜堂[120]內誦經出殯，懇請光臨往弔，以慰其忠，以彰其德。」

119　大牧師達卜瓦：大主教達爾布瓦。
120　那歐他達木禮拜堂：巴黎聖母院。

二十日己卯，細雨。辰初，隨星使乘車北行抵巴里，過石橋至思安江心大島之菊圃巷，入那歐他達木禮拜堂。堂高十數丈，寬十丈，深二十餘丈，白石建造，中立天主十字。對面樓頂，設大小風琴各一，四壁掛以黑布，上縫白布十字。椅皆罩以黑布。樓上女子數百。樓下前三面坐各國公使、民會百官暨士戶紳民等萬餘人。凡民會中者，皆胸掛小法旗。堂中設假木棺三，覆以黑帛，四角燃燭。右邊木闌內有教徒二十餘人，鼓琴拉笳，朗誦其經，聲韻清亮，如聆梵音。後則神甫拈香誦經未正始畢。

登車東行四五里，至王宮旁立伍力街路武店早餐。樓高五層，裝飾華美，廣廈可容千人，上下僕婢二百六、七十名，在法京旅舍中可以首屈一指。申正雨止，仍陰冷。酉初一刻飯畢，回寓。入夜大雨傾盆。

二十一日庚辰，大雨，未初雨止。有醫官光貝率其妻女並其友、將軍巴鈞蕾之二女來拜。晚餐後，往伊家謝步，見其妻左氏，其女蘿阿及巴將軍之女柯蕾、旭森等，坐談。令彝以華字還音寫各人之名，寫畢告之。惟蘿阿以洋筆描寫，筆劃無訛。

二十二日辛巳，陰。午後，隨星使乘車往巴里觀租寓，修理齊整，煥然一新。惟中層玻璃窗為炮子打碎，尚未補換。申初回寓，路經賽武村，房屋鄙陋，街道狹窄。村外橫有鐵橋，甚高，上有火輪車道，下作月門，以便車馬往來也。由賽武至衛灑，一帶田疇遍植油菜。土人食其葉，以其子作油，即名曰香油，色白味淡。

二十三日壬午，鎮日陰晴不定，風雨交加。見由巴里各炮臺運來銅鐵炮約萬餘門，排列宮前，四面有兵往來舉槍守護。

晚在園內閒步，見樓下左右院內，緣牆立有果架，果名「葛婁賽」[121]，花似丁香，葉如葡萄，果如櫻桃，先綠而後白，再黃而後紅，其味極酸。每果內含四子，皮外細紋十行，有橢圓式者。入夜，束裝。

二十四日癸未，陰。聞每年六月中旬，彼教有巡行瞻禮一說（法名「普婁色奚湯」），主教多人，裝扮遊街。是日為西曆六月十一日，又為禮拜之期。早，聞各禮拜堂內鐘鳴陣陣，斷續悠揚。市廛關閉，門懸大片白布，上插鮮花朵朵。辰正，由大禮拜堂內先出小兒男女數百，列為兩行。男童著烏衣，免冠捧經，亦有左臂掛白綢一條，長約六寸者。女孩著白衣，頭頂白花綠葉圈，手舉小書。逾十歲者，著白衣白鞋，如泰西之新嫁娘。主教神甫行於正中。左右小孩，有舉方旗作巾字形者，或藍

121 葛婁賽：醋栗。

或白，或粘字，或繪畫，皆古時掌故。又有幼女數十，著白帽藍衣，或藕色衣，皆將出家而作貞女[122]者。後則神甫、貞女隨行。男服烏衣黑帽，女著黑氅白巾。又四教徒舁二長筐，內盛鮮花，沿途撒花鋪地。後有二教徒，提安息香爐前引。左右步兵兩行，舉槍護送。中則鼓吹作樂。末一方帳，帳頂立大白雞翎撣，四員武官執棍，中立一老主教，著白衣，岸然道貌，後隨二教徒。帳再後則男女數百，皆入堂禮拜者。如是繞城而歸。

午初，隨星使登車，道出衛灑鐵闌門，未正抵巴里，入丹膽街第五號租寓。酉初，行李始到，車欲入門，司閽者閉而不納，令人舁入，恐車壞其漆路也。少選，費亞柏、丁敦齡來拜。見樓下經過二兵捉一黃髮人，年近三旬，詢之，始知為剪綹者。現在法京底定不過三五日，而街市已修理整齊，房樓已刷掃潔淨，道途不平者已墊之，花木損壞者已易之。初平大亂，漸復舊觀，功令之迅速，人力之勤奮，於此可見。

二十五日甲申，晴，暖。午後，隨星使乘車西北行二十餘里，出馬業門，見高樓燒毀無數，地下鐵道全行拆壞。至柏路旺園，欲入遊觀，被守兵所阻。旋至馬達蘭禮拜堂，由旁門步石梯三十餘級而入。中立天主母石像，懷抱一孩，即耶穌也。左右跪立帶翅女像四具，雕鑿精巧。當地跪男女十餘

122 貞女：修女。

名，皆以手扶面，暗誦洋經。申初回寓，知有畫像工人席拉來拜。當晚買紅杏數十枚，細而長，味微酸，核似桃仁。地椹雖紅，味尚不甘。

二十六日乙酉，晴，暖。午後，隨星使乘車西南行三十餘里，過邦麻矖街至比斯的坊。有一大銅柱，極其堅固，叛勇欲毀不得，只被槍炮洞穿數十孔而已。去此回至萬牲園，園門鎖閉。復北行數里，往拜德威理亞未遇。酉初回寓。

記：西俗，人家之不用僕婢者，有不自炊火，而男女早晚餐於飯店，並拖兒挈女以往，謂從儉之一道云。

二十七日丙戌，晴，熱。未初王承榮、德威理亞同其母來拜，坐談極久。又，軍功藍翎提舉銜、廣東儘先州判王斌，字芝友，福州人；候選從九品李鏞，字輔廷，蘇州人，同來拜。二人皆隨福建船政監督法人德克碑公幹者。入夜微風，涼。

記：西俗，每日自晨至夕，男女往來，連袂搴裳，不絕於道。兩人相遇，男子以脫帽為禮，亦有但舉右手向耳際一揚而不脫帽者，大率偶然簡略之意。至若互相握手，則較為親近。婦女亦然，惟不脱帽不舉手，間有答以鞠躬為禮者。又，不論男女老幼之雙眸短視者，皆公然高懸眼鏡，街行遇人，不有摘去之禮。

二十八日丁亥，晴。午正，隨星使行車往拜英、美二國公使。未刻，烏雲密布，同俞惕庵乘車，行十餘里，過思安江，往拜德威理亞，見其母。又遇范若瑟在彼，對談片時辭去。至王承榮鋪中少憩。又往羅馬巷答拜席拉。回寓後，大雨傾盆，雷電交作。戌初雨止，又隨星使乘車行五六里，至意達廉大街，看變戲法者。其人名科來倭蠻，所變多與前同。惟後在座中借手巾戒指各一，拴於一處。旁取紅酒一瓶，自飲一杯，後將手巾放於瓶內，自染鮮紅。乃將旁一小木匣取與眾看，匣則妥封；割線開鎖，啟匣內又套四匣；及啟至第五匣內取出，則手巾與戒指並皆未染，奇甚。又出一大紙匣，長三尺，寬二尺，厚約二寸，啟而視之，出油畫三張；次出炮子二個，白水一釜，活鴿四個，高冠二頂，鮮花一盆；末出一籠，高盈尺，內二黃雀躍鳴，奇甚趣甚。

二十九日戊子，陰。午正，同高引之乘車往拜王子顯。談次，忽來一澳門人，年十九歲，著洋服，通法語，華言已忘，姓名不復記憶，自云來此已五年矣。

去此，在馬達蘭禮拜堂旁花市買玫瑰芍藥八盆，僱土人昇送，已給力銀二方，不意伊至公館又索二方，途次遇彝又索，責之始去。誅求無厭，何地不然。甚矣，信義之難也。申刻復雨，通宵達旦。

三十日己丑，陰雨。未初，有花翎提督銜、權授浙江總兵官、船政監督德克碑，偕李鏞來拜。又，英、美二國公使來答拜。申正雨止。酉初，隨星使乘車往代薩賽麥界坊之拉該戴園中觀劇。坐有男女二千餘人，其所演之日月山水、花樹樓船，時時變化。又幼女跳舞者六十餘名，皆著短翠裙，袒胸赤臂。又有假黃雀二十餘，火雞、鸚鵡各十餘，黃白貓大六七尺者六隻，皆跳躍鼓翅，其聲與真無異。又小兒作黃雀半出卵皮者四五，搖首顧望，喔喔求食，趣甚。亥正一刻回寓，仍陰。是時功令，每日子初禁其街遊，故戲園皆改於戌初起、亥正止。

五月

初一日庚寅，陰晴各半。時而細雨紛紛，時而紅日曈曈。酉初，有前任法國水師副將德爾衛招飲於伊戚家。即時隨星使乘車南行十餘里，至杜韋巷第三十三號，伊已拱候，導入見其姨母弟妹暨戚友三人。飯畢，又來男女老幼六七人，亦皆伊之親串。少坐，有鼓琴者，歌曲者，極其歡暢。因伊曾在天津有傾蓋之識，故特治此筵以伸其意也。

初二日辛卯，陰雨。午正，皇使令持中外名片乘車答拜德克碑於廒北巷第五號，未遇。回寓後，雨止，復同高引之往觀玻璃局。樓房二層，周四、五里。其玻璃器皿，皎如水晶，盤碗盅盒，筒罐瓶碟，罔不畢具。瓶有高九尺，周六、七尺，厚三、四寸者；有假花瓷者；有冰紋五彩者，羅列滿樓。四壁大扇玻璃，使人一望無際。樓下筐籠堆積無數。帳房四處，賣貨三十餘人，皆耳掖鉛筆，手持紙片，所賣何物，逐件記清。賣畢，同至帳房，一處送片，一處口報，開清節略，送於隔壁畫押鈐印，另有他處照單收錢。又每屋三人，登記所存何物，何日賣去何物，物旁標識此物何人買去，錢曾收否。如是每月算結，毫無舛錯。酉正回寓。入夜晴。

初三日壬辰，早晴，巳初陰。申正，隨星使乘車出馬業門，至柏路旺園，見景致大異於前。水涸山崩，樓焚垣圮，樹木多鋸鑿痕，荒草平原，淒然滿目。回寓後，有法人鄭延來拜，坐談向，言：「久聞貴國人民呼泰西人曰『桂子』[123]，不知何所云然，方祈明示。」對曰：「夫華人呼西人曰『桂子』者，實非『桂子』，乃『龜茲』也。蓋二千餘年前，中國當漢朝時，使者由西方『龜茲』國取得葡萄種，是中國葡萄來自『龜茲』，故華人咸知『龜茲』之名，然未知其服飾如何，當時該使亦未言其所見所聞。迨三四十年前，西人初到中華，國人不知何為英、法、德、瑞、美、丹、和、日等，惟憶古傳云，『西方有國曰龜茲』，故以是名呼之，是為華人呼西人曰『龜茲』者之來由。然『龜茲』

123 「桂子」：中國叫西洋人為「鬼子」，諧音稱作「桂子」、「龜茲」。

二字，實音『秋慈』。奈平人不知，以訛傳訛，故至今人民咸記字之本音，呼曰『歸滋』也。若謂何以不呼俄羅斯曰『龜茲』？蓋自清初以來，俄人來華皆改華裝，故華人惟知有『俄羅斯』之名，而不知其異裝異服也。俄人來華不易本服，與各西國同，華人又未嘗不以『龜茲』呼之。因泰西各國衣服相貌無甚分別，無異華人之來泰西者，西人見之，間有以『日本』呼之。蓋惟聞東方中華、日本之名，而未嘗明辨其服色也。是西人見華人之呼以『日本』，與華人見西人之呼以『龜茲』之義同也。若又謂於今數十年來，人民既知有英、法、德、俄之分，何不改『龜茲』而以本名呼之？是又與西人之不改呼華人之義同也。按彼此立約通商數十年來，西人既知中國曰大清，曰中華，何仍以『齋那』『吉那』、『什音』、『芝那』、『吉塔』等名呼之？且中國自古迄今四千餘年，從無此名，不知西人究何所奉而以是名呼之耶？」法人聞之默然，鞠躬辭去。

初四日癸巳，終日陰晴不定。未初，隨星使乘車至厰北巷拜德克碑未遇。途次，見萬洞坊之銘勝柱[124]已被叛勇打壞。所有爛銅，皆以車載去重修。是柱係其先王拿破崙第一戰勝他國，將所獲之銅炮改鑄者也，高九丈，周四丈，上下雕刻各國旗幟炮位，甚為精巧。不意敗壞至此，有不令人生感耶？其餘被焚之石土灰燼，皆掃除清理，以待重修。聞現募匠役已有五萬餘人，大興土木，剋日完

124　萬洞坊之銘勝柱：旺多姆紀念柱。

工，自必煥然一新也。

初五日甲午，晴。午後，隨星使乘車行六、七里，拜俄國公使未遇。復行十四五里，至城內東北隅之述夢山。花樹蔥蘢，亭台點綴，二山連以鐵橋，繞以小河，中立石柱，頗覺可觀。盤桓良久，採艾而歸，以應端陽令節也。申初回寓，知德克碑同李鏞來訪。晚餐邀德爾衛、德威理亞小酌，得食櫻桃、地椹、李杏、甜瓜，味皆甘美，賓主盡歡，可謂不負此重五矣。酉正陰，入夜大雨。

初六日乙未，早，細雨濛濛。未初，哥士奇來拜，坐談極久。申刻雨止。隨星使乘車過思安江，行九里許，至園名曰「陸森柏爾」者，周約七八里，花樹小河，極其幽雅。正中石樓一所，原為畫閣，記憶體油畫數百，現改紳會堂。樓左方池，中湧小泉，後有石岡，下臥一男一女，抱腰接吻。上立一人，赤身背負牛皮，重眉長鬚，以目怒視。式雖不雅，而雕工亦頗細巧。

初七日丙申，早晴，申正陰。此時巴里城內扼要之地，繁華之區，一律修飾整潔。至凱歌路左右之小戲場，法名「加非商當」，譯「商當」者，歌也，加非館兼歌曲也，現皆開演。及小兒之竹馬秋千，亦多設列者。唯近日仍大索「紅頭」餘黨。

聞法兵被俘者，共四十餘萬。自與德定約後，陸續解回一半。現定每日送回三千五百，仍須兩月之久，始得全歸。

初八日丁酉，陰，涼。未初，隨星使乘車東行二十餘里，出萬三門，過賢門岱囿。樹皆鋸去，一望無際。又一炮臺與火藥局，「紅頭」曾聚於此，四圍牆頭鋪有沙石口袋，高約數尺，以禦槍炮。後至萬仙林，花樹可觀。中一小湖，湖心二島，接以小橋。花有鳳仙、茉莉、菱角、菖蒲、刺梅、地椹、榛、櫻、杏、栗，樹有楊柳、榆、槐、松柏、植、橡。島之大者設有酒肆，登樓飲舍利、加非，開窗眺望，河水清澄，遊人觀覽，花鳥怡情。飲畢登車，走萬仙街，道路極寬，而樓房稍鄙。至十字街名托侖坊，中立二石柱，高二丈餘，柱頂各立一人，皆古時名士遺像。過此即前賢安敦弄，有兵房一所，極大，樓高四層，叛勇曾經棲止，故被炮子打壞數間。酉初回寓，知有俄國公使及費亞伯來拜。

初九日戊戌，晴，冷。聞法國兵燹後，餉需支絀。民會議定於明日由戶部向民間並鄰商稱貸，以八十二方為一百，每一百一年繳利五方。

晚，同俞惕庵、慶靄堂隨星使步至凱歌路，見燈燭輝煌，遊人如織。入「加非商當」，登樓吃加非，飲高釀，聽歌曲。男女數名，裝飾華麗。有幼孩年甫六七歲，跳舞拍唱，盤架登高，靈巧之至。

初十日己亥，晴，冷。因戶部[125]被叛勇焚毀，現改凱歌路之大玻璃集畫閣[126]為戶部。當時門首橫一白布匾，上書「公助國利」四字。外立男女數百，皆送錢者。酉正，同俞惕庵邀王子顯晚酌，子初始去。

聞法國各省地租，每畝值十方者，一年納三方。至於房稅，巴里城內外每間值六百方者，一年納稅五方；值一千二百方者，一年納稅九方。鋪戶亦然。又有貨稅，如賣茶葉者，一年納稅五十方，先由海關收進口稅，再於各鋪取出售稅也，其重可知矣。且人家陳設器皿，無論貧富，值一千方者，一年納稅三十方。近因重修宮殿衙署，又將貨物重加稅銀，以敷經費。

街市有灑掃兵，每年按戶給兵十八方，計二方半掃地一丈，願自掃者聽之。一日不掃，則官有罰；初犯五方，再次十方。此役每名每年得官銀八百方，合銀一百零四兩。

聞法官欲貸二百萬萬方，是日竟得五百萬萬方。中有鉅賈羅柴者，一人欲得百二十五張票，每票八十方，共合一萬方。按官借數，則為一萬二千五百方，數年償清，計利必多得數千方也。若數日後票價增長，則每張可多賣五方或十方；倘皆賣去，則可賺六百二十五方，或一千二百五十方。如是，雖官項遲償，亦於己無礙矣。又，明年官中搖骰二次，搖出何人，先還何人。是數月內即可獲利二十五方。

125 戶部：財政部。
126 集畫閣：美術館。

夫法國之貸銀，原為賠償德餉。一日不完，留兵不退，薪水皆法國供給，每日須方萬萬。且所在之地租房稅，皆為德取，故國家因所耗甚多，始出息而貸款也。雖然，其兵額仍前不減。前營共三十六萬，後營共九十萬。論者謂軍務既松，兵額可減，以節國用，而法邦尚如是舉動，意者防出他故，抑或別有深意在也。

晚，接法外部函，請後日未刻在柏路旺園賽馬廠看大閱。

十一日庚子，晴。得食甜瓜，形似倭瓜，皮青白，肉紅子大，味如黔省之醉瓜。又食肥果，味亦頗甘。果生小樹，葉不甚大，狀如梨，黑紫如茄而香，內含密子，粒粒相連。

記：法京街市有老嫗，以推挽之車，販賣菜蔬及乾鮮果者。車乃雙輪，放平即可以當几案，方便之極。

十二日辛丑，晴。未正，隨星使乘雙馬車行十八九里，入柏路旺園賽馬廠，一路車馬擁擠，幾無隙地。其被邀之人，皆有憑票。台之上下，共坐二萬餘人。中坐統領遆耳暨各部院會堂大僚，次則各國公使。台前橫有鐵闌，各將弁群立中央，皆銀盔紅靠，黑褲烏纓。遙望馬步隊，甲胄射目，旌旗蔽空。入座未久，忽聞放炮數聲，前後馬步，共過六萬，號稱十萬，每隊三千。俟兵過，帥則歸立於中。每隊後有炮三十門，騾馱十餘，箱車八輛，皆為載受傷兵將者，末有軍器車十輛。三千大閱後，帥與各將齊立台前，舉刀向鼻以行禮，眾皆擊掌稱賀，亦有免冠者。是日鼓樂喧天，聲如雷電，亦奮武揚威之意也。酉正回寓，沿途男女觀者如堵。

十三日壬寅，晴。星使復與慶靄堂聘一教習，姓費名隆，年逾五旬，法國名宿也。每日來此一點鐘，教以文法、地理，每一禮拜，館穀二兩六錢。

又有合眾國人盧地者來拜，其人能八國語言，如英、法、印度、日爾曼、日斯巴尼亞、俄羅斯、意大里以及中國。其華言，能說，不甚了了。現為巴里義學之助教，年甫三旬，鬚髮皆白，言語溫恭，氣象嚴整，亦合眾國之一才士也。坐談少刻，辭去。

當日凱歌路之馬戲園開。戌初，乃隨星使步去。所演多與前同。有二人頂鬥大人頭，著黑衣長丈許，如囊而無袖。出時不過盈尺，忽而高起逾丈，漸高漸低；忽而相連作T字形，只留二腿；忽而翻滾，似魚浮水。又一人帶四大犬坐於椅上，後出三犬，步行如人，一高二尺，一尺半，十一尺，各著巾幗。其小者，跳越玩耍，與真孩無異。令二尺高者以左爪牽一小黑犬，宛如西婦。又令四大犬一小白犬跳椅，由一至六，在上一一跳過，自下穿回，往來數次。隨後穿圈越紙餅，與幼女跑馬同，圈餅各周二尺。又二小丑，著靠身肉色衣，以粉塗面，頂立紅毛，先吹哨作火輪車聲，後則二人彼此以手持腳成圈，滾行於地極快。末一人一馬，人馬對立，以目怒視，繼而人向馬放手槍，馬則作受傷狀，曲身跛蹄，趣甚。至秋千蹴鞠等戲多與中土同。

十四日癸卯，晴。申初，隨星使乘車出城，往柏路旺園一遊。先至牲靈園，園門未開，主人延入引看各處。知新奇之鳥獸魚蟲多運往畢利時[127]等國，只有羊、牛、大鹿、野驢、駱駝、孔雀、鴿、鴨、家雞、錦雞、雉雞、金雞等。花木房屋大半毀壞，惟養魚玻璃池完好無恙。通園受炮子洞穿者二千五百餘處。道路崎嶇，葬人山積，有瘞於深濠者，有壘成土阜者。因屢遭火燹，殺傷相仍，故到處煙痕火跡，為之慘然。去此，入柏路旺園，曲徑崇岩，層樓復閣，近日修理，輪奐一新。

十五日甲辰，晴；申初，陰雷一陣。前在衛灑王宮園內，曾捉蟋蟀二尾置於盆內。今由土中出小子六七十，先白後黑，長皆二三分，物化之感有如此。

又見賣有各種鮮花。一、葉如桃花，如繡球，其色三變，先白繼黃，末紅豔而香，高者二尺。一、葉如竹，花如金菊，瓣密微香。一、葉如百合，花似丁香，色藍而密。一、葉似秋葵，花如牡丹，色淡而味濃。四花其名未詳。餘有佛茄、夾竹桃等。又，玉簪花極高，花疊成樓，嫩葉清姿，香氣觸鼻。入夜，微風晴爽，皓月當空。

127 畢利時：比利時。

十六日乙巳，晴。午後，隨星使乘車過思安江至萬牲園，見禽獸花木失去者少，惟毀壞之處甚多。骨樓下新建木房三行，以便官兵棲止。登土岡，見一古松，高數丈，粗六圍，枝張如傘，旁掛一牌，云「千歲松」。岡頂一鐵亭，高丈餘。路之左密栽短樹，路之右立鐵闌，闌外亦植短樹。周行數百步，亭在目前，無門可入，需再環繞數匝方至。蓋此路故作曲彎，不知者自然費步也。申正回寓。酉初一刻，陰而細雨。

十七日丙午，鎮日陰雨數次，涼風颯颯如秋。見對戶小園，周約二里，繞以鐵闌，高五尺，盛栽花卉，密列鐵椅。中一樂亭甚高，上坐樂工三十餘人，簫笛之聲，悠然可聽。後一酒房，賣加非、舍利、糕餅小食。每日自戌初起至子正止，忽而鼓樂，忽而歌曲，燈燭輝煌，其門如市。入者每人二方，合銀二錢六分。非男女攜手同入，則屏而不納。

十八日丁未，陰晴各半，時而細雨霏霏。未初，哥士奇來拜。申初，隨星使乘車行數里，至廉活丹街孟叟園。山水花木如前，惟多被兵勇踏壞。去此出城，入柏路旺園。繞行十餘里，花香鳥語，頗可怡情。後在瀑布旁之酒肆少憩，遊者如雲。見一少女，白冠白裳，詢悉新嫁娘也，伊旋登雙馬車馳去。又步至風磨房一觀，鐵輪關鍵，亦皆損壞。酉正回寓。是日蒙星使給王竹軒、張雲波、劉輔臣諸位延一法文教習，姓博名丹，年近三旬，教以初學之法，每日教一點鐘，館穀五方。

十九日戊申，晴。

記：外國各大官，苟他人有要務相商，須前期一二日詣請，是日始得面晤。即小事亦必於一二時前告之方可，否則推以戚友堅邀固請。如是，不免私重於公也。戌初，王子顯約飲。同坐有俞惕庵、王芝友、李輔廷暨二洋人，名字未詳，痛飲暢談，甚為歡洽，亥正回。

又，巴里市肆繁盛之區，皆無貼掛招帖之地。故在大道之兩旁專設高亭，其式或方或圓，高約八尺，左右相間，各距一箭之地。或造以鐵，或砌以磚，周圍貼滿。日間既便觀睹，夜則燃煤氣燈於亭頂之四面，更覺清楚，而歷歷可指焉。

二十日己酉，晴，暖。晚，隨星使乘車至王宫左巴蕾洛亞市，法言「御前古董市」也。周圍百數十間，每間玉石金銀羅列四壁，中設酒肆，高朋滿座，男女如云。見一鋪中，掛有紅白金鏈，共三十二環，紅環十八，白環十四，大如黃豆，粗各二三分，上一黃金鉤，共重九錢八分，價值十三兩。按洋名白金曰「布拉的納」。

二十一日庚戌，晴，暖。辰刻，忽聞震動之聲，其猛如鼓。開窗視之，知星使紀綱劉成由第三層樓上失足落地，口耳出血，面色灰黃。俞惕庵以內科不精，乃急請洋醫調治。據云難以奏效，遂抬入車棚，停以小床，蓋以綠氈。後有本地土官來驗，言其已死，乃去。

午正，德威理亞請遊「方坦布婁」，法言「甜水瀑布」也。即時，彝隨星使乘車行十四五里，至馬薩大街呂陽火車客廳，少坐，登車即開。南行稍東百二十六里，一路田疇交錯，碧綠盈眸，停車十一次。所經村鎮，間有被兵勇蹂躪者。申初到，乘雙馬車行六七里，至拿破崙第三坊屯囤店。樓高三層，尚屬潔淨。前對古王宮，左右後三面村房，整齊清雅。

內少坐，即步入王宮一遊。此宮係法之先王路義第七[128]建造（在七百年前，南宋孝宗之世，至明嘉靖年間），又經番西第一[129]改式重修，韓立第四[130]復增殿宇，共費法方二百五十萬，合銀三十二萬五千餘兩。拿破崙第一修理，又用六百萬方，合銀七十八萬兩。四十年前，陸義斐里改造，所費尤為不貲。法史內載此宮掌故頗多，如西曆一千六百八十五年（即康熙二十四年），其先王路義第十三降生於此。又路義第十五之子於此受毒。奧的利亞君主馬廉達乃曾住於此，後被民弒。一千六百八十六年（即康熙二十五年），國君始許耶穌教人入法，在此畫諾。又老臣柯安等卒於此。一千八百一十

128 路義第七：路易七世。
129 番西第一：法西一世。
130 韓立第四：亨利四世。

六年（即嘉慶二十年），囚羅馬教皇於此。又拘日斯巴尼亞主察立斯第四[131]於此二十四日。又瑞典君主克力斯尖[132]被大臣困留於此。又數十年前，拿破崙第一出其妃周福音[133]於此，因不生子也；又因被英國獲去，在此辭位。是宮不高，二三層而已，其式甚古，其工甚堅。地式前後，形如風字。

由旁門而入，有一屋高大，左橫絲網，右壁橫書洋字數目。中立三人，以皮板打皮球。球大如橘，往來用力極大，亦係賭具，不知作何勝負。

去此入大書房，深百七十三步，闊十六步，樑柱皆五彩花石。四壁櫃槅，存書方卷。中設一大地球，周約四圍，山川地勢，以及郡國城村，描寫甚清。左壁懸一表，洋名「鄒地亞」，圓周六尺，正中畫日，外四地球，遠近不等，分春夏秋冬。圈外比天，中為日道，內含十二星，俱象形，如獅、蟹、孖、牛、羚羊、雙魚、倒水人、牛身魚尾羊角獸、馬身人首射箭獸、蠍子、天秤、仙女等名。順數，則倒水人[134]主正二月，雙魚主二三月，羚羊主三四月，牛主四五月，孖主五六月，蟹主六七月，獅主七八月，仙女主八九月，天秤主九十月，蠍主十冬月，馬身人首射箭獸主冬臘月，牛身魚尾羊角獸主臘正月。逆數則獅主正二月，陸續至蟹主臘正月。據土人言，此十二星，並主年歲。現為一千八

131　察立斯第四：查理四世。
132　克力斯尖：克利斯丁。
133　周福音：約瑟芬。
134　倒水人：今稱寶瓶（座）。

百七十一年，屬馬身人首射箭獸。

後周行房屋數百間，極其整齊潔淨。其陳設古玩，率多收去。末入一屋，外立一鐵造聚寶新亭，油畫五彩，高約八尺，週二圍，後鑿字數行云：

若揭日月，昭然運行。窮神闡化，永世作程。

長春化館，永保周亨。

漢陽葉嘉會坊敬造，時為咸豐七年六月朔日。

屋內四壁，羅列中土漆物古董甚多。棚頂粘有三畫，長皆丈許，寬各六七尺，上繡十八羅漢、四大金剛，工極精巧。旁有小金字一行，云「乾隆某年製」。

宮後有一大院，原名曰「白馬」，現改曰「栽極豔」。門前橫白玉石闌，下一小湖，湖心一亭。憑闌下望，鯉魚千百成群，依藻沖萍，往來游泳。旁二布帳，出售麵包，以之擲水，則群魚驟至而爭啖也。去此，下石階，入大院，復繞行里許，樹林陰翳，清雅宜人。

回寓晚餐後少坐，又乘馬車行二十餘里，入一大林，廣可四萬畝，周約百九十餘里。一路樹木叢雜，蔽日凌雲，巨石崚嶒，奇形怪狀，可謂天下第一叢林也。道途平坦，修治整齊，其沖衢有十乂者，亦有八乂者。又見一古王所建之白石柱，高約二丈。末至一處名曰「神仙湖」，周僅十尺，詢知山上泉之所注也。亥初回寓。

二十二日辛亥，晴。早起小食後，即步入王宮後之「美然」園。紅明綠暗，蜂蝶引人。中一白石女像，赤身圍帛一幅。又一銅人，以弓打馬，氣象沉雄。據土人云，為世間工之至美者。過此又有一園，中有丁字河，長十數里，水清無紋，鷗鳧來往，三五成群。見鶯粟花高三四尺，金錢花朵大於錢。盤桓良久，忽聞鸛噪，聲與華同。回寓早餐，得食鱖魚，甚美。

後乘馬車行十餘里，抵多茀朗沙大林，人跡疏絕。見一樹高二丈許者，曾被雷擊，落枝若許。土人即以他木造拐杖小匣等物於此出售，偽云大樹所落之枝，遊人買去，可作來此之證也。入一加非館，茅屋幾間，圍以鐵籬，野花妖豔，亦頗清幽。

少坐登車，行十數里，未初一刻至火輪車客廳。未正登車，即開。行過一小山洞，長約四五里。一路急驅，只停車三次，蓋非舊路也。山清水秀，阡陌交通，頗可賞心娛目。申初抵巴里，換乘馬車回寓。

聞昨經高引之率眾殮劉成於漆柩，內包馬口鐵，葬於法邦義塚。酉初，烏雲密布，入夜大雨滂沱。

記：西國藥室，雖曰藥鋪，而充藥材藥料。惟見臨窗玻璃大瓶，羅列井井，其色或紅或綠，或藍或黃，入夜燃燈，五彩耀目。蓋各鋪所售，皆造就之藥丸、藥水、藥酒、藥粉以及膏散，並無所謂飲片者。

二十三日壬子，大雨，涼。記：法京四面二十七門，城垣內以土堆高一丈，外以石砌高二丈，寬二丈，濠深一丈二三尺，寬丈餘。城門鐵闌四扇，高八九尺，寬七八尺。每門守兵數名。凡人馬入城，驗而後放。蓋原為查帶私貨，今則兼訪「紅頭」餘黨也。

二十四日癸丑，陰。未初，同俞惕庵往拜王芝友於拉孟巷第十八號，強留晚酌。酒則舍利、高釀，肴則自調華饌四五種，味皆鮮美。歡飲暢談，杯盤狼籍。申正，謝別回寓。戌初又雨。

記：西國浴堂之制，亦不一式。大者分屋二三十間，每間設浴盆或一或二，式作橢圓，深約二尺，皆以石或以木為之。水由壁間龍咀中隨意開取，一涼一熱，多少自便。浴畢隨將盆底木塞拔出，濁水自然泄去。價之至廉者，每人一方。備有熱布手巾五塊，加買胰皂。每塊三、四、五穌不等。其極貴者，每人十方，預備一切，如香水胰皂等，更於盆中鋪大白布一塊。雖云男女分室，而夫妻則可同浴。

二十五日甲寅，晴。午後，隨星使乘車，過大石牌樓[135]，行二三里，出馬業門，復直行十餘里，一路樓房多被叛勇打壞。至得米石地方，有一石台，上建拿破崙第一石像，高二丈許，亦被叛勇打去。在此北望，直道中凹作弓形，遙見城中大石牌樓與王宮後之埃及石柱[136]，連作中字形。去此回行五六里，過大石橋，西行入宮院莊，房屋層層，園林處處。數十年前，係先王陸宜非里[137]私第，而今盡屬於官中。有洲島四面皆河，名曰「格朗日阿達」，松軒竹徑，花木尤繁。原有酒肆樂亭，以便遊人觀賞，自被叛勇拆毀，來者惟有悵望而已。申初回寓。

二十六日乙卯，晴。午後，同俞惕庵街遊，步至蘭比都街之中大市。見鐵房形如侖字，四壁與頂皆置長方玻璃，高約四丈，長逾二十丈，橫可九十丈。內小屋行行，共數百間，有老幼婦女八九百名，出售禽獸魚蟲以及菜蔬果品，一切食物，無所不備。申初回寓。酉刻，王子顯及王芝友來拜。

記：西國女子之嫁也，二十二歲以前，父母可以主之。逾此則不待父母之命，不須媒妁之言，但彼此說合，便可成雙。惟法俗較他國稍嚴，乃不獨財產須同，三代更當相等。如是，致有男子四五旬

135　大石牌樓：凱旋門。
136　埃及石柱：（埃及）呂克斯方尖碑。
137　陸宜非里：路易・腓利普。

尚未娶者。然男女私交，不為例禁。因而姦生之子女最多，乃專設有收養之處，名之曰育嬰堂。不惟養育，兼以教讀。至十四歲，便可自食，或成一業，或作雇工，以及充當兵勇。未及十四歲之前，皆視姦生之父之力若何，每歲貼銀若干，為之等差，違則姦婦即可控官追究。

孌童亦莫盛於法國。近十數年來，始經國家嚴禁。如查有二男一室而共榻者，例當監禁示罰。

二十七日丙辰，晴，暖。未正，哥士奇及德威理亞來拜。戌初，同俞惕庵隨星使步入「加非商當」聽曲，所演與前大同小異。惟一小丑帶一白犬，令其坐立行走，著衣脫衣，戴冠免冠，無不如意。末以手槍擊之，犬臥如死。其人在旁高呼，令其起，令其食，皆不理。惟末言事畢矣，犬則吠聲大作，趨入後臺，趣甚。是晚，坐於對台樓上酌酒，清風颯爽，輕透葛衣，涼生樓閣，暑氣頓消。

二十八日丁巳，晴。見本地有種黑胰如膠，其力極大，專為滌器用者。

申正，隨星使乘車往柏路旺園遊。道途花樹，收拾整齊，密綠疏紅，宛然入畫。見林中一枝，並立二鵲，土人名為賊鳥。因其頻盜銀錢，藏於樹孔，奇甚。行十餘里，車馬往來，馳驅如市。記：西俗，富貴人家，每日申酉之間，必乘車出遊一次。或走街衢，或入園囿，流水遊龍，裙屐濟濟。中等人家，亦必男女三五成群，閒遊於市，皆須連袂並行，不得參差前後。故朝朝午後，男女絡繹不絕於途也。又定例，每日婦女必須街遊。苟男子攔阻，婦女可以控官，乃判將該男監禁若干日，以昭儆戒云。

二十九日戊午，晴，熱。申初，同王竹軒、張雲波等乘火輪舟北行，過十五石橋，步入菊五葉巷，遊萬牲園。園尚未開，繞至賢貝那街，欲隔闌窺之。適有兵開柵引入，見木房收養受傷之男女叛勇有數百名，臥以木床，覆以棉褥。問及可看禽獸否？據云，門皆關閉，容日再為邀看也。酉正回寓。

三十日己未，晴，熱。記：外洋彩帛，除呢氈、羽毛、麻布外，其餘綢緞紗綾，色皆不久必變，且多輕薄如紙。按，西俗不用他人使過之茶酒具，恐其褻瀆。然名為謙和，實則不喜己黏他人之唇也。

晚餐後，日落風清，涼生氣爽。乃同俞惕庵隨星使乘車往柏路旺遊。繞行十數里，入一小加非鋪，四面玻璃，前後曲廊，几案不多，幽雅之至。前一小木橋，跨於水池，花樹成林，芳草遍地。花有五彩蜀葵鳳仙等，惟木蓮高如桃杏，葉似橘橙，大朵白花，瓣甚肥厚，清香觸鼻。坐飲少許，戌刻回寓。一路男女兒童之街遊者，尚牽裳連袂，絡繹不絕焉。

六月

初一日庚申，晴，熱。見泰西有乳壺者，造以樹膠[138]；上一細項，連以假乳頭。凡婦之無乳者，以之哺嬰，隨手運動，自能上下。又有連以玻璃罐者，俟小孩能坐時，盛牛羊乳放於其旁，餓則持起自哺。又有吸膿器，形如乳壺，口連一玻璃盅，作咼字形，用時按扁樹膠壺，放盅於瘡口，膿自吸入，速而且淨。

初二日辛酉，晴。見本地一種冰水，係造以葛婁賽果與地椹，味色如北京之山查湯。加非館出售，每一小玻璃瓶加冰一塊，價值銀一錢六分三厘。橘汁每盅一錢二分。申正，隨星使乘車往柏路旺遊，後在加非館中得一醉瓜，六人竟未食盡。回寓後，知日爾曼公會巴微里亞國[139]副使呂達來拜。

初三日壬戌，晴。巳正，星使令彝持片答拜呂達。未正，復隨星使乘車往拜費亞柏，延入樓後小園少坐。花木不多，景尚幽雅。臨行，星使贈彼團扇一柄。

138 樹膠：橡膠。
139 日爾曼公會巴微里亞國：（加入德意志聯邦的）巴伐利亞。

回寓見市售一種小畫：几旁坐一少女，披衣散髮，右手執筆，左手掩目，作悲慘狀。懷坐者，地臥者小兒若許，頂上多有雙翅女神，飛空下視。前後立德官數員，持腕扶几，似強逼寫字狀。此土人有意而為者，女比法國，兒比法民。其狀喻德國逼約講和，庶民無法，幸有蒼天保佑也。

初四日癸亥，晴。早，有土人持一造冰器與看。器以鐵造，如月牙形，長約二尺，中橫一鐵筒，周逾尺半。欲造冰，則取下鐵筒，盛以酸水暨物似硝鹽者。後將小罐滿以糖果水料，蓋皮封妥，放於筒內，橫於器上，左右搖之。一刻後，則大塊冰出；罐中糖水，亦自凝成冰凌矣。

酉初，同俞惕庵隨星使乘車往柏路旺遊，至小加非館少坐。命御者改行新路，雖無高山大樹，而花卉芬芳，亦可引人入勝也。亥初回寓，涼。

初五日甲子，晴，尤涼於昨。聞洋女持扇，若旁人借看，回遞時能示人之喜怒。如恭敬則持柄遞面，不喜則持面遞柄，惟橫遞則怒不可當也。

初六日乙丑，晴。是日為禮拜之期，街市遊人稠密。午正，有薄郎之兄薄蘭來拜。又有前次相會之英人周安夫婦，令男僕同其女周嫣姒來，邀赴伊家小酌。亥刻，步行八九里，至馬立色大街第九十四號。主人延入，坐有美國高恩夫婦、英國霍苐母女，共男女老幼二十餘人，共桌而食。秉燭傳杯，可稱佳會。子正辭歸。

初七日丙寅，陰晴倏變，忽雨忽風。戌初，隨星使往看馬戲，所演尚佳。按法京堆撥，木造似匣。有人作假熊，堆兵見之懼走，伏於匣上。熊將木匣撞倒，兵反扣熊於其中。主人來尋與鬥，兵匿而放熊出；熊怒未消，不識主人，乃盡力前奔，抱肩亂齧。兵趁勢並扣主、熊於匣內，少刻開匣而主人沒矣只餘衣髮，似被熊吞者，可謂奇幻之至矣。子正回寓。

初八日丁卯，陰，冷。未初，隨星使往觀鑄錢局。見造有他國金銀寶星，大小不一，形似洋圓。又有本國教中所用之金銀牌，形如甬字，長六、七分，寬四分，厚分餘。所造皆用轉壓機，大者長一丈，兩首銅錘大約一圍；小者長五、六尺，兩首錘大如瓜，轉時只用二、三人，而大者需八、九人。其餘燒切銀銅，與前次所看無異。所造之錢，多埃及與南阿美里加者。登樓看集錢之玻璃匣櫃，所存之錢，增有二金錢，仿造中土制錢，面有「同治通寶」，背有

二字，亦有中土之元寶大錠。看畢回寓。

記：外國錢皆國家鼓鑄，犯例私造者有極刑。故錢無大小厚薄之分，更無「沙板」、「水上飄」之俗名。

（稿本卷五終）

辛未年六月初九日戊辰，細雨陣陣。

按：別國公使駐紮某國，其公署及所用僕役，本地人皆不能幹預。倘有在外滋事，或賊盜藏匿公署，則該處官員不能親往緝捕，必先行文於公使，聲明其事，懇其送出。俟覆文至，或刻即送出，或令其派人往捕，然後酌奪施行，皆彼此恭敬友誼之意也。又，各國使臣公署，每值彼此喜慶之事，皆掛國旗以伸賀之。若值彼此吊亡之期，則掛旗於桿之半，以示兩存之意，似與掛劍絕弦之意同也。

未初一刻，哥士奇來拜，坐談極久。申正，同俞惕庵隨星使乘車，行數里過橋，至巴喇的牌松葉巷第又三十號大玻璃局一觀。局名未詳，樓房寬闊，玻璃器皿，大小不一。假水晶瓶高有丈餘、周二三圍者，形如至字，或倒書高字，皆通體瑩潔，澈底光明。又有以玻璃造成之假瓷、假石，色如翡翠瑪瑙，與真逼肖，乍看無有能辨之者。又至第四十六號大瓷器店，所有花瓶盅碟，盤碗罐盒，描畫丹青，多仿中土之式。又有以瓷造成之假古銅，其色黃碧，質輕於銅，而聲之淵雅過之。其餘如人物花卉，顏色鮮明，工亦精巧。

初十日己巳，陰。申正，隨星使乘車走立伍力街，至宮旁巴蕾洛亞市。見各廛羅列貨物，尤多於前，如鐘錶鐲簪，槍刀書畫，衣冠寶石，瓷鐵玻璃等，巧奪天工，真假難辨。

晚，聞房後「馬逼」園開，乃同眾往瞻。其門首貼一帖云：「入者男納三方，女納一方。」入內，一天星斗，萬盞燈光。當中跳舞亭，樂聲大作，清妙可聽。四壁花木，路徑曲彎，真水假山，相映成趣。又迎門石牆，畫樹林一叢，中有大路，光影似真。不知者在燈下遠望，迢遞有數十里之遙。當晚，妓女結群，輕盈綽約，宛如仙子臨凡。而紈褲子弟之往來追隨者，亦舉國若狂也。入夜，晴，暖。

十一日庚午，晴。午後，同俞惕庵街遊。步過凱歌路，轉入莽殿巷，見一小鋪出售男女裝飾之物，如襪褲巾帶、手套帽花、面罩領袖等。有白布形如護膝，纏有絨繩四根，長皆二三尺。問之，乃幼女之假乳也。因洋女以乳大腰細為美，然腰可束之使小，乳則不能縱之使大，故幼女假此以飾其觀。而及笄之女，乃有制就藤具，形如⧖字者，暗圍腰間襯以為美。

十二日辛未，早晴，巳正陰，大雨傾盆。近日街市出售果蔬頗多，如桃杏橘榛，甜瓜地椹，菠菜白菜，黃瓜茄豆，無所不備。惟李有青黃紅三色，味不甚甘。梨色青，外堅而內軟。未正，雨止天晴。酉刻，步行十餘里，至立斯本巷第六十四號，拜高恩夫婦。其長女次女皆已於歸，其次子卓志現回美國紐約邦義塾肄業。亥初回寓，知王子顯來拜。

按，西國兒童，不拘男女，凡八歲不送入學者，議罰有例。故男女無論貧富，無不知書識字。而學堂之制亦善，有男學堂、女學堂、大學堂、小學堂，而各堂衣帽不一，其式如兵勇之號衣。成群結隊而行，一望即知其為何堂者。

十三日壬申，晴。申初，同俞惕庵隨星使乘車遊柏路旺園。是日為禮拜之期，一路車馬如云。將過小湖，而烏雲密布，大雨滂沱，遊人皆興盡而返矣。其男女步行者，因無處暫避，只得冒雨賓士。甫入門而雨止，可謂虛此一遊也。

十四日癸酉，晴。酉正，隨星使乘車赴凱歌路。行數里，過埃及石柱，步入其居洛里王宮[140]後之菊羅籬園。所駐官兵昨始撤去，仍留數名荷戈嚴守。每日戌正閉門，觀者無阻。臨街左右高臺，仍

140 居洛里王宮：土伊勒里宮。

有木房兩行，花木尚未修齊，池雖有水不見暢旺，樹多有被鋸而去者。宮之正門，闌以木板，禁止行人。其東北二面，紅牆獨立，一木無存。其西南二面，雖未被焚，而窗壁摧殘，金玉皆為瓦礫矣。此宮建於西曆一千五百六十四年（即明嘉靖四十二年），乃為其先王葛達林米特夏所創，地基不大，建造樸素。至其王漢里第四[141]，踵事增華，頓改舊跡。迨路宜第十四[142]，復加恢廓，蔚然大觀，迄今三百餘年，極其崇飾。殿深百丈，闊十一丈，高八丈。通身白石，晶瑩耀目。其中層樓復閣，邃室蜂房，盤盤囷囷，矗不知幾千萬戶。陳設華美，古董紛披。宮後即園，台沼陂池，林木花卉，天然布置，清景宜人。宮前設有總藝院，院名「魯瓦」[143]，四面有門，崇宏靡麗，與宮並峙。王割宮之四分之一為禁地，守以兵卒。其他四分之三，則許人民遊眺，此彝於同治丁卯年在彼所聞見也。一旦遭此兵災，比咸陽之一炬。凡物盛衰，各有其遇，至事過境遷，豈不增人欷戲感慨耶！

十五日甲戌，晴。聞近日對戶之曲園，因天氣酷熱，聽樂人多，議長座價，一人三方。不料連日陰雨，反減至一方。每夕燈燭輝煌，觀者如堵矣。

141 漢里第四：亨利四世。
142 路宜第十四：路易十四。
143 （院名）魯瓦：羅浮宮。

記：西國男女固有聰明愚魯之分，然咸以恥辱為重，終朝街市無有口角鬥毆以及詈罵情事。倘被人欺侮，控官請理。其毆罵人者，雖情足理順，亦必因逞兇滋事而受押受罰。又，座客談天，不及穢物。苟有敘及糞穢等物者，群相駭異，或有避席而行，不顧而去者，乃以此人何至不堪若是。總之，師之於弟，不施夏楚；主之於僕，不加唾罵；男女擁擠，不喧嘩，不出惡言；朋友往還，更無毆辱詈詬之情事焉。又記：左鄙比畫閣之大玻璃房，高逾五丈，深四十八九丈，寬一百餘丈。

十六日乙亥，忽陰忽晴。午後，哥士奇來約往觀官鈔局。即時隨星使同高引之乘車行六七里，至班魁巷。局頗高大。所印之票，用銅板鐵架，法與印新聞紙同。板係先以銅刻陽文，再以樹膠貼作陰文，後將樹膠懸於電氣水內，碎銅自然吸上，又成陽文。板雖數塊，只須一模。又紙內含有陰文，板用銅絲者，造法未詳。一切使用器件，咸造於此。樓下穿地為庫，以儲各國銀塊洋圓。樓頂有照畫房，以辨鈔之真假。男女工人計七百餘名。每日出大小銀鈔萬萬。申正回寓。

記：西國男女工人，每日工作飲食，例有限定時刻，不得逾時五分，違可控告局主，受罰。

十七日丙子，大雨。酉初止，往拜高恩，見其妻女焉。有一老媼皮氏者，奉耶穌教，所言多與佛教同。如人生以行善為先；男子應娶某女，女子應字某人，自有天定；善人升入天堂，惡人墮落地獄；行善上天保佑，為惡報應循還；等語。彝言：「為人行善，乃秉彝之良。然善欲人見，不是真善；惡恐人知，便是大惡。」眾皆合掌稱快。亥初回寓，入夜微晴。

十八日丁丑，鎮日陰晴不定。見巴藞洛亞市所售各種寶石頗多，惟金剛石最貴。所飾之物，有耳墜、項圈、頭箍、戒指、銾鍊、扣針等。更有黃白赤金與銀造小匣小盒，工極精巧。鐲釧有質堅體重而內心空者，有如蛇皮錦者鱔魚骨者，長皆盈尺，柔軟細輕，大小隨腕。

又種燈銾，形如豊字，下有花石或鍍金銅座，上一暗玻璃圓罩。罩上四圍寫數，臨口一小玻璃筒如煙筒，罩心燃燈。下面平放一銾，銾下垂墜，亦有無墜者。旁立銅針，上弦，則針不動而燈罩轉，時刻不差。罩內燈係銅碗油飄瓷餅，中插蠟芯長四、五分，燃之光亮與蠟燭同。此銾每高一尺，座與罩粗皆八、九寸，式如蠟臺。每個價值三十方，合銀三兩九錢。

十九日戊寅，晴。早，德克碑約俞惕庵至其家，詢及調治烏痧脹及霍亂、瘧疾等症之藥。因邇來法邦染是病者多，而能癒者少，亦勤學好問之意也。晚飯後，殷柏爾約四、五友人於其屋中齊聲作樂，參差斷續，音調平平。子初始散。

二十日己卯，晴。是日係禮拜之期。因上禮拜日有雨，故是日街市男女擁擠，車馬紛馳，往來密於螻蟻。午正，有郝芾之妻攜其二女來拜，俞惕庵以香茗一壺飲之，皆言甚甘。近來官署之被焚者，如王宮、巴里府暨戶、兵部，皆動工修造，漸復舊觀。凡漆石路之有缺凹處，亦皆修補平坦。

二十一日庚辰，晴。聞近日德人來法，多有被害者。前夜某村有一德人街行，被土人由窗中以手槍打死。次日德人聞之大怒，戕死男女數十以報復之。

見鋪中出售巴里城圖，其被焚各處，皆以紅筆點畫。又各處燒毀形式，皆照成小畫，星點無遺，觀者能勿神傷耶？入夜微風，細雨淋漓。

二十二日辛巳，晴，申初隨星使乘車行十餘里，至夢馬大街，遊左右荷包巷法名「巴薩日」。上罩玻璃棚，東西肆廛櫛比，百貨錯陳。見摺扇七股，飾以蛤蚌，面則白綾，繪有花朵，工不甚細，價值二千五百方，合銀三百二十五兩。拐杖造有魚骨者，鯨角者，飾以珊瑚、孔雀石，每根價亦數百方，奇甚。

二十三日壬午，晴，暖，申正，隨星使乘車至柏路旺園之茵闢列小湖旁，見岸邊有舟無人。下坡回首，有二篙工藏於石洞。登舟，問以何往，告去中心島。篙工入洞，以紅紙書憑票一張，索錢一方半。開舟，載六七人。水深四五尺。湖心二島，中連木橋。左邊者，魚游雀噪，花木叢生。上一小木亭，形比篆書官字，望之點綴清雅，紅紫芬芳。右邊者，亦多花樹，有木樓加非館。登岸少憩，見各間樑柱以及左右樹梃，皆含有槍炮子若許，大者如蘋果，小者似核桃。樓房尚未修理，窗壁破爛，雜物亂陳。有一貧人，只售涼水紅酒各數瓶、乾餑餑一匣而已。堤邊係有一人自行舟，係下二鐵肚作魚腹形，中一明輪，輪上橫一鐵椅。人坐其上，以手轉舵柄，腳〔此處疑脫「踏」字〕輪軸，運動極快，與自行車同。又二人自行舟稍大，舟面中立小鐵桌，前後各一鐵椅。前者端坐，暗持舵柄，後者隨坐隨搖，椅動，舟自行矣。

記：外國舢板小船，各處不一其制。雖間亦掛帆，然皆用槳而不用櫓。酉初回寓。

二十四日癸未，晴。記：外國多以女為公平仁愛。自法國無君，改民主後，凡大小金銀銅錢以及鈔票，皆改刻印女像，頭戴二翅，立如馬耳。又，街市各公所，皆於樓頂設立或一或三石女像，背有雙翅如飛，兩手作指天畫地狀，以示公平之意。其王宮後埃及石柱四角之石像，係下一方台，上坐一女，形狀不一，高皆二丈，周各三丈餘，其義乃水陸公私得意平安也。

未初，高恩攜其三女來拜。

二十五日甲申，晴，暖。午後，瑞士國公使來拜，坐談片時。申初，隨星使遊巴蕾洛亞市。見綠寶石大如指肚者，價書二千五百方，合銀三百二十五兩。又列有日本貨，如象牙耳墜鈕扣等，內含蒼蠅蚊蠓。其銀銅耳墜、排扣、帽花、簪針等，多造有蝴蝶、蜘蛛、蜻蜓、蟋蟀，五彩鮮明，與真逼肖。

二十六日乙酉，晴，熱。午正，隨星使乘車答拜英、瑞二國公使，皆未遇。回公館後，哥士奇請看賢日爾曼大街之電信局。樓房高大，共有男工五千餘名；各國各省之銅線[144]，以此為總匯之區。所用有原字者，有以點橫代字者。惟一小桌，面似洋琴，齒上鑿字，用時以指按之，往來極快。又一種與四年所看者稍同，亦以銀箔紙寫字，裹於木軸之上。軸長五寸，粗如雞卵。旁另一軸，上卷長白紙。彼軸轉，此軸亦轉，自將銀箔字傳印於白紙，筆劃色綠，清楚無差。另一屋內，四壁懸銅線數百，係各省者。又一種氣機，大小銅筒，如鐘似號。係於城內四面地中暗通鐵筒，由此聚信百封，填滿小筒，放入大筒，機關動，自有壯氣吹去，每一筒需時二分。

申正回寓，微風拂拂，暑氣頓消，無須揮箑。

二十七日丙戌，晴。酉初，隨星使乘車出城，至柏路旺園茵闢列湖。欲駕小舟以遊，水手告以

144 銅線：電報線

無人弄槳，乃有洋僕周賽福脫衣奮勇，彝遂與之把舵。湖周約數里，二島橋連，形似魚泡。環繞曲灣，荇藻飄浮，風清浪靜，如在鏡中遊也。遇一舟稍大，內坐男女老幼九人。繞畢登岸，入加非館吃「葛婁賽」。後步至左島看木亭，已被炮子打壞。一路鶯啼花落，氣尚清和。戌初回寓。入夜，陰。

二十八日丁亥，陰，午後大雨。聞前於西曆一千八百七十年七月十六日，即中同治九年六月十八日，德京之民因德法起釁，即懸燈結彩，鼓樂喧天。至本年正月十三日，乃西曆三月三日，因德法議和，復懸燈結彩，歡悅尤甚。所謂喜溢於中，樂盎諸外也。去歲之樂，即「修我甲兵，與子偕行」者，無其壯往。今歲之樂，即「慮其彝鼎，為君銘勳」者，無其欣悅。德京兩次懸燈，需用浩煩，以致煤氣不敷，多有懸中土燈籠者。是夕燈燭煒煌，城如不夜，男女遊觀，絡繹不絕，車馬如雲，笙歌達旦，雖上元亦無其繁盛也。

二十九日戊子，晴。是日為西曆八月十五，即天主母[145]升天之日，又值拿破崙第三之誕辰。往年是日，燈火綿亙，放花懸彩，鋪戶關閉，人民街遊，以伸慶祝之誠。不意是日並無花爆燈燭之樂，只有多半鋪戶關閉，男女街遊而已，毫不鬧熱。亥正大雨傾盆，似其天主母怒其八分敬君而二分敬

145 天主母：聖母。

天；又似三月無君，天為之悲也。又見新聞紙云：「恐是日拿破崙第三欲帶兵來此復位，與德再戰，以報前仇」等語。

七月

初一日己丑，晴。午正，哥士奇請星使看其地中雜水道。乘車行數里，至其王宮左立伍力街下車，掀鐵蓋而入。蓋與地平，同步石梯而下。其道高約丈五，寬二丈。水溝深九尺，寬一丈二尺；左右堤各寬四尺，其上行人。臨溝有陽鐵轍，上立方車，可坐數人。前二人執燈引路，後四人用手推行。此道與溝之上下左右，皆以石砌，甚為堅固。曲灣環繞，通城閭巷皆連，家家污水由鐵筒流入，達於城外思安江口而入海。乘車一路，水滾聲音頗大，地面車馬行聲，如聞雷鳴於上。中有電線，周達各處。有工匠百人修理是道，蓋亦被叛勇拆毀也。當日車至萬洞坊銅柱下，換舟，又行數里，繞至馬達蘭禮拜堂旁，棄舟步梯而出，申正回寓。

晚，有合眾人車闊斯者約茶。偕劉輔臣行十餘里，至呐伍卜的商街大書院。入內，見男女四人，談次，飲加非與茶少許，辭歸。中途至居福巷口，忽一土匪將某人雨傘奪去。因彼此力猛，使傘兩分，某得其柄。酉刻，烏雲密布，驟雨迷空，亥正止。

初二日庚寅，鎮日陰晴風雨不定，時暖時涼。午初一刻，哥士奇請星使早酌，酉初回。近日街市馬車羅列稍多，其價始歸舊例。蓋外國繁盛都會之區，大小車輛多至一二萬號，故價有定章，從無爭求增加之事。且御者必識全境路途，熟諳執轡之藝，乃能充當。又，各車帶有草料一袋，隨時隨地可餵。餵則套袋繩於馬首，袋口承於馬口，以憑咀齧，其法極便。

初三日辛卯，陰晴如昨。午正，往探盧的，因其患頭痛也。洋人多以中土百合油為頭痛之妙藥，乃贈一瓶，其人甚喜。

聞德法交兵之始，法兵一百一十萬，德兵一百二十二萬。法兵無助，德兵有南北日爾曼助之。北日爾曼出兵八十六萬有奇，南日爾曼亦三十餘萬，德共得兵二百四十餘萬，倍於法兵。法以南日爾曼係其鄰邦，必不助德，今竟得助而勝，法之疏於計算亦可知矣。初，德與南北日爾曼為一國，後成鼎足之勢。今三國復合而為一，是德不惟勝法，更得南北二國也。其助德之由，蓋圖報四十年前拿破崙第一征討之仇恨也。又，德國原名布魯斯，至是改名德義志，更因疆土遼闊，乃改稱其王曰開色爾[146]，係德言皇也。

146 開色爾：凱撒。

初四日壬辰，陰晴各半。未初，星使赴法外部與熱夫類辭行，告以定於後日起身，往歷英國。酉正回寓，入夜大雨。

記：東西各國船隻計有數種，惟二種鐵炮船，極其堅固。一名「牛安賽」者，係暗輪，長二三十丈，寬四五丈，高數丈，通身鐵板，厚皆盈尺。其式上窄下寬，旁看如城。前後掛旗，中立煙筒，桅與中華者同，亦無橫桿。煙筒只一，粗逾五圍，羅列大炮，架以鐵盤。一名「莫呢它」者，亦係鐵鑄暗輪，長二三十丈，作橢圓形。船身入水，船面幾與水準，上無桅桿，只兩角二旗，中一煙筒。筒前一圓臺，不甚高，中藏大炮。兩船船身及所列炮位，四面運動隨意，咸用火機，是敵炮雖著，不能傷人。

初五日癸巳，晴，暖。午後，星使令彝持片代謝英國公使來羊斯，因其送有護照薦書也。戌初街遊，見埃及石柱前放一大千里鏡，長約丈二，粗逾二尺，支以鐵架。上有活軸，四面上下，轉動如意。以之看星，每人計費二穌。當時天不甚黑，見西北一星，遠不甚亮，以千里鏡望之，乃星牙也。式大於月，光明於月，燦燦熒熒，金光四射。

入夜，束裝。

倫敦紐約之遊

初六日甲午，晴。寅初，睡起，點心。星使令彝與俞惕庵、張雲波等隨往，餘皆留住於此。卯正起身，乘馬車至火車客廳少坐。辰刻登車，即開。穿大小山洞五，皆不甚長。過村鎮七，如開益村、薩皮業莊等，亦頗荒涼。未正，抵戛蕾海口[147]，見樓舍稍多於前，而人煙稀少。下車，即上輪船，船名「玉王」。申初展輪，風起浪湧，男女嘔吐者過半。是時天陰，浪激如雨。酉正，抵英國都法海口[148]下船，見男女老幼擁擠數百。少憩，復上火車，即開。一路飛行甚快，經過各村，並未停車。穿山洞十一處，長有十餘里至二十里者。戌初至倫敦，易乘馬車，行十餘里，仍入前戊辰年所住之葛羅武那爾店。店主司米士夫妻暨其夥計多人相見甚喜，可謂他鄉遇故知也。入夜，陰。

初七日乙未，陰，霧。

---

147 戛蕾海口：加來港。
148 都法海口：多佛爾港。

記：英國一種朋黨，名曰「佛來斯大爾」[149]，譯言「林中人」也。是黨無婦女。入者每人每月助錢若干。其中有病者，公請名醫，與之調治。入黨三年後，老則公養。凡遇危險，互相救護。是日係西曆八月二十二日，為其黨首之生辰。黨人皆以綠色為號，有著綠帶者，綠衣者，綠帽上插紅雞翎，腰橫喇叭，如蘇葛蘭[150]人裝飾者。共人數百，乘火車往水晶宮赴會，夜半始回，結隊歌唱，吹弄喇叭，聲音震耳。蓋店樓後即威克兜立雅火輪車客廳[151]也。

初八日丙申，仍霧。午正，英外部總辦子爵安福益來拜。未初，隨星使乘車往拜法國公使。適值正使在衛灑民會，故署使迎入，坐談片時。申初，大雨一陣，雨後仍霧。晚餐得食李、杏，皆大如桃。

記：外國客寓最大。有窮奢極欲，可擬王侯之家者，寓資飲食每人每日必須三四五六七金不等。其大飯廳亦極華美，食物精緻，伺候周到。即不投寓者，亦可往餐，男女雜坐，與共舟同食無異。其客之不欲在彼飲食者，即可租用本層樓之客廳、飯廳，寓資既費，而僕婢亦須多用焉。

149 佛來斯大爾：FORESTER，英國十八世紀出現的一種民間組織的名稱。
150 蘇葛蘭：蘇格蘭。
151 威克兜立雅火輪車客廳：維多利亞火車站。

初九日丁酉，陰霧。早，有前駐上海英國領事官麥華佗來拜。未正，法署使來回拜，少坐即去。申初，隨星使乘車行十數里，赴外部答拜安福益。入內周遊，樓宇建以五彩花石，高峻宏壯。又答拜麥領事未遇。

申正一刻，上火車往水晶宮看煙火。樓內花木蔥蘢，修理潔淨。上下種種貨攤，更多於前。中所去者，惟大樹梃與生鳥。因其左鄙於前歲失火，而今重加修理，添有男女中廁、洗手屋等處，更於左右加列飲食加非館數處。後步石梯數級，見橫匾上畫一魚，又似二魚，各長二尺，共長四尺，乃此魚之頭入彼魚之口，連而成一也。眾以為奇，即步石梯下樓，另至一門。臨入，各給什令[1]一枚。左右列有十餘玻璃箱，式與法京牲靈園同，亦皆高大淨潔，魚身畢見。惟所存魚蟹，無一新奇者。其所畫之奇魚，乃引人之餌也。看後，步入角樓晚餐。用飯者亦須買票，每人二什令半，合銀三錢五分。桌凳羅列齊整，四壁玻璃光明。食畢，開窗看煙火。是日男女老幼萬餘人，少者歌於途，老者休於樹。戌刻大雨一陣，人皆擁擠躲避。亥初開放花爆，子初止。所放多與前同，惟在宮樓中與當院鐵架頂橫一鐵繩，長數丈。花爆將完，一人由樓前踹去，燃中心之起花，先轉後起，輪如皓月。看畢下樓，火車已開。候至子正一刻，別路車來，搶入。丑初抵倫敦。晴。

初十日戊戌，晴。午後，法署使請看新設萬商會[152]。即同俞惕庵隨星使乘馬車行十餘里，至戛斯街。入內，地極寬闊，式作員字形。四面木建高樓，環繞層疊。間有花園，芬芳襲人。先一圓樓高十數丈，頂似僧冠，四面有門，中設英君主御座。樓上南面一大風琴，如合眾國包斯頓者。出南門，四面木樓皆二三層，高亦八九丈。各層羅列各國新奇貨物，如五行器皿玩物，輪機電氣格物，種種筆難盡述。中懸大小油畫四千餘張，各皆注明何國人所畫何物，何處景致，價值若干。其他各物，亦皆掛有牌票，上印鋪號價值。繞遍，入園少坐，辭回。

記：西國繪畫之事，競尚講求，然重油工不尚水墨。寫物寫人，務以極工為貴，其價竟有一幅值萬金者。畫人若隻身之男女，雖赤身裸體，官不之禁，謂足資考究故也。故石人、鐵人、銅人各像，亦有裸形臥立蹲伏者。男女並重此藝。婦女欲畫赤身之人，則囊筆往摹，詳睇拈毫，以期畢肖。至男子描摹婦女之際，輒招一纖腰嫋體之妓，令其褫衣橫陳，對之著筆，亦期以無微不肖也。

十一日己亥，晴。未正，萬牲園主請遊，彝隨星使乘車前往。其中禽獸魚蟲，羅列如初，惟新增一二種。有一猴名「敖藍敖坦」者，出於蘇門答臘，高約五尺，色紫面黃，兩爪過膝，性極靈巧，

152 萬商會：萬國博覽會。

行動如人。又一水鳥名「婁麻」者，生近北極，身大如鵝，掌亦如之，通身黑質白點，大咀長項，其聲如鴨，腿短，行動笨滯。又一鳥名「美克」者，不知出於何國，形如廣雞，短腿色灰，黃爪朱冠，專喜食鼠。酉初回寓。入夜，陰，霧。

十二日庚子，晴。是日係禮拜之期，街市遊人甚多。午後，同俞惕庵步行至柴草市，遇有前經志、孫兩星使給塔木庵及桂冬卿所延之俄文教習郭福滿，立談片時而去。後由荔榛街回寓，知有英文教習艾德林來拜。又聞其街市各酒肆加非館，每於禮拜之期，皆應自早閉門，酉初開。在酉初前來者，非有憑票不許入，蓋云為其禮拜之時也。酉正，乘車答拜艾德林，未遇。又，亥初殷柏爾辭回巴里。

十三日辛丑，晴。早起淑裝。巳初由店起身，乘馬車行十餘里，至柴令克洛斯火車客棧登車。巳正開，西行二百一十五里，申正抵立溫浦[153]海口。改乘馬車行二里，仍住前戊辰年所住之「華盛頓」店。一路麥含秀色，柳罩濃陰，炎風熾日，汗濕征衣。

153 立溫浦：利物浦。

十四日壬寅，晴，暖。申初由店起身，乘馬車行三四里至碼頭，駕火輪舟行半里，登英國「柏的莫城」明輪船。長二十餘丈，寬三丈五尺，馬力九百。同船男女，共四百餘名。戌初展輪，出口水準船穩。當晚四面陰霧，見日月無光，如赤色圓餅。

十五日癸丑，陰。水色黑而甚平。西行少北，見右面矮山綿亙，間有海燈，乃愛爾蘭之東南境也。中遇火輪、風篷若許。未刻稍晴。申初，摯愛爾蘭正南坤姒城[154]口外住船。上下客人與貨物畢，酉初復開。西行甚平。戌正又陰，細雨一陣。

十六日甲辰，陰晴各半。西行稍北，逆風，船甚簸揚。見二等客人中老幼婦女，赤足披髮臥於船面者，數逾三百，而上下嘔吐哭泣者大半。美國地廣人稀，須農開墾；雖他種工役，人亦多不敷用。故英國、愛爾蘭貧民之攜妻帶子，前往耕種傭工者，每年以數千計。迨五年後，其願入籍者聽。

十七日乙巳，仍陰晴不定。船蕩如昨，水色深綠。早餐共桌，只男客二三而已。女皆嘔吐，仰臥終朝。入夜，細雨陣陣，涼。

154 坤姒城：Queenstown，女王市。

記：西國婦女之年逾二旬者，出門遠行，皆可隻身搭船乘車，既無僕婢跟隨，父母亦不攔阻。聞英、德、丹、和、義、瑞等國，如是者尤多。

十八日丙午，陰。船仍簸揚，水色深藍。未初晴。遇風篷一隻，頗大，乃東行者。夜改順風，稍平。

記：外國一種玩物，名曰「布洛克斯」[155]者，係仿中國七巧圖所造，共木四十四塊：第一塊，長八寸，寬四寸，厚五分；第二塊，長八寸，寬二寸，厚亦五分；第三，長四寸，寬三寸，厚作扁三角，左右各寬寸五；第四，四寸見方，厚亦五分；第五，係第一之一角；第六，二寸見方；第七，厚五分，上寬二寸，下寬四寸，左右亦四寸；第八，作銳角形，下寬二寸，左右各四寸；第九，三角形，每邊二寸；第十，鈍角形，下寬四寸，左右各三寸；第十一，亦鈍角形，下寬六寸，左右各四寸，厚各五分；第十二，四寸見方，厚由一分至五分；第十三，係第十二之半；第

155 布洛克斯：blocks，積木。

十四，四寸見方，中一斜弦凸起，長約六寸；第十五，四寸見方，上半左角二寸見方，凸起二寸，中一斜線，長二寸五分，作左右各一缺角長方；第十六與第十四同，則二寸見方，斜線不足三寸；第十七，四寸見方，當中凸起，四面各一鈍角，高二寸七分；第十八為第十七之半；第十九，四寸見方，正中凸起，二寸見方；第二十，二寸見方，式與第十七同；第二十一，二寸見方，式與第十九同；第二十二，作鈍角形，下寬四寸，左右各三寸，尖厚五分，下至一分；第二十三，長斜方，上寬一寸，下二寸，左長四寸，右長四寸三分；第二十四，銳角，下寬二寸，左右各四寸；第二十五作直角，勾二寸，股四寸二分，弦五寸；第二十六，等於第二十五稍小；第二十七，等於第二十六，下寬二寸，左右各高八寸，下厚五分，頂至一分；第二十八，式同第二十三，上寬二寸，下四寸，左右各十六寸，厚五分；第二十九，長方，上下四寸，左右各八寸；第三十，長方，為第二十九之半；第三十一，長八寸，寬一寸；第三十二，與第四同；第三十三，等於第五；第三十四，等於第五之半；第三十五，等於第六；第三十六，等於第六之半；第三十七，一寸見方；（以上厚皆五分。）第三十八，下半一寸見方，上一三角，各邊一寸；第三十九，長八寸，寬一寸，頂作三角，亦每邊各一寸；第四十，作三角形，每邊二寸；第四十一，鈍角，上四寸，左右各三寸；第四十二，鈍角，下六寸，左右各四寸；（以上厚各五分。）第四十三寬一寸，長四寸，厚五分，兩頭稍切，旁看作二小直角；第四十四，等於第四十三加倍。西人亦以之擺成桌椅、床凳、房屋、闌桿、橋、船、車、馬、盆、桶、魚、禽等物。

十九日丁未，陰。西風大浪，船復搖盪。未正晴，風改稍北。

記：天下萬國，旗幟種種。前所述者，皆係四海頻見，久與華通者。其餘五大洲中，小國尤多。其名雖罕見聞，今既遇諸耳目，亦應記載，以便他人之航海者。如：

阿斐里加之居呢國[156]者，長方，正紅。水師者中一白橢圓，內含一紅月牙與一八角星。

南阿美利加之三兜民勾國[157]者，長方大白十字，四空，二藍二紅。商旗亦然。水師者，十字中心加一圓花，係四柳枝連二炮車，左右四旗，中一洋經，經上一小白十字，經後分列槍刀四件。水師提督者亦然，惟後半改成魚尾。平素航海者，三尖長條，前半式與國旗同，亦無圓花，後則先紅後藍。

巴西國者，正綠長方，中一斜方黃色，內畫二綠枝，捆以紅綢條。枝中另一綠方，方中一藍圈，周列二十小白星。圈中一地球，闌以紅十字，圍以金條。綠方上一王帽，紅地金花。水師者正藍，中以二十白花排成十字。提督者，銳角正藍，十六白花列成十字，加餘四白花於十字之四空。

156 居呢國：突尼斯。
157 三兜民勾國：多明尼加。

帕臘瓜國[158]者，長方，分紅白藍三橫。白橫臨桿畫一圓圈，圍以綠葉，圈內周書「帕臘瓜公合」五字，內又橫書「平安公義」四字。下一黃獅，腰豎長棍，頂立黑錘。商旗亦然。水師者，圓圈畫於正中，二枝綠葉移入圈內，以紅條捆成十字，上一紅花，無獅錘，亦無「平安公義」四字。提督者平方色同，後改魚尾，中無圓圈，改一黃月牙。

危的麻喇國[159]者，長方，七橫分四色，二紅二藍二白一黃，商旗亦然。航海常用者，長條後作魚尾，色亦如之。水師者，中畫二綠枝捆四旗，作凹字形。中一人頭形金星，星下一平方，上半豎十三行，六金七藍；下半白地三山，當中者上出烈焰。

薩拉瓦多爾國[160]者，長方九橫，四白五藍，臨桿上角另一紅平方。水師者，於紅平方中立一長方，上平下圓，如倒書篆文官字。其中上半藍天，橫列九白星作橢圓；下半綠水中一火山，長方上又一紅王帽，作斜書虫字形。

衛乃久喇國[161]者，長方，中藍上黃下紅，中心圓列七白星。商旗亦然。水師者，近桿上角畫二綠枝，捆以紅條。枝中一方，下半藍地白馬一匹，作馳驅狀；上半左黃右紅，二人一炮。方上一捆青

158 帕臘瓜：巴拉圭。
159 危的麻喇國：瓜地馬拉。
160 薩拉瓦多爾國：薩爾瓦多。
161 衛乃久喇國：委內瑞拉。

轂，圍以黃布。航海平行者，長條魚尾，中藍左紅右黃。

牌魯瓦國[162]者，長方三段，中白左右紅。商旗亦然。水師者，中畫二綠枝，捆以紅條，上架一金邊方。方中上半左白右藍，綠樹黃馬；下半大紅，金銖一袋，方上另一綠葉扁圓圈。

博歐立瓦國[163]者，長方，中紅上黃下綠，正中一綠葉圓圈。圈中下邊藍地，橫列六白星；中一紫山，左列房樹，右懸金日，餘皆白色比天；頂上橫列「博歐立瓦公合」六綠字，作半圓徑。

又，南海之搜賽伊的小島[164]者，長方三橫，中白上下紅，臨桿上角，另一橫方，豎分三色，中白左紅右藍。

三堆池小國[165]者，長方，八橫三色，二藍三白三紅，臨桿上角，另一平方，藍上畫橫斜二紅十字。

二十日戊申，陰晴不定，風雨甚大。浪打入艙，使船亂抖。申正遇一火輪，名曰「俄羅斯」，乃東行者。入夜旁風甚勁，船更簸揚。

162 牌魯瓦國：秘魯。
163 博歐立瓦國：玻利維亞。
164 搜賽伊的小島：SocietyIs。即社會群島。
165 三堆池小國：Sandwich，即夏威夷。

二十一日己酉，陰。船蕩如昨，巳初晴，稍平，入夜冷。

記：西俗，房中布巾，每日更新換舊，可謂潔矣。然用時不分上下，拭面揩身，並及下體，皆此一巾，船中亦然。又𩔖面澡身，皆以涼水，解渴亦以涼水。故華人在洋船，飲用滾水熱水，皆不易也。

二十二日庚戌，陰，霧。未初大雨一陣，海水迷漫。聞英國於二十年前，因國費不足，設法重收房稅。蓋外國樓房無牆，窗皆外向，乃定例。每家除窗之不開者免稅，餘皆每月按數納錢。故儉省之人，高樓數層，只開一二窗，多者四五窗而已。後因人民不服，皆言住似山洞監牢，乃改令凡樓舍之修竣者納稅。竟有高樓百層，廣廈千間，只留一椽永不畢工；是雖住萬年，而絲毫不納也。由是觀之，公而不公矣。

二十三日辛亥，大霧。寅正，船因機器有損，暫停修理。人皆驚起，彼此互問，有言船底觸碎者，有言已沉八九尺者，女子有恐懼而哭泣者。卯正復開，稍平。午後遇二火輪，皆順風東行者。

二十四日壬子，陰，涼。西行少南，值東風西吹，船行頗快。巳初一刻晴，變北風，船復搖盪。同行男女之臥而不起者大半。

二十五日癸丑，晴，暖。水準船快。巳正，連遇風篷二、火輪三，皆西行者。午後，男女坐談船面，見玩物二種：一係木墩，上立木棍，長約八寸，放於六七步外，人以麻圈大拱把者擲之，套於棍上者勝。一係地畫數目三行，乃六七二、五九一、八三四，惟中行頂上，另一小方，寫「加十」二字，下一小方寫「減十」二字。玩者立於十二步外，以木鏟長五尺者推木餅，餅大拱把，其落數多者勝。惟到上十字者加十，到下十字者減十。數人同玩，所得之數陸續加減，中有數逾五十者止。

二十六日甲寅，晴，平。微風習習，水色深藍。是日係禮拜之期，上下等客於巳初齊入飯廳列坐，船主羅海免冠立於正中講經。講畢，彼此齊聲朗誦數次，午正散。每值禮拜之期，船主先貼一告白於大艙門，云「今日禮拜，定於某時在飯廳內誦經，屆時鳴鐘聚眾，不願入者聽。」

當日，同船男女有名瑪律士、蒲魯斯、婁姒、吳貞者數人，求以華筆書其名刺。醫生名勞智爾者，向彝討錢，言以濟孤子。巳正，引水船來。午後，見二噴水大魚，遙望不甚了了。小鳥結隊，逐船而飛。申正，因機器有損，少停二次。蓋此船往來大西洋，已十數年也。

二十七日乙卯，晴。寅初，進美國東北界紐約海口，行數里住船。其有往牛哲希村[166]者，皆登岸。辰初復開，行六七里停輪，有稅關抴子手與各人執照一張，令自書某人乘何船由何處來此，所帶行李若干，貨物若干。旋有小輪舟接眾登岸。臨岸大房，行裝運入，稅局驗過，開鐵柵，則男女攜筐負笈齊出。是日共來三船，有數千人，擁擠甚亂。出門有土人代僱車輛，每人二圓半，合銀一兩七錢。令其入店以付，伊云無暇，只得每人以十三英什令代給，合銀一兩八錢二分。行六七里，過有年坊，入十七條胡同[167]，仍住前戊辰年所住之衛四德敏斯達店。店內主僕，見皆甚喜。申正，有法邦署公使柏爾得米來拜，坐談良久。戌初，有店後十六條胡同布拉克來拜，乃紐約邦之舊相識也，坐談甚得。並請入其家，見其妻與二子一女，僉云「三載未晤，渴想殊深」等語。伊夫妻鬚鬢皆白，其子女亦皆成立。亥正辭回。

二十八日丙辰，晴。午正，星使令執名刺往拜紐城城總[168]郝朗阿。乘車南行十六七里，走寬街至皮爾巷，入其官署，適值公出未遇。往來街市，鬧熱繁華，尤倍於前。未正，隨星使乘車，至八條胡同大通店內答拜法公使。回店晚餐，得食蓁菜，粗如鴿卵，甚甘。

166 牛哲希村：新澤西市。
167 十七條胡同，第十七號衙，餘類此。
168 城總：市長。

二十九日丁巳，早，大雨，巳正止。午後，見有匠人會[169]由樓下經過。原各種匠人每日作十點鐘之工，今眾約改作八點鐘之工，蒙官允准，定於是日聚眾慶賀。共過一萬六千，作樂舉旗，有乘馬者如將，餘皆似兵。列隊而行，各著新衣，腰橫白布一幅。

又有馬克蘭、司樸納暨羅智爾之猶子羅卓志等，陸續來拜，皆前於戊辰年在包斯頓及那戛拉二處會過者。晚，有同寓姓費名士者邀飲，共酌三鞭一瓶。入夜晴。

三十日戊午，晴。申初，隨星使乘車行十八九里，遊正中園。路花木如前，路途平坦，水秀山青，往來車輛絡繹，遊人甚多。湖心有舟，遊行里許。萍浮水面，鳥語林中，蜻蜓戲水，花氣侵人。回時見一聚水池，通身石砌，深約五丈，周五十洋畝。戌初回寓。是日頗涼，而土人吃冰者，仍復不少。晚有哈米坦及法穆哈等來拜，亦皆舊識也，坐談良久而去。入夜陰。

169 匠人會：指遊行的工會隊伍。這是中國關於美國工人階級爭取八小時工作制的最早記載。

八月

初一日己未，細雨。午正，乘車往拜稅務司莫爾斐，未遇。見各小巷亦多木道，木塊長方似磚。左右石路，順種椿樹兩行，相距各丈許。樹下有池，上罩圓鐵蓋，周丈餘，紋似菊花，又如雀籠。有一樹如桐，子如豇豆，花亞芙蓉，夏開秋實。夜，晴。

初二日庚申，晴。見寬街一雜貨鋪，敞廳寬闊無樓，左右兩行長几，分列貨物數十種，如手巾、錶鏈、杯、瓶、書、筆等，價皆洋銀一圓，隨人揀選。晚，有廣東人投刺，自署「唐人湯亞金」來拜。年約二旬，能英語。因隨福建醫生林連湖來此為通使，緣林不解洋話也。

記：是時美國金銀不多，各邦仍用紙鈔。

初三日辛酉，晴，暖。是日係禮拜之期，鋪戶關閉，男女街遊，自晨至夕，往來接踵。午後，有羅智爾與蒲公使（安臣）之妻弟李文模來拜。談次，知蒲公使之長子蒲淩甘已娶妻留住於此；其次子蒲良蓋亦在此地新聞紙局中執事；其妻李氏，原住堪布立址，現因遊歷名勝，來此而僑寓也。入夜，微風，涼。

初四日壬戌，晴。申初，隨星使乘車先入正中園，盤桓十二三里，轉入翟魯木囿。復繞行十餘里，至高橋旁之小加非館少坐，戌正回寓。一路山水清幽，風涼氣爽，黃花冷落，紅葉颼颼。見本地海車不大，四輪獨簷，以二馬馭之，可容八九人。御者坐於棚頂，車中欲給錢者，上橫一繩，曳則鈴響，御者自由孔中接去。入夜烏雲密布，西風欲雨。

初五日癸亥，陰。午後，乘車往華盛頓坊第十一號答拜哈米坦。又至東三十八條胡同第百二十二號拜蒲李氏，見其子女，茶罷辭歸。

酉初，高引之、黃道從、慶靄堂、王竹軒暨那威勇等由法京來此。談及巴里居停主人，始知十日前辭房時，東婦以面鏡迷有繩屎，地氈糊有泥水，爐被煙薰，古董蒙塵，刀匙灰暗，鍋碗油膩，皆須僱人刷洗，令賠法方二千，合銀二百六十兩。爭執再四，許以三百方始允，合銀三十九兩。

初六日甲子，早陰，午後晴。未初，有法國柏公使來拜，再三強請星使仍回巴里。待星使允，乃去。酉初一刻，有南阿美里加阿真坦國公使戞希阿來拜。入夜復陰。

記：美國新聞紙多種，分售於街頭巷口，或持於手中沿街叫賣。至於客寓、飯店、加非館中，皆設有專看新聞紙之房，內：列長几，每紙束以木棍，堆積橫陳，任人坐閱。見是日賀拉新聞紙內一則云，某巷第六十八號，所住之人名費里樸者，昨夜墜樓身死。蓋洋人窮極無以為生，或因他故，亦有自尋短見者。惟其死法駭人聽聞，或登百尺高樓之上自投以求速斃，或臥於火車鐵道之上，甘心斃於輪下，粉身碎骨，情形慘然。

初七日乙丑，陰晴各半，涼。申正，星使令高引之、黃道從、王竹軒率僕五名，起身回國，由紐約乘火車至金山。是時路初修成，長一萬零二百里，連行六日，晝夜不停。所經各處，多為「紅皮野人」所屬，而景致新奇，樹林稠密。並無客廳眠食之處，所有廳堂、臥室、中廁、廚房、床榻、桌椅、碗盤器皿，車中備載。每日五餐，五味俱全，規矩與火輪船同。

初八日丙寅，晴。午正，隨星使乘車答拜法、阿二國公使。酉正，同布拉克夫婦子女乘車行十餘里，至六十四條胡同東口外大街看集工局。木樓宏敞，燈燭輝煌，男女擁擠，四壁喧嘩。其上下新奇貨物，羅列萬萬，無非電氣輪機，五行器具。戌初，同至其家著茗。少敘，謝別回寓。入夜，束裝。

初九日丁卯，晴，暖。早，布拉克父子前來送行。巳正，由店起身，乘車行十八里，過王子巷，至碼頭，登法國「賢羅朗」暗輪船，長三十七丈，寬四丈，馬力一千。午正一刻開行，跳板將挪回尺許，忽二人來奔，呼欲上船。水手欲將跳板移回，船主嚇曰「來晚」，乃止。二人無法，緩步走回。出口，旁風，甚快。

初十日戊辰，晴，涼。東行少北，風平浪靜。

記：泰西各國小兒，多以白鼠為玩者。養以鐵籠，造以銅鐵絲，高約二尺，週三尺，上圓下平。小屋間間，放有食水。臨門懸一銅絲圈，式比車輪，白鼠走上，隨跑隨轉，似與中華者同。餵以牛乳泡麵包，或大麥、黃豆，收拾潔淨。囹圄之人，亦多養此以自娛。

十一日己巳，晴，暖，水藍色。午後，天陰風起，忽旁忽逆，又冷於昨。波浪洶湧，船身搖盪，人之嘔吐者過半。未刻大霧，申正晴，入夜復陰。見大魚三隊，長皆七八尺者，浮沉海面。

十二日庚午，陰，冷。逆風無浪，船尚平穩。

記：洋人相面，以頭紋幾層，斷其年歲。右手為父，左手為母。紋密者貴，紋稀者賤。又講人之心思，七情六欲，不主心而主腦。由項後至二眼珠，分三十五處，如一主戀愛，二主喜子，三主專一（又主立意），四主因循，五主喜戰，六主損人（又主嘗味），七主私暗，八主允許，九主造作，十主自愛，十一主喜悅，十二主謹慎，十三主仁義，十四主溫恭，十五主誠實，十六主良善，十七主希望，十八主奇異，十九主慮思（又主浮動），二十主聰敏，二十一主學效，二十二主孤獨，二十三主方法，二十四主體度，二十五主分量，二十六主染法，二十七主所在，二十八主數目，二十九主次序，三十主事體，三十一主時候，三十二主腔調，三十三在二眼珠、主文理，三十四主比較，三十五主辨理。以上各數皆雙，上下左右，相排兩邊，前不過耳。又各有經絡，通於腦髓。

十三日辛未，陰，涼。逆風，船微簸揚。早遇風篷一隻，係西去者。午後，見大魚躍水，尾露於外四五尺。申初甚熱。過南北黑綠水交接處，分線甚齊。本船醫生與本船僕役治病，亦索馬金焉。

十四日壬申，晴。順風船快，入夜陰。

記：外國二種捕鳥法：一以三塊長磚，列成門字，中斜立一塊，支以木棍。棍旁橫放木丫，置麵包與谷於斜磚上下。雀踏木丫，斜磚自蓋於門上而雀不能出矣。一以篩羅支以木棍，下放穀豆，棍下係一長繩，人則曳繩遠立。雀落篩下啄穀，即抽繩而棍倒，其篩自覆矣。

十五日癸酉，陰，涼。旁順風頗大，船能於一點鐘之時行四十五里。近日船上食物頗佳，果蔬俱全，梨橘甚好。又有油糕，形如月餅，造以牛奶、地椹，味亦甘美。申正細雨一陣，入夜晴。

十六日甲戌，早晴，順風，船平，水色淺藍；午後陰，水色變黑。仍東行少南。晚遇風篷三隻，皆西行者。

記：外邦一種小舟，名曰「堪努」。刻以整木，寬約二尺，長與他舟同。一人坐於當中，雙手舉槳。槳長七八尺，兩首作二長鏟，以之左右搖弄，極快。又外邦救生船，內坐九人，左右共八槳，齊行用力，急比火輪。

十七日乙亥，陰，冷，順風。風號水湧，浪激艙面，而船搖盪矣。

記：外國骰子，亦以骨造，數亦由一至六。玩者只用二枚，擲以木盒，亦數多者勝。又種玩物，名曰「巴塔多爾」者，係一長柄木圈，內織絲綱（網）。圈周與柄，長各尺半，以之擊拱把鵝翎。翎長五寸，十數根束於一處，下半包以皮布。二人相距數武，彼此對擊，多中者勝。

十八日丙子，陰，冷，順風；巳初大雨，酉正稍晴。晚餐食有梨糕餅，係造以糖蜜與核桃、杏仁等，作大盤形，內盛熟蘋果與梨，亦有葡萄、地椹等。戌初，忽由煙筒中出火，高六七尺，乃因木灰積厚故也。火星點點，亂飛入海，如花爆然。

重回巴黎

十九日丁丑，晴，暖。順風船快，水色葱綠，平靜無紋。早遇風篷二三。午初一刻，抵法國西北界布來斯海口[170]。先見其渭斯島，長十五六里，不甚高，林木亦少。上立燈樓，百里可望。至此住船。樓房點綴，船隻不多。炮船五隻，內置大小銅炮一百八十門。後有輪舟步接，下船者，男女二十餘人。未初，有德威理亞、殷柏爾由巴里來迎。申初，開船出口。北行，見左右山皆不高。稍轉東南，長山一帶，嵯峨撐空。入夜，風起浪湧，船即簸揚。由紐約又名新埠至布來斯，計水程九千里有奇。

二十日戊寅，細雨。早，東南行。迎面連山綿亙，漁舟若許，順風無波，水色葱綠。巳初，至法之正北界哈五海口㊀外，住船待潮。見左右山岡寬敞，船在處如攔江沙前。午初潮長，進口東行。南北炮臺，不甚雄壯而固。後入鐵閘門，左右石牆，路不甚寬，長約半里。過此入池，寬似津河，船

170 布來斯海口：布勒斯特港。

轉二灣，停泊下錨。口內如此水池者，大小共七處，皆分類住船，如兵、信、商、客等。鐵閘係為留潮而設，潮長開閘，以留水於池內。當下錨時值午正一刻，行李下後，未正登岸。乘車行三里許，過木橋三，至芭萊街羅羅店宿。樓高四層，不甚寬宏而潔淨。其地閭巷曲彎，崎嶇泥濘。城周二十四里，居民八萬。由布來斯至哈五，計水程八百一十九里。

二十一日己卯，陰。早隨星使乘車，行不及一里，入一小花園，名「阿卦立雅」。園不大而花木叢雜，步步幽雅。池中有一水犬，長約三尺，形似海龍，其色灰，前後短足如分水，見人即出而覓食，毫不畏懼。又一小山，亂石層疊，巧比天工。山腹空而穿洞，四壁列玻璃箱，其中水色白黃，分為河海。所養之魚，奇形怪狀，共三十餘種。其識者，如韃木、白鱔、鯚花、比目、海鷂、烏賊、牡蠣、鱖魚、大海蝦、藥海馬、白魚、蒼魚、鰻魚、鯿魚。金魚大盈尺，而三尾者少。其不識者，有形似蝙蝠者，大片如盤者，圓如饅首者，粉瓣千重似菊花者，名皆未詳。

去此，復行八九里，繞至山頂，有白塔形如中土墳墓，高逾二丈，周約三丈，上抹白灰，下立石座。土人云，係某水師提督於數十年前沉於此海，其妻建此，以銘其功。又一小禮拜堂，內供天主母像，懷抱耶穌。左右懸掛油畫小船若許，皆係水手所獻者。當時有老幼婦女十餘，皆跪而默誦。車立山頂，左望大海，右看通城，漁舟蕩漾，炊煙上升，花飛葉落，陣陣涼風，大有中秋景象。又行十餘里，山路崎嶇，盤桓而下，回店早餐。

午初起身，乘馬車行六七里，至火車客廳，少坐登車，午正開。東北行六百八十四里，停車四次，過大小山洞十三，長河四。惟第三河有鐵橋長約里許，經德兵毀壞，尚未修補告成。酉初抵巴里。下火車乘馬車行三四里，至馬達蘭大街旁端丹巷第八號多庫店宿。樓高六層，屋宇潔淨，梯路曲彎，修飾樸素。入夜，晴。

二十二日庚辰，晴，涼。

記：天下各國孝服之顏色不同。如土耳其、艾立亞戛[171]、巴兜西亞[172]暨阿喇美呢亞[173]四國所服者皆蔚藍色；埃及國係黃色或凋樹葉色；艾奚歐皮亞[174]者灰色；至歐美二洲各國，皆黑色。惟古時法郎西各王后為其夫死皆著白色，名之曰潔；至拿波侖第一之死，喪服始改為黑。義大利國古時男著紫色，女著白色，今亦皆改黑色。按以上各色，其實皆有所指。如白色之意，乃潔也，淨也。蔚藍色乃天也，吾人死後願去之處也。黃色或凋樹葉色，謂死為人生一世之末，以比樹葉之凋殘

171 艾立亞戛：今外高索葉里溫一帶。
172 巴兜西亞：今亞塞拜然巴統一帶。
173 阿喇美呢亞：亞美尼亞。
174 艾奚歐皮亞：衣索比亞。

也。灰色指土，為故人所歸宿之地。黑色指人生性命之體，雨暗雲昏之意也。各國人死皆不哭號，惟瞑目流涕作悲啼狀。惟斯拉奚亞國不惟不舉哀，反以嬉笑之言而慶賞之，謂人死乃脫災難之苦地，而入無極之樂境也。入夜，陰冷。

二十三日辛巳，陰。巳正，隨星使乘車行七八里，至阿秀胡同第二十二號前任法國駐華參贊官孟貝樂之別墅看房。樓高三層，寬闊淨潔。前有花園馬廄，屋宇頗多；右鄙臨街，正對敞院。若值夏令居住，可以延爽披襟，而冬季則四壁來風，恐不甚暖。遂辭歸。

二十四日壬午，陰雨。戌初，隨星使乘車行三四里，過王宮，至義達廉大街，入格朗戲園觀劇。是園極大，上下可坐一千六七百人。所演者，一人年近旬，意欲還童，乃登山採藥。正在松下尋覓間，忽來一鬼，身著紅衣，遠看如火判。鬼知其意，乃使其鬚落黃，面腴神足，變一風流少年。其人大喜，且言久有一女，愛而不得。鬼遂領去見女，女不允，乃故遺一篋於園，內有金剛石鐲釧耳墜等。女見以為天賜，喜而佩之，方去照鏡，見是男立於其後，二人始和。女父知而大怒，攜其長子出街尋獲，遇之於途則對鬥。而男有鬼助，乃刺死女父，女由是乃瘋，尋亦故去。女卒升天，男鬼皆經陰神捉入地獄。是齣共男女二百餘，花樹樓房，跳舞歌唱，與他戲同。惟高山皓月，長江石橋，舟車鳥獸，花影天光，及舊石柱粗二三圍，高二三丈者，以雙眼千里鏡望之，真假難辨。更有彩雲疏星，荷風槐日，仙女數十，飛騰半空。其中固有真人紙畫，然久看之，假水起波，紙人亦動，妙甚。子初回寓。

二十五日癸未，晴。午後，同俞惕庵往訪王芝友，坐談許久，在店晚餐，得食螺螄、蛤蜊，味亦頗鮮。又見菜市賣有倭瓜，大如鐘磬。枸櫞重一斤四五兩者，價值一方半，合銀一錢九分。

二十六日甲申，晴。見本有汗衫褲襪、手套披肩，以及護膝等，皆織以絨綿，溫柔活軟，能小能大，價亦不昂。又有小鋪賤賣信紙、名片等，信紙與皮皆印有五彩變體洋字，任人挑選，蓋字皆名姓之首一筆也。名片大小不一，有白色者，有鋪粉者，作成雲彩，光暗分明。婦女名片有染桃杏花色者，字多任意用楷書或草書，亦有將字變成花朵者。平素名片可以擇字現印，每百二方，合銀二錢六分。

（稿本卷六終）

辛未年八月二十七日乙酉，細雨陣陣。晚，遇前戊辰年在金山店中會晤之美國人巴爾三，談及十年前美國南北鏖兵顛末，暨英國誤賣兵船，致認賠償一節。據云，美國邦分南北，自伯理璽天德凌昆[175]即位後，欲釋黑奴為民，南邦諸省富紳均不情願，因而起釁，遂於西曆一千八百六十一年四月十三日（即咸豐十一年三月初四日）開戰。南省因少戰艦，即於次年由英購得火輪兵船一隻。該船造於英國某船廠，初無名，只以第二百九十號名之。後名為「阿拉巴瑪」，天下皆知，係特備海戰之用，且為外國建造，明言不諱。監造此船之人，即前此託名定造炮船「奧來兒」駕送帕勒模者（地在美國紐約省）。繼知其人來自南邦，乘輪船，張偽製旗號，駛入英國立文浦海口墨爾奚河（即「阿拉巴瑪」船所在之地）。並有人云，曾聞其人告以此船將送至美國南邦，以為戰具。該船既經擬定所去之地，美國使臣在倫敦偵得其實，有據可指，乃致書於英國外部云：「南省非自主之國，諸大邦亦未齒於列國。今弄兵潢池，既為合眾之叛民，貴國何助逆而資之以利器耶？僕恐傳聞之訛，敢以質之。若如所聞，則此舉恐有干於萬國公法也。」又美國公使所延之律師書狀云：「事之違犯英國禁止外國入境招募之例者，莫甚於此。苟不究辦，則定章幾同廢紙矣。是美於此案，理所必爭，斷難遁飾」云云。而英之律師乃稱，凡船廠代外國製造兵船，並未謀同載運軍器炮位者，不為犯例。且查該船係自阿鄒爾群島[176]（地屬葡萄牙國）裝載軍火，非由英國運往，則與該廠無涉。英國政府於是年七月二十三日始得確據，知該船實代美國叛省所造。美國律師於二十八日聞得該船將於次日開行，遂即知照英國稅部。稅部於三日後方傳諭扣留，而該船已於是日早展輪出口矣。該船開後，又有艚船兩隻，自英

175 伯理璽天德淩昆：林肯總統。
176 阿鄒爾群島：亞速爾群島。

國裝運器械、炮位及阿拉巴瑪船之船主水手人等，順風開去。三船陸續行抵特希喇島（地為阿鄒爾群島之一），乃在僻靜之處裝齊，即掛偽製旗號，駛出大海。當該船離英後，英國並不以其犯定章、違公法，而遣船追捕，乃與尋常代戰國造船一例視之。美國當南北鏖兵之際，無暇向英論及。不意南省自該船到後，遂駛行各海面，所有美國商船概行阻撓傷損，因而商賈裹足不前，諸物一時翔貴。迨西曆一千八百六十五年五月二十六日（即同治四年閏五月初四日），南省敗績，大兵告捷，美始責償於英云：某船被傷，計值若干；某船被劫，計值若干；商賈壅滯，諸物增價，核以原值倍之，計增若干：共計銀錢五千萬圓（合銀三千七百五十萬餘兩）。英不報。美云：「償之可挽前日之失，不償亦不強人所難。倘他日有事，則加倍償還，當無容再置喙也。」蓋隱有構怨之意耳。延至一千八百七十一年（即同治十年），英外部大臣乃表奏云：「美國所開諸款，似宜設法抵償，否則恐有邊警。」英乃遣使告於美國云：「本國非吝於償，奈所望太奢，棉力恐難如願。」美云：「本國非固於請，奈所失不貲，度支業經告匱。」二國爭執不定。久之，遂同約日斯巴尼亞、義大利、瑞士等四、五國公使會議於瑞士國芝泥瓦[177]城。眾以船值應償，貨物增價一節，未免牽強，遂議定償銀錢一千五百萬圓（合銀一千一百二十五萬兩零）。英迫於公議，竟如數償之。

按公法內載：國有民變，鄰國可協助剿滅，不宜助逆反攻。又兩國交兵，局外者不得容戰國人

177 芝泥瓦：日內瓦。

民船隻在境內設計傷敵、許兵民投效助戰、以及代造戰船戰具等事。局外商船，雖可賣與戰邦，究不可以之載運軍火。即以空船停泊海界之外，或駛入他國海口，以便該國載運軍火等事，亦不可為。再，各國船隻，無論官民，駛至海面各處，皆如其國之疆域；若被他國損壞，與擾其疆域無異，因有干於其國主權。俟和約後，則一一如數償之。

記：本店主一幼女，年始四五歲，能歌詠，談吐語言清楚，令人可愛。又，當院有一鸚鵡，終日大聲唱曰「左」、「右」、「行」、「止」等字，音與人同，乍聞疑為過兵。入夜，束裝。

二十八日丙戌，晴。午初，隨星使與眾移居萝丹街第二十四號。共房三進，前後有門，後門在然古榮巷第三十四號。樓高皆三層。前面第一進，房臨大街，住有居呢國公使。中進係仿回國造者。地下一層為庖廚，或堆積什物。地上二層，中有石梯。入門不甚寬闊。再步梯而上，左右小屋二間，中一大間。石柱八根，地鋪花氈。東西傍壁二石爐，上列金鐘瓷罐，鍍銀蠟臺。柱下各一方椅，鋪回絨墊。後一間，作半空球形，通身鐵架玻璃棚，下圍花池，高約尺半，寬一尺二寸，有橘梅十餘種。正中有鐵假花一叢，高約六尺，紅白分明。池右暗藏關鍵，曳之自有水法出於花心枝角。池前一圓座，周可坐十五六人，中立石幾。其餘陳設整潔，無須繁述。玻璃圓棚左右二門，通於後院。又正門與二小屋之間，左右二路，木梯絨氈，通入二層。其上共屋五間，四壁懸掛刀槍劍戟，鞋帽藤牌，暨種種玩物，皆回國產也。後一玻璃小窗，穿廊遮以布帳，小亭在上，左右花木掩映，可以乘涼。末進後面臨街，第一層中係後門，左豎樓梯右為廚灶及僕役臥室。其上二層，共臥室一十二間，每間鋪陳器具與他處者同。房主人姓賴名賽布，乃開埃及國蘇耳士河賴賽朴之弟也。每月租價二千三百方，合銀三百兩。

二十九日丁亥，微風，晴，暖。午後，隨星使乘車行四五里，往戛必新街地利齋照相。此鋪在巴里稱為第一，其值甚昂，小者三十方十二張，大者由六十方至八十方。能以小改大，施以彩畫。長有五、六尺、寬三、四尺者，神氣畢肖，價則由二、三百方至千方。去此往柏路旺遊，花葉凋零，河水欲冰，其氣候似孟冬。申刻回寓。

九月

初一日戊子，晴。時因天氣漸涼，所有凱歌路一帶之馬戲旱船，與加非商當及馬逼園皆行關閉，亦有移入鬧熱街市者。午後，王芝友來拜，談及交友之難。彝言：「孔子云：『三人行必有我師焉，擇其善者而從之，其不善者而改之。』是人皆有益於我，貴在能擇耳。又古人云，聞君子議論，如食苦茗，森嚴之後，甘芳溢頰。聞小人諂諛，如嚼糖水，爽美之後，寒沍凝腹。」王云：「交友不分富貴貧賤，古人有言曰，與貧賤者交，不患其無恩，而患其無禮；與富貴者交，不患其無禮，而患其無體。」彝曰：「然。」今以時勢觀之，不惟交友難，而涉世臨事為尤難。且為人一生，所謂養心修己，謹言慎行，器量涵養，學問見識各節，不能盡善盡美，行動無一錯處也。彼此暢談甚得，申正始去。入夜，微風。

初二日己丑，晴。至今法伯理璽天德逖爾仍住衛灑，因恐巴里留有叛逆餘黨也。是日為禮拜之期，其妻邀人在凱歌路馬戲園中奏樂，人者每人助錢若干。因某莊於戰後房屋拆毀，地畝荒蕪，故斂錢以便賑濟。入夜陰，寒風冽冽，落葉擊窗。

初三日庚寅，早大霧，巳正晴。午初，德威理亞請遊瓷器局。即時彝隨星使乘馬車行十二里，至賽物村。村不大，居民將萬。瓷局寬敞，樓高五層。局主賀梅為德之舊友，年近五旬，言語溫和。請入頭層，見羅列各種瓶盤碗罐。瓶有高八、九尺者，花卉五彩，畫工極細。又有大張瓷畫，山水人物，樓影天光，與真逼肖。桃、杏、蘋果、玉米、葡萄、生核桃、鮮荔枝、菊、桂、牡丹、玫瑰、芍藥等花果，暨諸般鳥獸魚蟲，望之疑非瓷燒筆劃。小者玲瓏剔透，有薄如紙者。其燒法造法，咸與前在波耳多看者同。惟造薄瓷不能用手，設法以石膏作模，灌漿吸水，薄厚隨意。通局工人二百，畫工六七，皆名手。後至樓頂，大屋間間，集各國出色瓷器約有千件，以便摹仿而造也。見有中土各樣瓶盤罐塔，塔有高丈許者，今古約數百件。據賀梅云，本國五彩俱全，惟中國之羊肝色，曾經設法摹仿，數次不得。看畢辭歸，至巴里，乃繞道行三四里。見路雖平坦，而樓房拆毀者尤多。酉正抵寓，入夜陰。

初四日辛卯，早霧，辰刻晴，暖。

記：外洋望海樓[178]或燈樓之設，始於西曆耶穌降生前二百八十年，即中晉武帝泰康元年，經歐洲名士創立於埃及國阿來三它呀海口外之法洛島。當時仿造者少，因世人尚未知其有益也。至西曆耶穌降生後一千八百四十四年，中道光二十四年，始出名士，細參格致之理，設法建造，其工始精，各國始通行焉。其初造者，曾費銀二十五萬兩。因各海口行船有礙之處，不便駕駛，乃於山頂擇地掘深二尺為根，周四丈二尺，圓形如塔。塔房高逾三丈，其下半二丈六尺，皆以石壘。牆厚一丈，漸減至頂厚至二尺。通體堅固，海中雖有狂風巨浪，不至有撼動之險。上分二層。頭層儲煤油暨各等用物。二層住人，周逾一丈，牆厚二尺。上一鐵盤，支以木架。燈房高及丈，造以鐵架玻璃。盤之四圍有鐵闌。玻璃燈作塔形，高盈丈，當中腰圍約一丈，高二、三尺。玻璃厚寸餘，

178 望海樓：燈塔。

下疊五圈，漸下漸小；上疊七圈，漸上漸小。每圈玻璃皆鑲以三角面，一邊二寸，周共六寸。正中燃油，以便燈光四射，大而且亮。上下皆有石梯。每燈用三人，專司燃燈擊鐘之事。每人每晝夜在燈旁守四點鐘之久。換班時，吹氣筒以聞，非接班者到不敢去。因燈有機器，機轉燈亦因之而轉，一分一周；人不小心照料，恐有貽誤。燈之大光者，能射五十五里，以示四面來船知某處有險以避也。倘遇黑霧迷漫，燈光昏暗，則鳴鐘以告之，來者自知響處為險地矣。於今四海之危險處，多公設燈樓，以保航海者。

初五日壬辰，晴。午後，有丹呢國水師提督、前任駐華公使拉斯樂福來拜。申初，星使乘車往拜熱夫類，酉正回。

向住法京，皆在繁盛之區，鎮日車聲轆轆，人語喧嘩。今住僻靜，每日聞叫貨之聲，與上洋同。晚，隨星使及俞惕庵步遊凱歌路，見新月半空，長逾三尺。

初六日癸巳，晴。午後，隨星使乘車答拜拉斯樂福。申初復同俞惕庵往看王芝友。坐談間，忽來一人，年約二旬，自言係中土安徽鳳陽府人，姓陳名長生。六年前經洋人轉賣古巴為奴，今忽攜此來遊，似應乘機逃脫，其主自無法緝捕；蓋按萬國公法，並無買奴之例，故主人無處控告而獲之也。後果否能歸，未得詢悉。戌初，熱夫類請星使晚酌，子正回寓。

初七日甲午，早，晴。早餐得食魚鴨，味皆肥美。午後陰涼，細雨陣陣。未初，隨星使乘車往城外遊牲靈園，見禽獸魚蟲未增，房屋亦未修理，繞行數里而回。

記：巴里專有小鋪出售種種飛禽以及貓犬。有一小黃貓，售價十八九方，按時價合銀二兩四五錢，奇甚。

入夜微風，雨止仍陰。

初八日乙未，早，陰；午後細雨，入夜晴。

記：法國有造假蜜臘、金珀、孔雀石、金剛石者，其顏色分量與真無異。又在思安省右局芭巷內有大雜貨鋪，名「邦麻曬」，譯法言「極廉」也。樓高五層，極寬闊，羅列氈、皮、綢、布、紗、緞、錦、棉以及瓷、鐵、紙、木各種什物，極其絢爛，皆言不二價，貨真價廉，鎮日男女擁擠千餘。酉正，接電信，知法國領事官李梅由華回法，是日未初抵馬賽。

初九日丙申，晴。早起，得食蒸花糕。午後隨星使乘車入柏路旺，先至茵坡列湖，乘舟繞行小島，風清水秀，黃葉飄飄。後乘車行七八里，登瀑布小山。一望山色翠微，樹多凋落，水色清澄，涼風侵骨。下山入加非館，飲香賓，吃油糕。少憩，又步行二三里，蟬鳴葉響，野色生寒。酉初回寓。是日為禮拜之期，一路大小單雙馬車，往來以數千計。入夜，微陰。

初十日丁酉，早陰，巳正晴。記：巴里各家穢物灰塵，每日糞除畢，放入箱罐之中，置於門首，或存廚內。按時有人趕大敞車搖鈴經過，聞者送出，傾之而去，沿路星點不遺。每車三人，路上間有風吹留聚者，亦皆撮去。式與華同，二轅雙輪，一馬曳之。其箱作元寶形或斗形，高三四尺，後扇下有合頁，旁有鐵環，以便卸物。其運煤灰、石塊、磚瓦等物者亦然。至運樹與巨木者，細長無箱，軸轅皆粗，輪亦高大，乃係之於軸轅之下。馬自一匹至十匹，皆聯行。

十一日戊戌，晴。近來街市果品尤多，如石榴、梨、橘，皆大於瓜。波羅密有重三斤，大於西瓜者。蘋果有重斤半者，色尚未紅。又，在馬達蘭大禮拜堂左右花市所售，有名「柏歐凱」[179]者，束有大小，花分優劣。值三四方者，夜則跌至一方；小盆江西菊值半方者，夜則跌至六穌。蓋束花已斫

---

179 柏歐凱：花束。

其根，不易澆灌，故落價而易售也。

十二日己亥，晴。

記：巴里樓房之被焚者，共九十餘處。如莽巴那街住房六處；火藥局四處；苻婁街拉蒲巷火藥局一處；戛茀十字街高樓三處；踏蘭巷武學、火藥局各一處；麻薩拉佩街官房十處；又街道廳、刑部、寶星局、府縣議事廳、吏部、戶部、銀鈔局、敖賽駐房共八處；河內火輪舟二隻；沐浴房一處；力立街住房十五處；宮外巴克巷民房二處；衛內巷通衢皆焚，鋪戶共十數處；布當街之米倉洛亞巷滿共樓房二十六七處，中有銀庫；魯武巷之書坊；前賢馬丹街樓房六處；口外石牌旁一大戲園，樓房共數十間；玉仁王街，司丹弄、陸蓋巷、賢馬丹巷，共住房三十餘處；巴斯的坊八處；立伍力巷鋪戶五處；進巴里府共二十餘處；其他有地油局、水船市、花綢廠、豬牛市、米店、魚局暨火輪車客廳、禮拜堂、鐘樓、木廠各處，其名未悉。

十三日庚子，晴。未初，李梅來拜，坐談時許始去。晚，隨星使步至王宮後埃及石柱旁，欲以千里鏡望月，因被雲遮未果。轉步，忽一人免冠向前。詢以何事？答曰：「甚餓，無錢。」其人烏衣高帽，非貧窶人也，想係迷途之客耳。入夜，大霧。

十四日辛丑，早晴冷，巳初陰霧。午後，隨星使乘車答拜李梅，坐談片時辭回。記：巴里各巷，有推四輪小車賣果蔬者。每種上插一牌，標明其值。賣者多係老年男婦。

入夜微風，涼。

十五日壬寅，陰霧，涼。申初，星使赴法外部會熱夫類，酉正回。近日頗冷，黃葉遍地而秋聲作矣。聞前法君降德時，二君相見，德君謙和，待以賓禮，官民皆免冠肅對。後以火輪車送至日爾曼格色里城居住。城內舊有王宮，頗壯麗。法君安居許久，後偕後往比利時與英吉利二國而僑寓焉。

十六日癸卯，晴。申初，隨星使乘車往柏路旺遊，行二十餘里，入一小加非館少坐。時值初冬，館中廣設几凳，多備酒食，男女遊者尤多。蓋此時園內有溜冰戲及賽自行車等會也。回時一路車馬馳驅，男女步行者，絡繹不絕。中華南省，每值新正，有女子遊街之俗，謂之走百病，其法頗為有益。今泰西男女，每月四次步行園囿，亦可謂之走百病矣。

十七日甲辰，陰，冷。午後，有俄國前署駐華公使布策來拜。晚，會王子顯，知法國曾與羅馬教皇換約，立行教之律例，共數十條。今擇其有益於他國者，登錄十五則如後：

第一條　凡羅馬公私往來之牧師，承奉制書、詔書、告示、誡命、印押、批示，一切非國家允准不可。又，凡犯禁難行之事，不准印刻發報，亦不得設用別法。

第二條　傳教之人，職號有教宗、公使、牧師、全權公使、續辦司、代辦司及一切別號，應有證據。其無執照者，不得在法國傳教；無論何方，皆無傳教之權。

第三條　凡他國會同告示或羅馬會堂詔諭，皆不准即行刻入新報須於出示前經法國官署察明合例與否。其事應公正誠實，以使眾服。

第四條　凡傳教人在國內或各省主教屬地。不得私行聚眾立約，有官署明證方可。

第五條　傳教人之本分，皆主公平清愛，不准私受賄賂。即人有所獻奉，非合律規不受。

第六條　各禮拜堂應永遠公心理事，誠實待人。倘主教及傳教人等私受賄賂，或冒財產，或放大利，或作凶事，以及一切不法，有犯法國條例，或犯和約、教規，應由官署大員究辦。否則恐有敗壞聲名，迷亂心志，改變天性，貽誤後人之弊。

第七條　傳教四方，皆有定規。人有犯教規者，會堂亦應公平保護。

第八條　傳教人與民人涉訟，應向地方官稟訴，轉申京中管教之官迅速查明，如實按例完結。若原告不服，再轉呈公正大員判斷。

第九條　凡教門中與天主堂內之事，皆歸主教、神甫管理。

第十條　凡有私恩求免，或歸主教公議等事，一概銷去之。

第十一條　各主教在總堂議論教務，或修堂院，皆應有部中執照，其他堂院不得私行聚眾，

第四十一條　天主堂與會中之人，除禮拜日，不准另作別事。如作，亦必經官允准方可。

第四十四條　凡欲造小經堂，或人家自立私堂，主教應稟請地方官給照，否則不得私建。

第四十五條　教堂外禁止行其教禮。

第五十二條　傳教人在各處宣講，不准論人過失，訕毀別教。

……

十八日乙巳，晴。早，有教士范若瑟來拜，坐談片時而去。是日，星使約德威理亞早餐，得食魚、鴨、海參，味皆肥美。申初，李梅來拜。酉正，陰而細雨。

記：本公館之後門，對戶有車馬廠，車皆新齊，馬亦肥大。馬價有值二千方至四千方者，賃則每匹一月四百方。大車獨轅雙馬四座者，值六千方，賃則一月一千二百方。小車雙轅一馬者，值四千

方，賃則一月八百方。

十九日丙午，晴，冷。是日係西曆十一月初一日，據天主教人云，天主生後，天有亮星，懸於猶太界內。有三名士見之，往問國王「知生聖人否？」國王大驚，恐失其位，遂於是日下令，盡殺國內小兒。故天主教以是日為一節，名曰諸聖禮日。又如中土之清明節，掃墓獻花，街市鋪戶皆閉。男女街遊，與禮拜日同。

二十日丁未，晴。午後，熱夫類來拜。合眾人盧地，作有《中國話條[180]》一編，每早來公館令彝刪校。是日六十課已畢，乞彝作序。辭不獲，乃敘云：

庚午孟冬，餘三次奉命隨使泰西，得遇合眾國盧名士於巴里。其人溫恭慷慨，精敏多才，能英、法、俄、意、日爾曼、日斯巴尼亞數國語言，並曉華文。著有《華語便讀》一書，其字句妥協，文理通順，洵為學華語者入門之捷徑也。惟冀是書通行天下，庶不負盧公雅意，云云。

180 話條：語法。

二十一日戊申，陰。未初，王芝友、李輔廷來拜，坐談片時而去。晚，隨星使步遊凱歌路，見左右兩行煤氣燈及鋪戶樓房之燈燭，列成四行，光輝照耀，不啻火龍。仰望蒼天，色皆紅如烈焰。燈之傍人家鋪戶門首窗壁者，皆按月給錢若干與燈局。每日申刻，燈局令人肩荷火棍，各處燃著。當晚，在馬達蘭大禮拜堂旁花市，買得黃菊一盆，價值二方二穌。亥初回寓。

二十二日己酉，陰，冷。入夜狂風怒號，冷氣逼人。近日得食薄餅、魚、兔脯、雞、鴨、寬胸等菜，頗佳。又，是日有和蘭國人羅苐三者邀飯，其柬云：「十一月初四日，禮拜六，晚六點半鐘，在衛福店敬具杯茗候敘，祈賜回音。店在臘肥巷第二十號。」彝以公務在身，婉辭謝之。

二十三日庚戌，晴，暖。天清氣爽，惠風和暢。是日為禮拜之期，午後，同俞惕庵、慶靄堂隨星使乘馬車至凱歌路，遊人擁擠，聽東鄙有鼓吹之聲，乃馬克謀宏在柏路旺園操演。馬隊五百，皆頭戴銀盔。其將弁盔後垂有黑馬尾或紅馬尾。士卒之韉，黑地紅邊；將弁之韉，金邊，寬皆三寸。又步隊二千，頭戴柹形小黑氈帽，插紅雞翎。將弁帽鑲金邊，翎有紅白藍三色。其有功者，旁另立一束，白色。兵皆新衣，器械鮮明，隊伍齊整。元帥過，則鼓號齊發，以壯其威。

看後欲回，各巷口有兵阻止，遂由前賢敖蕾街轉過芙立籃弄至狄斯力坊，登大石牌樓一觀。牌樓名「塔立羊」[181]，譯言得勝也。由旁門步石梯二百八十級而上，其頂長方，周百三十步。在上眺望，凡閭巷樓房，無不入目。登者每人給費隨意，多者一方。去此回本街，車過馬逼園。是園白晝不開，燈下觀之，不知其周共幾里，乃叩門欲入。園工云：「現在關閉，冬令無人來看，欲入當先往問東主可否？」遂求給賞錢若干，因其主即住園旁也。後園主出，請入其家之前門，出其後門。入園見各處燈罩鐵花，皆已撤去。細查其工，頗巧，假山繪樹，一見了然。地雖二畝許，而道路曲折，山嶺崎嶇，令人應接不暇。而遊者在燈光之下，幾不辨其真假矣。看畢回公館。入夜陰風，冷。

二十四日辛亥，陰。

記：法京加非館極多，飲者或只加非，或加牛奶，或加高釀。時一瓷盅，時一玻璃杯。杯高五寸餘，周三、四寸。先進杯匙與一小碟，內盛白糖四、五塊，各長一寸二分，寬六、七分，厚二、三分。高釀酒一玻璃瓶，瓶高四寸五分，分為五層，瓶面造成尺寸，每九分價值二穌。飲者雜於加非，多少隨意，另非算錢。末進加非與熱牛奶各一壺，二樣多少亦隨意，每杯六七八穌不等。飲後另賞僕人一二穌，共合銀五六分。

181 塔立羊：凱旋。

又，西俗女子不改原配。如甲女已字與乙，聘後乙外出不歸，亦無音耗，女可暫嫁與丙。後俟乙回，則將所生子女遺之丙，仍嫁乙以終之。

二十五日壬子，鎮日陰晴不定。早，又接羅茀三二請帖。帖係白紙，寬二寸，長五寸，厚一分，印字精細。一云：「擇於十一月初七日禮拜二准一點鐘，在賢敖瑞巷第百四十七號粵石塔耶穌堂，小女芙蘭姒於歸合眾國西省葛爾根為妻，在彼受禮，恭請光臨。羅茀三再拜。」一云：「西省葛爾根娶和蘭人羅茀三之女芙蘭姒為妻，擇於某日在某處夫妻受禮，恭請光臨。葛爾根再拜。」當即稟明星使，午後乘車行六七里至粵石塔禮拜堂。共來男女百餘名。羅攜其女，另一老媼帶新郎，後隨男女對對二十餘人，魚貫而入。入內，皆坐正中。新郎著黑衣黑褲，高帽白手套。新婦穿白衣白履，頭頂白花白紗罩，手執向「柏歐凱」，白手套，白緞鞋。教師正面登臺，夫妻並立於前。教師先朗誦一番，主客悄然。念罷下臺，立於二人之前，云：「某人娶某人為妻，非妻死不能另娶；某人嫁某人為夫，非夫故不能別嫁。二人應永遠愛睦，百年偕老，行作咸仿此經。」言畢，男出一金戒指與教師，教師貫於女之四指，又遞經一本與男。二人跪謝後，風琴鳴而樂作矣。教師去，男女出後堂，攜手親吻而別。彝亦與羅葛父女夫妻把手，以伸慶賀。

將出門，芙蘭姒令人邀至衛福店小酌，辭不獲。有合眾公使瓦士本夫妻約同車，遂行數里入店，見大廳設長几兩行，羅列乾鮮果品、糕點、魚肉、香賓、舍利、冰奶、糖水等物，男女數十亂坐，彼此暢談。有合眾十餘人，皆與彝前於紐約、包斯頓各城會過者。飲至申初，乃與瓦公使夫妻同車而歸，至公署謝別。入夜陰冷，雪天黯淡。

二十六日癸丑，早，黑霧迷漫；午後微風，霧散仍陰。近日花市，花卉不多，而能識者十無四五，惟見黃白菊花與晚香玉頗多。

二十七日甲寅，晴。午後，同王芝友、王子顯街遊。見皮貨鋪皆開，羅列百種，價皆翔貴。有灰鼠皮一條，長約二尺，寬二寸者，價值二十方，合銀二兩六錢零。未初，大雨一陣，入夜晴。

二十八日乙卯，晴。未初，隨星使乘車行十餘里，再轉遊逑夢園，修理齊整，草木仍覺碧綠，勝於仲夏所見者多矣，因「紅頭」曾據此為炮臺也。遊畢而回，陰雲漠漠，風起颼颼。有巷名拉瓦業者，長五六里，市廛稠密，貨物雲集。拉瓦業者，數十年前反勇之頭目也。今以其名為巷名，未詳何義。

二十九日丙辰，早，大霧如倫敦，迷途難辨，午後稍清。申初，有前院之居停主人，現充居呢國副使賴賽布，送與星使波羅蜜一盆，高約二尺，葉皆肥勁，果大於瓜，色尚未黃。晚，有王芝友、李輔廷來拜，坐談極久。去後，大雨一陣，入夜晴。

三十日丁巳，晴。是日為禮拜之期。午後，隨星使乘車往遊柏路旺園，天氣雖冷，行人更多於前。

記：洋人亦食橄欖，皆以鹽水煮熟，放於玻璃瓶內，色仍碧綠，味不甚咸而澀。

十月

初一日戊午，早晴，午後陰。未刻，李梅來拜。去後，即同俞惕庵隨星使乘車往遊巴蕾洛亞市。貨物雖皆奇巧，其至奇者有婦女耳墜，造以金石，有式如小皮靴者，有如雀籠者，有如地球者，有如車馬貓犬者，有如黑人頭者，有如蘋果、桃、橘或花籃者，種種不一，工頗精細。回寓，知有哥士奇來拜。

初二日己未，早，大霧，午後晴，晚又霧。樓房迷掩，燈燭不明。

記：洋人亦多喜漁獵。近日見菜市有售山雞、火雞、沙鳥，渚鴨、野貓、野豬、銀魚與鹿等。又，凡街市關閉之鋪，有借租三四個月以售山禽野獸者。

初三日庚申，終朝大霧，遠近昏暗，咫尺不見人。

記：巴里之凱歌路與其左右閭閻，皆當中走馬，左右行人。而行人之路中有漆道，兩邊鑲以沙石，甚平坦。近日有匠人崛起踏碎，上覆黃沙，未知何故。當中馬路，鋪以石子石塊，白晝澆水，夜以鐵車壓平，因雨後沖去泥沙而不凹也。入夜，大雨。

初四日辛酉，陰雨。午後，有哥士奇、李梅、德威理亞等陸續來拜。酉正晴，隨星使街遊，見天雖陰雨，地不泥濘，乃口占七絕云：「冷雨終朝路不泥，車盈大路快輪蹄。通城不辨燈多少，只見雲遮樹影低。」

初五日壬戌，早，陰冷。午正，接法外部文，稱定於本月十一日，即西曆十一月二十三日，遞國書於其伯理璽天德。未初，大雪繽紛，旋晴，晴後復陰。酉正，熱夫類偕德威理亞來，坐談極久。

初六日癸亥，陰。午後，往探王子顯。途次，見皮貨鋪中有黑色熊皮一張，長五六尺，寬四五尺，價值三百方，合銀三十九兩。晚接電信，知高引之、黃道崇已抵上洋，不日北上。

初七日甲子，微晴。未初，王芝友、李輔廷來拜。酉正，同俞惕庵步至巴蕾洛亞市，見一蘋一梨，大皆如西瓜。問其價，則蘋果一十四方，梨二十一方，皆合銀不下三四兩。蓋皆來自意大里國，非法之土產也。入夜霜風凜冽，冷逼重襟，晴。

初八日乙丑，晴，微風。見各處水池及沿途流水之處，皆見冰七八分，而氣候誠冷矣。酉初，接電信，知法外部大臣費得功定於戌刻來拜。戌正，費至，德威理亞為翻譯。坐談許久，彼此講明遞國書之禮而去。

初九日丙寅，晴，冷。法京天氣之異於北京者，五六月之時，戌正日沒，至子初而天明。此時冬令，酉初日沒，寅正天明。花木早發，凋落亦早。蓋法京之北極出地度在北京北九度有奇。又，數日前，薄郎買小狗一對，黑色長毛，價值六十方，合銀七兩八錢。午後涼風颯颯，入夜陰雲漠漠，而雪大作矣。

初十日丁卯，陰。近因法邦金銀短少，各銀號公出銀鈔，有二方、五方與十方者，商賈皆不喜用。申初，哥士奇來，持有其伯理璽天德遊耳預擬片言，令彼譯以華文，以便接國書時酬答如禮。哥云：「為時甚迫，無暇自譯，特請星使一助。」伊持有英漢合璧字典二本，索紙筆，句句翻譯，星使隨以筆記之。翻罷，語意不甚吻合。彝與慶靄堂在旁，伊不給洋文與看。星使勉為刪改，語多齟齬。至亥初一刻，始錄清而去。

十一日戊辰，微晴。卯正，彝捧國書，同慶靄堂與殷柏爾隨星使乘雙馬車至衛灑，入王宮左蕾賽瓦店少坐，有哥士奇、李梅及德威理亞陸續來見。午初，早饍畢，登樓換公服。未初，費得功著朝服，帶寶星，領銀盔銀甲烏尾馬兵十二名，吹號迎接，前引登車，行二三里，抵王宮前大街左伯理璽天德理事公廨。見前左右排列馬隊六百名，衣帽整齊；正中一隊，鳴金鼓而奏樂。當時烏雲密布，瑞雪繽紛。下車登樓，星使前行，彝手捧國書隨之。樓頗宏敞，式似王宮，各門有兵排立，皆舉刀對鼻以為禮。步至二層，門外少停。既入正門，行至中途，皆以聖門鞠躬之儀盡我之禮，距伯禮璽天德四五步之間三鞠躬。

見適耳立於當中，左右立者大官二十八員，皆著朝服戴寶星，佩金邊紅帶。適耳著烏衣，佩一寶星，年近六旬，白髮無鬚，身高四尺。伊以星使鞠躬，亦答禮。相距四五步前，星使止步，彝即舉國書與星使。星使兩手捧國書，高聲云：

大清國欽差大臣崇厚，奉本國大皇帝命，來此為呈遞與大法國大伯理璽天德國書一件。是問大伯理璽天德好。同治九年五月間，因天津匪徒迷拐幼孩，懷疑滋事。本國大皇帝派大學士、直隸總督、一等毅勇侯曾國藩等秉公查辦，又降旨令各直省督撫地方官隨時保護。嗣經曾國藩等請將辦理不善之地方官革職，交部治罪。刑部擬定將張光藻、劉傑發往黑龍江；又將滋事犯人二十名正法，二十五名問軍徒之罪；並諭令各直省地方官曉諭居民，毋再滋事。本國大皇帝說明自己之意，務期貴國在中國之人得以平安。本國大皇帝可惜此事，惟望妥當了結之後，兩國來往毫無傷損。嗣有貴國署欽差羅淑亞同本國總理衙門想出妥結之法。本欽差大臣與貴國全權大臣熱夫類業經細商，因貴國大臣熱夫類有公平厚待之心，所以此事妥結。欽差大臣將國書呈遞與大伯理璽天德，並代本國大皇帝道謝厚待之情，惟望兩國和好，更為堅固也。請問大伯理璽天德，如有回書，並有何話，欽差大臣可以代奏本國大皇帝。

言畢，哥士奇將所翻法文原稿朗誦一遍，俾眾咸聞。誦罷，適耳旋將伊言立述畢，接國書，轉交內部大臣。按國書左滿右漢，其文則：

大清國大皇帝問大法國大伯理璽天德好。朕誕膺天命，寅紹丕基，眷念友邦，永敦和好。同治九年五月間，天津民人因匪徒迷拐幼孩，懷疑滋事。先後派太子太保、雙眼花翎、武英殿大學士、直隸總督調任兩江總督、一等毅勇侯曾國藩等前赴天津秉公查辦；又降旨令各直省督撫，嚴飭所屬地方官一律隨時保護。嗣經曾國藩等將辦理不善之地方官交部治罪。於刑部議定罪名時，復從重將己革天津府知府張光藻、己革天津縣知縣劉傑，改發黑龍江效力贖罪，以示懲警。至滋事人犯，經曾國藩等先後審明情節輕重，當即正法二十犯，問軍徒者二十五犯。並令各直省地方官曉諭居民毋再滋事，務期貴國之人得以相安。至天津之事，變生民間；朕與貴國和好有年，毫無芥蒂。茲特簡太子少保、頭品頂戴、雙眼花翎、鑲紅旗漢軍副都統、兵部左侍郎、三口通商大臣崇厚前赴貴國，代達衷曲，以為真心和好之據。朕知崇厚幹練忠誠，和平通達，辦理中外事務甚為熟悉；務望推誠相信，以永臻友睦，共用升平，諒必深為歡悅也。

國書收後，哥士奇又念其翻譯遞耳之言，云：

大清國欽差大臣所遞大清國國書，朕接收欣幸之至。大清國大皇帝看天津慘戮之事可惜，務期將來再無如此禍患之事。貴國大臣說明犯罪之人如何受罰，本國心實不安。本國所望嚴行辦理，防備惡人犯罪。各國執政大臣第一本分，不但將犯罪之人嚴行辦理，應將百姓怨恨情形銷去。若百姓一時執迷，務要開導明白，令伊遵行仁義。貴國執政大臣聰明，必能明白傳教人實係行善有功，因從本國遠去勸人為善，布散仁義道理。如何有亂人激變，以致教士受害？朕盼望大清國大皇帝諭告百姓，傳教士實係有德之人。若貴國人民見地方官優待傳教士，百姓也必敬重之。朕想貴國人民愚昧，如何將大國領事官打死，洵屬獲咎不淺。今望貴國執政大臣優待本國使臣領事，否則伊等不能盡其職分，兩國往來有損。此各國之通行公法也。貴國照此辦理，兩國益敦和好，則將來之隱患可以銷除矣。朕接大清國國書，當即恭覆，令本國使臣轉遞。今請貴大臣代奏貴國大皇帝，本國實願永敦和好，往來益密。因此，朕想貴國如派重臣常川駐紮本國，與在貴國京都無異，則兩國更為有益。若貴國允准，朕望將來貴國大臣亦如貴大臣和平通達，則益深幸慰。尚望貴大臣永矢在心。敬問大清國大皇帝好。

念罷，星使鞠躬，答曰：「謹照大伯理璽天德之語，回華奏明大皇帝，以達天聽焉。」哥士奇復譯法文。譯畢，彼此鞠躬，以伸欣慶。後星使退行數步，至中途，回身再鞠躬；臨出門，三鞠躬；而後下樓。登車時，鼓樂大作，兵舉刀槍，對鼻行禮。遞書對答之時，亦係樂聲迭奏。是時雪止，男女老幼爭看者頗多。回店後，與費得功、哥士奇、李梅及德威理亞等同飲香賓。飲畢少敘，彼此謝別。星使乘車順途答謝哥士奇，申正回巴里，入公館晚餐後，彼此暢談，子初方寢。

十二日己巳，早晴，午後陰。未正，星使乘車往拜熱夫類。晚，德威理亞來，呈送星使洋畫二本，長約尺半，寬七寸餘，紅皮金邊，外一紅綢套藍緞裡，上有「法都美景」四大金字。一本係巴里通城及衛灑之宮樓園囿各名勝，雕刻極細；一本係法文，講解一切。

十三日庚午，陰，冷。申初，熱夫類來答拜，坐談極久。晚餐後，隨星使街遊。步至前立伍力街，入一小鋪，專售拐杖、雨傘，各種如魚骨、牛角、竹、藤及橘、梨、檳榔、榆、柳等木。惟桃木一根，長約二尺，價索十二方，合銀一兩五錢六分。回寓，知有王芝友來拜。

十四日辛未，陰，冷。滴水成冰。申初，同俞惕庵、殷柏爾、慶靄堂隨星使乘車至柏路旺園看冰戲。冰雖結凍，而不堅厚，據管園人云，俟三四日後方可。後繞至園外一小茶樓，樓外花木扶疏，在內同飲香賓一瓶。復入大園，至茵辟列湖。湖水撤去，有冰不厚，四邊標以告白，云「險」，蓋恐人滑入水中也。回時，一路車馬行人，稠密如前。入夜，微風，冷。

十五日壬申，陰。因李梅擇於是日在立木日村娶妻，村距巴里約八百餘里，數日前，請星使前往降光。當日卯正睡起，點心後，星使帶慶靄堂、鄭子善、劉輔臣、那威勇、殷柏爾等起身，乘火輪車往。酉初，王子顯約俞惕庵與彝晚酌餞行，因星使定於本月二十五日起程回華也。同座有王芝友、李輔廷，暢飲甚歡。菜則火鍋魚、鴨、羊肚、雞心，味美而肥。戌刻謝歸。

十六日癸酉，早陰，巳正稍晴。王芝友、李輔廷邀俞惕庵與彝飯，同座有王子顯。菜亦火鍋魚鴨，甚佳。談至申初始回，入夜復陰。

十七日甲戌，陰。丑初睡起，生火點心，食有羊肚湯與蒸餅。卯初，星使率慶靄堂等回。聞李梅妻之父達雷福，年逾六旬。當日兩家男女戚友共六七十人，房屋寬敞，款待殷勤。

彝自前二次隨使外洋，已知寄送電信之靈便。然中外文字不同，寄之不易。前二次無急務，固未經思及。至此次，多有飛電之處，而寄用洋字，其價既昂，且從中諸多不便。因見外洋有因事秘而以數目代語言者，係以四數代一話，彝遂擬照其法而試仿造之。迨到法京後，又見西人亦有以此法編華字者，惜作而未成。彝乃由《康熙字典》中擇其字之常用者七千餘，按字編數，由零零零一至八零零零，字數核對無差，至是告成。竊自敘曰：

寄電信以數代字之法，創自泰西。邇來西人之來華者，傳遞緊要消息，皆用此法。予去歲隨使法郎西，得見其稿，法頗良善，知有益於中外者非淺。特其篇幅較大，且部類不分，字畫多寡，悉歸錯亂，因恐郵遞用之，難免亥豕之誤。是以不揣愚陋，以大改小，刪繁就簡，並注洋數[182]，標其目錄於卷首，以便稽考。書既成，呈諸節使，深為嘉賞，命付梓人，爰以為序。

182 洋數：阿拉伯數字。

既蒙星使賜敘云：

電氣線報[183]者，用金屬浸於藥水中，作出電氣；再用銅鐵絲引之，此動彼應，若電光之速，瞬息千里。泰西各國人用以寄信，其法甚善。旋因遇有密事不宜宣露者，又作出數目號頭，排定某字，彼此各執一本，即隔數萬里可一查而知，其法尤妙。若智者用之，另有不傳之秘。在初員外講習泰西文字有年，遊歷各國，曾行大地一周，可謂有志之士。今將西人所制漢洋合璧電報書籍改訂，增添目錄。余細玩之。足稱善本。因題其書名為《電信新法》，攜至都門刊印，以公同好。將見四海會同，中外禔福也。

十八日乙亥，陰。巳初，星使乘車回拜熱夫類。酉刻，忽一老嫗持信一函，來呈星使。內云，係德王之妹，請問能面會否？令慶靄堂問老嫗何故？對以求助，蓋討錢也，奇甚。不知此婦果係德王妹否？德王名趲良，姓胡痕足倫，住薩克森。而此婦姓索克洛，名婁薩，在此住考力賽巷第二十五號。

183 電氣線報：電報。

十九日丙子，陰而細雨。巳正，范若瑟來拜。午後，王子顯來，送俞惕庵與彝各英國棗餅一匣，糖餞橘皮一匣。酉初，費得功與熱夫類來拜，皆坐談許久而去。晚，往拜王子顯、王芝友、李輔廷，送彼各箋紙對聯一幅。亥初回寓，入夜晴。

二十日丁丑，晴，冷。見法邦新出一種印書法頗妙，速於剞劂，強於聚珍，能將本人所書之字摹印，字體不變。其法係以白紙刷雞蛋清者，長一尺三寸，寬約二尺，此紙不宜粘手著油。用時先放少許白木根沫，搖遍彈去，以便易寫。寫用藥墨水，待其乾，再以沙布擦鉛板。鉛厚一分，下連以木，木厚五分，長一尺六寸，寬一尺。板面擦有粗紋，則撒白沙少許，以布抹均。次以溫水濕紙背，反鋪板上，覆以牛皮，用小木板來回推壓數次。去皮，再上白水少許，再覆以皮，再壓。如此七、八次，起去白紙，則字皆印於鉛面。字若不清，則上白藥水少許，擦以海沫。擦畢，先以水洗，然後輕輕滾墨，則字皆顯露矣。滾墨器作甲字形，木柄銅架，中橫一皮物小如筆筒，粗如鴨卵，長約五寸，將墨刷上，隨推隨轉。墨稠如膠，滾墨後，即放淨紙，覆之以皮，以木板往來推壓數次，字皆印出。所用木板，厚四、五分，橫寬五寸，長二寸餘，上釘氈布一塊，作橢圓徑，以利手運。每篇印成，須以水洗板，再上墨再印，如此印千萬篇皆可。如印完不以水洗板而上墨，則通板皆黑。雖黑亦無礙，再以水擦則墨去而字出。通套印全，則以布粘沙土藥水各少許，擦之皆去。墨水用完，有乾墨則以蒸水化之。此板全分價值百方。如不曉印法，售者自能一一告知。鋪設巴里城內姚格蕾巷第五七至十號。

二十一日戊寅，陰。午後，熱夫類命人送給路憑執照，並請星使戌初晚酌。未正，王芝友、李輔廷來拜，對談片時。

申初大雪。是日為禮拜之期，俞惕庵邀往凱歌路左食加非飲高釀。見鋪中男女如雲，雖大雪繽紛，而往來車馬依然絡繹。戌初，星使帶殷柏爾往熱夫類寓晚酌。當時盧地約俞惕庵與彝酌茗，遂乘車往。見其妻，與二、三友人坐談，飲香賓、舍利，食雞蛋糕、糖果等。亥初辭歸。亥正，星使回。

二十二日己卯，晴。午初，星使贈熱夫類黃茶葉四大罐，黑茶葉二小罐，象牙柄金面團扇一柄。自書數語云：

> 余自本國來法國，行程三萬數千里。兩月之內，襲葛屢更。因赤道黃道南北度數之分，到法國後，天時大致與本國同。推查其故，巴里居歐羅巴之中，可謂泰西中土。人習詩書，禮儀嫺熟，真善地也。今聞熱大臣將來本國，必過南洋，特書扇以贈。想貴大臣於舟中用之，必稱妙也。
>
> 完顏崇

又，當日未初，星使回拜譚、范二神甫。後遊柏路旺，乃贈小加非館一小影，上書數行，令慶靄堂譯成法文。書云：

崇地山宮保出使來法國時，遊柏路旺，到此小坐，愛其水木清華，頗饒幽趣。盛夏木蓮花放，香盈几席，澄懷默坐，心與天遊。今東歸有日，特留此照，以志雅興。

辛未孟冬下浣題於夢丹寓樓。

未正，彝同薄郎乘車往輪船公司寫船，申初回寓。

二十三日庚辰，晴，冷。巳初，王子顯、王芝友、李輔廷同來送行。午正，星使往衛灑拜費得功，申初回；又拜哥士奇，野贈茶葉等物。酉正，哥士奇來答拜。

記：法京有人撰小說唱本以售者，多有手執一本，沿途自唱。男女圍而聽者。多隨而行之。然每書必經官驗，其淫詞以及有礙於公事風俗者，一律禁止

二十四日辛巳，晴。早起，收理行裝。巳正，細雨一陣。午後，熱夫類、哥士奇及盧地來送行。申正，來二大敞車，載行李赴火輪車棧。酉初，彝同俞惕庵乘車去往王子顯、王芝友暨盧地、郝福、周恩、高安各處辭行。王子顯夫妻以蜜餞、栗子、花生、橘皮、棗餅等而啖之，飲高釀，吃加非，謝別而去。

二十五日壬午，晴，冷。寅初睡起，點心得食倭瓜餡餃。卯初，同眾隨星使乘馬車行十四五里，入輪車客廳。少坐登車，卯正開。德威理亞送別，殷柏爾仍留巴里，候法國回文。辰初天明，尤冷。午刻抵塔那莊，停車一刻早饍。戌初至呂陽。一路天寒，車邊六扇玻璃大窗，外凍內溫，呵氣成冰甚厚，遍地積雪尺餘。星使令劉輔臣領眾僕役，帶行裝先往馬賽。彝等隨乘馬車，行數里，入音必雅街第二十號高來店。時有本地總督之委員畢該代木乃來接。此店樓高五層，寬闊整潔。入夜大雪。

二十六日癸未，陰晴不定，甚冷。午後，有本地總督派員前來，領遊各處。星使遂攜彝與那威勇乘車行六七里，拜其總督瓦蘭墩，坐談片時。

後往商會公所一觀。樓高四層，白石銅鐵蓋造，甚寬敞。上面羅列玻璃大櫃數行，中懸東西各國綢緞錦繡五彩，並瓷器畫工。又大冊頁百本，中黏五彩綢緞萬種。繼入一綢緞局，亦有冊頁，織工極細，花繪精巧。其至可觀者，係一匹金綢，上繡紅絨，云係王后初嫁之衣料，寬七尺，長丈餘。又有紅或藍或白質者，上繡五彩花鳥，顏色鮮明。後局東請看作房，車行五六里，過橋入內，樓房狹窄。適值匠人午飯，乃覓一人，微作少許與看。其織機式與中土同，不用火器。回店晚餐後，同俞惕庵街遊。樓房整齊，街道寬闊，雪厚盈尺，結冰甚滑。

當日係西曆十二月初八日，為天主教天主救生之日，家家有將孩襪盛滿禮物，放入煙筒之俗。又高樓屢屢橫有燈燭，男女街遊，絡繹不絕。酉初，由店起身至火輪車客廳，少坐登車，戌正開。那威勇別回巴里。

二十七日甲申，晴。辰初抵馬賽，仍入前店。早餐間，有本地總督來拜。當下車時，伊派委員迎接。申正，星使答拜。戌初，殷柏爾到。

返國途中記

二十八日乙酉，晴。辰正，偕眾隨星使乘車行六七里至碼頭，登法國公司「美公」暗輪船。長三十六丈，寬六丈，形式與他船同。惟工料樸實，無華飾處。係於七月前造成，初次東駛者。未初開行，出口甚平。臨口左右，立有新造假石高牆，極其堅固。其路曲彎，外人不知者，不得而入，如鐵鎖攔江沙。

記：同船頭二三等徵客，男婦不過百名。頭等中有四日本人，皆係剪髮著洋衣者。

二十九日丙戌，陰，冷。水色深藍。巳正，寒風微雪。午後雪止浪湧，船即簸揚，男女嘔吐者大半。晚餐共桌洋人四五，餘只彝與一日本人而已。入夜風力尤勁，水激船面，金鐵皆鳴。

十一月

初一日丁亥，稍晴。左右小山頻見。申初，遙見小山頂出煙一道，直沖霄漢，知為小火山也，地名石頭墨立[184]。又二小山相連，中橫一石作月門。後遇輪船二隻，皆西北去者。酉初至墨西拿，船未停輪，但見兩岸燈火，密若繁星。晚，與一日本尾張國[185]人丹羽昭陽筆談許久，出中外書籍多本與看，並問「久聞貴國欽差因天津一事往佛[186]，可成否？」對云：「國書已遞，事已妥結。」丹云：「國事如此，可喜可賀。」

（稿本卷七終）

辛未年十一月初二日戊子，晴。水準，藍色。巳初，細雨一陣，未正陰。是日，遇大小風篷十六隻。申初，暴風驟雨，船幸平穩。同船有日本四人，遊歷泰西，攜帶大木箱十餘隻，長皆八九尺，內盛各種機器、火輪。其一人姓丹羽名昭陽，朝夕扳談。伊云：「貴國金嘉穗先生，蘇州人，在本處

184 石頭墨立：斯特龍博利火山，在西西里島以北。
185 尾張國：今名古屋附近地區。
186 佛（國）：法國。

現任學職，曾聞之否？」彝曰：「未聞。」又云：「現在本國國學明倫堂課讀。今若駕詣尾張，其學官必款待之。」又一人姓星合名常恕，年近二旬，出一書名《高青邱詩醇》，選者係梁公圖字美濃，亦日本人。因見乾隆《詩醇》有唐宋六家，自是以來七百餘年，其傑出於一時者，代不乏人，乃拔取其尤者以續之。於金取元好問，於元取虞集，於明取高啟、李夢陽，於我朝取吳偉業、王士正，共詩六百二十二首，中有《姑蘇雜詠》古今體六十四首。伊言：「此為詩學大成，搜輯名家，先後輝映，洵屬藝林盛事，幸為我朗吟之。」彝乃誦〈送王主簿之平樂〉五律云：「路出桂江東，鄉音想未通。蛇飛山苦霧，鵬運海多風。木魅長欺客，花蠻少學農。縣廳何處在，椰葉晚陰中。」伊遂將字音記去。又一人姓丹羽名維孝字望楚者，出一冊頁求書。乃錄〈海國勝遊草〉一首以還之，其人深謝。冊之中幅，有伊國香靄女史所繪菊花，冷豔宜人，佳品也。談次，忽停船片時，以修機器之有損者。入夜晴，涼。

初三日己丑，晴。已正，過堪地高山，積雪與浮雲相映成趣，地屬希臘。日本人伴正順聞彝曾遊泰西三次，乃索《再述奇》一觀。伊云：「君未登扶桑岸而敘述如是之詳，足徵博合〔洽〕。其他處歷歷如繪，益見所論不虛也。」彝言：「既仰賴我皇上洪福，得履其地。其異於我者，固當詳為登錄；其與我同者，亦可略見一斑也。」是日水平色黑。中初一刻，微風，陰冷，入夜稍晴。近日南行稍東，時際隆冬，嚴風砭骨，將何以消寒耶？

初四日庚寅，鎮日陰晴不定。水黑色，東風晚變東北風，船行甚快。彝在巴里曾買佛手一握，清芬襲人。是日問丹羽昭陽伊國有否？伊云：「本國名為佛手柑，無人不喜，而文人尤愛不釋手，陳於几案，古色古香。」伊賞玩良久，彝即轉為奉之，拜謝而去。伴正順復出多書與看。

記：日本呼西國禮拜七日為「七曜日」，曰「日曜」，曰「月曜」，曰「水曜」，曰「火曜」，曰「木曜」，曰「金曜」，曰「土曜」。其曆書外標「弘〔明〕治四年辛未頒行。」

初五日辛卯，晴，暖。寅初，抵埃及國波賽新海口外，住船待潮。辰初，潮長進口。見左右新立假石高岡，長皆六七里，後一白石燈樓，高約八丈，旁一海汊甚寬。巳初住船。兩岸木樓不多，風篷火輪十數，中有英、法、土耳其三國兵船五六隻。當時下客卸貨，上冰、煤、魚肉、菜蔬。土人男女持照像及新開河圖來售，客人多有下船散步者。景致無有名勝，不過沙明水淨而已。未正，展輪入河。左望大片泥沙，為蘇耳士之曲徑；右則清水無涯，為滿薩蕾湖。直行五十餘里，酉初至湖邊太來巴的地方住船。飯後，有男女十餘人鼓瑟而歌。歌間，日本人丹羽望楚題七絕一首云：「盡似揚州月二分，清歌一曲也銷魂。才清若解纖纖語，羨煞名花勝故園。」後本船書手昂立約靄堂，殷柏爾約彝登岸一遊，皆辭而未去。亥正散後，丹羽昭陽折柬云：「昨惠仙品，放之枕函，魂夢皆香，無任感佩，但倉卒無物以酬為愧。」入夜陰。由馬賽至波賽，計水程四千五百一十里。

初六日壬辰，陰晴不定。卯初開行，過堪塔拉莊、巴臘小湖、艾肥丹莊、厤立亞木村。巳正，抵義思麥力亞莊前之悌木薩湖。一路間有草木，但見數行烏鴉飛鳴而去。有六七土人乘駝者、騎驢者，南北往來。於此湖心，左右立有木棍為界，以便識認。不意誤行界外，水淺沙磨底嚮難行，幸有小輪舟以纜掀尾，轉入中心。甫進口，水色黃，至此色碧而清。行十餘里，忽見東岸一屍失去腿足者，又二狐見船驚竄。未初，入阿美大湖[187]，水色深藍。南行，波湧如海，遇火輪二隻。申初至鹹湖[188]住船，因起颶風，路難辨識。管船小官與二英人垂釣，得魚五尾，長皆四五寸，鱗小，色如鱖魚。入夜驟雨暴風一陣。近日天氣屢變，昨暖如春，今熱似夏矣。

初七日癸巳，微陰。卯正開船。因一夜擱淺，行動頗費機力，輪如含沙而轉，其聲甚澀。午初，抵蘇耳士住船，上下客人貨物。土人上船售貨，有中土桂花油、紙摺扇，本地花油、小照、金銀花鞋、玻璃珠、香串等物。惟水煙筒甚奇異，係一玻璃瓶作葫蘆形，中一小玻璃筒，上插大小白泥煙鍋各一，瓶旁一樹膠筒，長約二尺，其口飾以蜜臘，價值十方。

187 阿美大湖：大苦湖。
188 鹹湖：小苦湖。

申初開行，水色蔥綠。入夜大風而船穩。是日，同船有從土耳其京城孔士旦丁[189]來之三日本人，年皆三旬左右，亦剪髮著洋服。一名岡田雄次郎，一名田井立吉，一名北川亥之作。由波賽至蘇耳士，除湖外，共八十五吉婁邁當[190]。每一吉屢邁當為法國千碼，即中土三千尺，連湖牽計，共一百六十吉屢邁當，即中土二百六十一里。

初八日甲午，晴。南行稍東，順風，船甚快，水色深藍。午正，遇奧地里亞輪船一隻，名曰「阿碧」，長約二十八丈，寬五丈，亦係南行者。未初，船右見兄弟島，距四五里。又遇一法國公司輪船，名曰「胡格立」，長約三十丈，寬逾六丈，係北行者。

初九日乙未，晴，平，順風。未初，改東風稍北，水色灰藍。申正，遙望十五六里外，有一英國兵船頗大。據同船英人蘇木斯云，可載兵一千五百名，可謂巨艦矣，其名未詳。又，同船有新任日斯巴尼亞國駐紮香港領事柴凱阿夫妻，能英、法、日爾曼語，詞氣溫和。

初十日丙申，晴，熱似中伏。前三次在七、八月間，曾經此至蘇耳士，皆熱如今日。今由埃及

189 孔士旦丁：君士坦丁堡。
190 吉婁邁當：公里。

至此，已歷二日，行一千七百餘里始熱。足見紅海之氣候，冬夏亦稍有別。晚餐，得食瓦隴子與鹿肉。

十一日丁酉，晴，平。水色碧綠。午後，有日本人向俞惕庵索字，乃口占二絕云：

供職隨軺在海隅，寒暄再易效馳驅。
人情物理能參透，大地皆然莫怪殊。

其二云：

輪舟機器妙無窮，竊喜東旋遇美公。
浪破滄溟遊萬里，乘風奧理少人通。

又其自占四句云：「天下本無事，庸人自擾之。莫妙是長眠，萬事皆已矣。」又〈詠紅海燈樓七絕〉一首與日本人云：「紅海燈樓遠望真，萬層駭浪指迷津。往來征客魂都穩，惟感當年創始人。」

後日本丹羽望楚和五首云：

我亦清遊在歲餘，江湖載酒世塵除。
異鄉風物都稱意，山美水明殊更殊。

年少之豪氣未除，歐羅首尾壯遊餘。
海東猶有中華在，為閱囊頭地理書。

山川形勝看無窮，到處風流我與公。
回首遊蹤秋在夢，一帆高自海西通。

風蕭蕭又月瓏瓏，殘醉認寒秋一蓬。
此夜愁人無限意，等閒泊了蓼花東。

冷雲掩月不分明，夜半冥眸誤認津。
數個海燈星似影，紅珊珊〔瑚〕落碧波中。

是日係彝賤辰，俞惕庵贈酒一瓶，伴以詩云：「香火因緣幾世修？乘槎天外又同舟。今朝何幸逢華誕，願酌仙醪祝海籌。」彝即酬之以詩曰：「晨夕相從愧我多，醍醐渥荷覺顏酡。飛觴此日同君醉，頃刻河山萬里過。」

申初，見左右島嶼綿亙，東為亞細亞之阿來必亞[191]，西為阿非利加之阿北西呢亞[192]，東名法爾三阿爾池伊[193]，西名得哈喇阿爾池伊[194]，遙望黑赤色，或煙雲所映也。水被微風蕩漾，其色深藍。晚餐得食燻鹿肉，甚好。

十二日戊戌，晴。早出紅海，東北行，午初抵亞丁。因水淺，住船以待潮。有本地十餘黑童，浮水討錢，口言「大米賽」、「大米賽」，未詳何意。水中作戲極靈巧，忽臥忽立，忽仰忽坐，如魚如蟆，如蝦如蛇。又有十餘土人，登船出售寶貝、蛤蜊、白珊瑚、豹皮、鹿角、草包、涼席等物。

當此船未住時，殷柏爾與柴凱阿寫紙票二十張，每票注明由某分時至某分時，俱捲置於帽內，願者來拈，出一盧必[195]。盧必者，印度所用之英元也，每盧必重三錢三分，得洋元弱半。無論何時船

191 阿來必亞：阿拉伯。
192 阿北西尼亞：今衣索比亞。
193 法爾三阿爾池伊：法賴桑群島。
194 得哈喇阿爾池伊：達拉克群島。
195 盧必：盧布。

到，以下錨一錘之聲為則，在某分時，應於何票，則某人得盧必二十。彼時星使得票由六至九，俞惕庵由三十至三十三，慶靄堂由二十一至二十四，彝由九至十二。船至，下錨錘響，恰在十分。彼此叫票，彝取出展示，時票相符，船中人齊聲賀彩。英人葉昂代收盧必，船主博昂向彝曰：「公今幸甚，既得多金，欲娶妻耶？抑將別有所為耶？」對曰：「以之娶妻有餘，以之購書不足。」其人一笑而去。申初潮長，復開。行六七里住船，上下貨物，運送煤水，客皆駕小舟登岸而遊。晚餐，彝以所獲之彩沽香賓八瓶以酬眾人，皆舉杯向彝祝頌。飯後，客有鼓琴而歌者，樂甚。

十三日己亥，晴。黎明，即有土人前來喧嘩售貨。辰初一刻開行，有引水人送出口外。開船之時，有回人年約六旬，到此應下船，又欲往新嘉坡，因無錢償船價，危坐船面，俯首而泣。眾議各出五方，共合百八十餘方，雖與原價不符，亦可代為緩頰。不料船主力爭其價，非九英金磅不可，合二百二十五方。蓋末等客之無飲食床屋者，由亞丁至新嘉坡每人船價二百三十方；今不過少付五方，而如此嚴拒，亦可謂無人心矣。他人由馬賽攜帶一狗，價只三十方，尚有食有榻，是人不狗若也。

當日出口，水準如鏡。走印度洋，遙望亞丁，山雖出云，而三四年來從無霖雨之沛，是地氣之偏也。入夜微風，時如季夏，皓月當空，四望無際。

十四日辛未，晴，平，水色深藍。東行，逆風。聞日本農人有另樣搿戰法，係以兩手扶頭作兩耳形為狐，直伸一拳為槍，雙手捧腹為人。其意係人勝槍，槍勝狐，狐勝人。本船昨由亞丁買有生龜二十二，各周二尺餘，高約五寸，價各一方。

十五日辛丑，晴。東行稍北，東風浪湧，船甚簸揚。午後，見日本伴正順一詩云：「飛船東指去扶桑，針路復東歸故鄉。回首怪來天地小，西洋有〔盡〕處是東洋。」自注：「余於五月六日辭京，航太平洋赴米洲[196]（阿美里加）。未幾，涉亞大羅海[197]（西洋）抵歐羅巴，周遊各國有名都邑。今由馬賽航海歸鄉，閱時不過三百日，已一周世界，何行之速也。」按伊所往邦國，雖與彝異，其路程與第二次略同，故錄之。入夜天陰，東風尤烈。

十六日壬寅，晴。風浪如昨，水色淺藍。近日出紅海，東北行，天氣稍涼。據信行[198]護送信人云：「印度洋自十月至四月東風，自五月至九月西風。」亥正，遙望正東，紅燈兩盞，燦爛如星，搖盪南行，蓋亦火輪一隻也。其名未詳，更不知何國者。

196 米洲：美洲。
197 亞大羅海：AtlanticOcean，即大西洋。
198 信行：郵局。

十七日癸卯，晴，風浪大於昨日。同船病者數人，而英醫羅阿坦之妻，其病尤重。

十八日甲辰，晴。船搖如昨，午後稍平。水色黑。遙見大風篷一隻，係西去者。

十九日乙巳，晴，平，水深綠色。早見海面浮有紅物長丈餘者六七條，寬皆盈尺，以千里鏡窺之，莫得其形。或云魚，或云菜，未知孰是。

二十日丙午，晴，平。是日係西曆一千八百七十一年除夕。早晨，羅阿坦之妻病故，停於床上，著白衣，口含香水一小瓶，以避邪味。按船規，人死歷一日，即抛入海。當時因距錫蘭不遠，暫停遠屋以待棺木。而船面木匠即造大木匣，內糊膠布，外敷黑漆。旋有洋僕帶一粵人入內，挪移床褥。事畢而羅阿坦失去二金錢，不知何人所竊。船主疑為粵人，而伊誓以如果查出雖死無憾。船主云：「俟到西貢再為處置。」申初天陰，風起波湧，船遂簸揚。入夜，將屍棺由前貨艙門係上，置於小船之中，以布罩而覆之。

二十一日丁未，晴，平。水色先藍，後變蔥綠。是日係西曆一千八百七十二年元旦，早起彼此道喜，英語「哈辟牛伊爾」，法語「邦那內」，日爾曼語「卜婁希牛伊」，義皆新喜也。

巳初，見左鄙高山一帶，雲霧迷漫。申初一刻，抵錫蘭住船。同船人之往印度、堪拿大[199]等處者，約二十餘名，皆於此換船改路。申正，同眾隨星使駕本船三板登岸，仍入前店。一路波浪洶湧，船隻搖盪如前。酉初大雨。眾人下船後，將羅醫生之妻移葬義塚，英人服縞素送而執紼者甚眾。

是日在店晚餐，共桌四十餘人，食有西瓜、椰子、波羅密、黃瓜、蓁菜、白菜、魚肉等。又一種瓜如甜瓜，子如黑豆，味不甚甘而異香。飯畢天黑，因四面花木水土五味交雜，嗅之如醋似糖，如蓁菜。又潮聲、蛙聲、蟋蟀聲、犬吠聲，聞之聒耳不休。登樓則蚊聲若雷，攪人不昧〔寐〕。入夜微風，涼比孟秋。

二十二日戊申，微晴。卯正，隨星使乘車行十餘里，過鐵橋入臥佛寺，鄙陋不堪。有二黃衣僧開門延入。正中臥佛，四壁繪畫臥佛事蹟，工不甚巧。去此又行四、五里，入菩薩寺，殿宇不宏而整潔。有四僧開門延入。正中菩薩，四壁亦繪佛跡。後入旁殿，登樓出貝葉經二卷與看，長皆盈尺，寬二寸，字以針刺，圈點橫橫，當中二孔，串以黃繩。問其價，伊答情願持贈，乃收一本，給以十方。

又行十餘里，入肉桂園。入者每人出一什令。其告白禁止摘花損木。小孩成群出售肉桂枝，長皆二三尺，粗如大指。去此回店，一路花木繁盛，如椰、榕竹、佛茄、青香子等，其不識者甚夥。有

199 堪拿大：加拿大。

葉如茨菇、大於車輪者，花如黃米、葉如韭菜者。其他數種，筆難盡述。各處山岡水池，回環成趣。按周制固堪禦災，而如此濕潮，冬夏無分，恐外人久住，必生疾病。然以上皆天工，非人力也。沿途懸燈結彩理佛事者，有出憑索費者，過車每輛二什令。

入店早餐，店後小園有草茉莉、夾竹桃、木槿、芍藥，皆甚高大。惟有海棠葉大如盆，景頗幽雅。店前變戲法者，其藏珠取水，與北京同。惟一人赤背烏鬚，吹號形若胡盧，手舞足蹈，宛然一李鐵拐也。又一人手捧草盒，中一烏蛇，旁人吹號，蛇則豎立，頭下鼓起，形似扁魚，時而鳴跳，時而繞於烏鬚脖上。終朝土人來售貨物，如珠石、玳瑁、貓眼、銓石、手釧、戒指、鎖鏈、梳篦、筆架、小像、寶貝、蛤蜊、草盒、山耗匣等。有象牙，其紋如雲片石者，乃其槽齒也，每塊長一寸六、七分，寬二寸五分，厚三、四分。其他有象牙盒匣盤筒等，工尚精細。又有中華日本貨物幾種，如雨傘、紙木象牙摺扇、瓷器、木匣、草鞋、漆物等，價值頗昂。午後大雨。申初，隨星使駕本船三板回船。時值大雨傾盆，遍體皆濕。上船後，因自印度來船一隻，相與換載貨物，上下抬卸，人語喧嘩，終夜不息，故未開。

二十三日己酉，陰。早，見東一小島，勢甚崚嶒，碧樹叢生，樓亭各一。下面水力激石，浪起丈餘。左右三兩小舟，佳景可賞。土人售物與變戲法者，皆來船面喧嘩。未刻，上下貨物畢。申初一刻，展輪出口。無雨微風，水平船穩。當日早餐，得食一果，如黃皮果，而大如梨，味甘且香，實似桃仁，土人呼曰「檬果」。午酌有冰鎮西瓜，甚佳。晚餐食有波羅密，日本人不知其名，彝以筆告之。晚，見丹羽昭陽墨畫波羅密一枚，似是而非。彝乃告其根枝何式。伊云：「弟畫雖不佳，然在客窗中偶爾拈毫，不過無聊之極思耳。今知布鼓龍門，亦聊以慰旅況也。」

二十四日庚戌，晴。逆風，浪湧船搖，人多嘔吐。見船頭新上四等客三十餘名，多有剃禿者，衣冠白紅二色，皆不著鞋，鼻孔橫有小環，手足十指皆貫金釧。或云西印度人，未知確否。

二十五日辛亥，晴。逆風。西人論地球，直徑二萬七千六百九十二里，周八萬七千一百九十二里。對北極之腰線曰赤道。自東至西之線名緯線，赤道以北者曰北緯線，以南者曰南緯線，量緯線以赤道為主。自北至南之線曰經線，量經線以各國京城為主，京東為東經線，西為西經線[200]。地周三百六十度，每度二百五十里。每度計六十分，每分六十秒。自赤道向北二十三度半曰北帶[201]，向南二十三度半曰南帶。再向北二十三度半[202]曰北圓線[203]，向南二十三度半曰南圓線。全地分五道，自南帶至

---

200 此句疑有誤，當作：量經線以英國京城（格林威治天文臺）為主，以東為東經線，西為西經線。
201 北（南）帶：北（南）回歸線。
202 度數與規定不符，疑有誤。
203 北（南）圓線：北（南）極圈。

北帶曰熱道[204]，自北帶至北圓線曰北溫道、曰北黃道[205]，再北曰北寒道、曰北黑道[206]，自南帶至南圓線曰南溫道、曰南黃道，再南曰南寒道、曰南黑道。十度為一線，南北三十六經線，東西十七緯線。地球每日自西向東一晝夜一轉，半球向日為晝，半球背日為夜。地有吸力，故萬物不墜。因其動而有常，是以毫無錯亂。倘一息不行，則萬物反行傾倒矣。地轉向東，故每日日出於東而落於西，此一小周也。又一大周，蓋地環日而轉，每年一周，以定四時。在泰西每年一次，在中土則自前冬至至後冬至，計三百六十五日二時七刻有奇。其成四時之故，因地球每年轉日，時以赤道北向日，時以赤道南向日；北向日之時，到處皆熱為夏，對面為冬；若地球稍與日斜對之處，均屬春秋。又，地球赤道近南極之地，半載有日而無夜，近北極之地則半載有夜而無日。此地形之大略也。

二十六日壬子，晴。旁風，船行微快，水色深藍。記：外國以船寄物，船行給票四張，各長三寸五分，寬七寸。先印一船，後添送往何處、何人名姓，再則印就十二行，云某船船主何名。告白：「本船現在某處稱為第一，堅固合式，隨時前往某處，寄物帶信，一路平安，自有蒼天保佑。今有某老爺送往某城某人何物幾箱幾匣幾件，本船業已收妥登帳。該物到某城時，某人收到，應給船費若

204　熱道：熱帶。
205　北（南）黃道：北（南）溫帶。
206　北（南）黑道：北（南）寒帶。

干。其他加減花費，隨時更改。送到之後，作為廢紙。至於海上危險，各有天命。特此告白。」末署「某年月日、何處」。按該行所給四張，寄物之人須存兩張，其他兩張須先後陸續隨信寄交收物之人，以憑收取。

二十七日癸丑，晴。早，見北面十餘里之外，有小島六七，峭壁淩空。後改東行稍南，見南面長山一帶，相距亦十餘里，乃蘇門答臘也。山色深淺，綠色迎人；時而白雲橫亙，只見山巔山麓，倏忽變化，奇景可觀。未初大雨滂沱，酉初止，入夜晴。

二十八日甲寅，晴，暖，水平如油。早見飛魚若許，又見巨木塊塊，不知何處飄來者。未正，大雨一陣，繼而細雨。申正，對面來英國輪船一隻，彼此係旗，上下三次，禮也。又見左右小島各一，相距皆十數里，左者如塔，右者如龜。戌正雨止，晴。

二十九日乙卯，晴。水蔥綠色。早，見正東長山一帶不甚高，相距約十餘里。林木森森，蔚然深秀，乃麻六甲也。間有房屋點綴，炊煙上升。午後，遇風蓬三、火輪二，皆南行者。申初，又見山岡一行，回環小島，漁舟浮於水面，白鳥上下飛舞。申正，見正北長山有一小島，上建燈樓。又一小三板，中坐粵人十餘名，後則四面島嶼錯列，如在畫圖中也。酉刻，抵新嘉坡。因有二船停泊，酉正一刻始得傍岸。搭跳後，即隨星使登岸，乘馬車行十數里，過大東街鐵橋，至前次去之歐洛卜店。見左右新建樓房，上下八十餘間，整齊寬闊，增有中土店夥二十餘名，年皆二旬左右。

當晚正坐間，來一華人，年約二旬，著草帽單衫。自云浙江人，林姓，其父曾任游擊，因歿於陣，蔭襲世職，現食半俸，家有老母幼弟。因去歲其友糧商某約遊西貢，以便購糧。不意來此，久不得歸，不知其母倚門瞻望，幾經寒暑矣。又云，黃浦胡璿澤，現在此地為英國知縣，曾為暹羅老王義子，今王封為義弟，贈有府第象旗。其樓舍頗大，古董甚多，並許遊人賞之。

又，十日前暹王來此，英官排列鼓吹，接待甚厚，言其將去英、法一遊。又言英曾攻暹羅，約王登船議事。王去，立於船邊，立則左倒，蹲則右欹，問其船係鐵造者否？英眾曰「然」。「然則如此非鐵船也，何如此之輕耶？」英乃令其去，而與之和。

當日店中旅客頗多，夜臥雖有蚊帳，而雷聲震耳，不堪其擾。只得秉燭而起，談論古今掌故。待曉則擊柝敲鑼，頗有故鄉風味也。

十二月

初一日丙辰，晴。巳初，早餐後，隨星使乘馬車行十五六里，至坡坦立園。一路平坦，左右小房頗多，皆竹作間架，蕉代陶瓦，出售籐椅、雨傘、茄子、黃瓜、春筍、冬筍、蓁菜、香菜、豇豆、菀豆、菠菜、白菜、蕉子、甘蔗等。遇有單馬雙牛車數輛。土人少，粵人多，男女老幼，提筐負擔，絡繹不絕。沿途山岡小河，竹樹叢雜。園中密植奇花異草，所識者如洋海棠、向日葵，梔子、線松、木槿、馬纓、探春、芙蓉、美人蕉、勤娘子、雞冠、鳳尾、玫瑰、繡球、老來少等。芭蕉橫生如扇，松枝直長如塔。兩岸有椰、竹、榆、柳。池種紅白蓮花，朵大於碗而瓣碎。雞頭米葉大如輪而花赤。看畢登車而歸，御車高歌，土音呼呢。

抵店未下車，而往大東街「新蓮香」酒樓早餐，共菜八盤，酒味甚美。樓上四壁，懸有許其光、陳其琨對聯畫軸，可為希世之珍。食畢回船，有哥士奇之侄哥斯吉來拜，坐談片時而去。時岸上土人出售蛤蚌、寶貝、涼席、巾扇、蕉子、甘蔗、椰子、波羅蜜等。又有換錢者，蓋去此以南用英、法二國洋錢，以北用墨西哥鷹圓。本船上下貨物畢，申初展輪，出口北行稍東。戌正，見右鄙二山，上建燈樓。船過時，連放起火三四個，係暗號，以示危險也。

初二日丁巳，晴。正北行，逆風，水淺藍色。早，見東面二小山，形如饅首。申初微波。戌正，因煙筒積灰著火，飛出落於布棚之上，燒成小孔。眾水手急以水龍噴之，旋滅。當時婦女皆震恐。日本丹羽昭陽因近日心中煩悶，便溺不通，求俞惕庵醫治，即與以清麟丸及鞠越丸各少許，其人深謝。

初三日戊午，晴，北風，浪甚大，船搖無停晷。未正，因北風勁，船行甚慢，乃令水手登桅頂，將橫桿直立，以殺風勢。忽一水手名龐那阿失足落海，同船女客致多哭泣者，眾人急擲救命圈於海。幸伊善泅，遂執此圈，逆流而上。船即停止，下一杉板。副船主羅郎與三水手，隨波上下，飛行七八里，始救出其人。面色稍改，水未入口，可謂死而復甦矣。彝因前在錫蘭、新嘉坡二處受寒，夜間嘔痢不止。

初四日己未，晴，暖。水色黑而船穩。辰初抵西貢芹蒢河口住船待潮，巳正一刻入口。一路草木蔥郁，綠色盈眸。未正停泊下錨後，星使令殷柏爾持片往拜法國總督達皋路協，伊旋請晚餐。張沃生（霈霖）久見新聞紙云中國欽差於某月日由法起程。當日船到，即令其夥計鄭姓者來探，並約彝造訪一晤。彝辭以昨夜抱恙，不克應命。後又遣鄭敦請再四，乃不得已而往。暢談次，其友楊深遠字雲衢者來，不期而會，相見甚歡。約同車遊，行十數里。回見沃生告別，強留午酌。登樓見四壁畫軸陳設，甚為鮮明。食有魚翅、海參，粥係赤小豆、苡仁米、赤茯苓、川卑薢合煮，可醫濕熱。食畢謝別，命人送歸。晚，赴達總督之約，佳餚羅列，酒尤甘美。戌正回船。亥刻，張沃生來船，坐談良久。

初五日庚申，晴。早，張沃生呈送星使板雞、板鴨各四隻，糕點四盤，橘橙、波羅蜜二筐。早餐後，星使令彝往謝，送團扇一柄，小照一張。又往送達總督團扇一柄，象牙細花筆筒一個。伊回敬棗糕一匣，加非與勺勾臘各數顆，種以木匣，上罩玻璃。酉初一刻開行，中途至第六十七灣，因其狹窄，幾乎上岸。戌正出口，少停復開，水準船穩。入夜，涼。

初六日辛酉，晴，平。北行稍東，見西面長山起伏，相距三四里，乃安南邊界也。

記：是船船主一，副船主一，小船使三，管機官正一副三，學徒二，醫官一，水手四十名，燒火人四十名，男女僕役匠人等共四十八名，庖丁四名。入夜，陰。

初七日壬戌，微陰，逆風，船稍搖盪。午後，遙見西面輪船一隻，不甚大，南行順風極快。酉初大雨，頗涼。

記：由法國海口至上洋，沿路各站，頭二三四等火輪船費，公司開有清單，其號碼由右橫看。所謂末等，係住於船面無飲食者。計開於後：

由	至	頭等	二等	三等	四等	末等
馬賽	波賽	五一〇	三三五	一九五	一三〇	一一〇
	義思麥力亞	五六〇	三六四	二一八	一四五	一二五
	蘇耳士	六一〇	四〇〇	二四〇	一六〇	一三五
	亞丁	一〇〇〇	七五〇	四五〇	三〇〇	二六〇
	錫蘭	一五〇〇	一一二五	六七五	四五〇	三七〇
	班矖立	一五〇〇	一一二五	六七五	四五〇	三七〇
	馬達啦	一五〇〇	一一二五	六七五	四五〇	三七〇
	戛戛大	一六二五	一二二〇	七三〇	四九〇	三九五
	新嘉坡	一八七五	一四〇五	八四五	五六五	四七五
	巴塔瓦	二一二五	一五九五	九五五	六四〇	五四〇
	西貢	二〇〇〇	一五〇〇	九〇〇	六〇〇	四九五
	香港	二一二五	一五九五	九五五	六四〇	五四〇
	上海	二三七五	一七八〇	一〇七〇	七一五	五七五
波賽	義思麥力亞	五〇	四〇	三〇	二二	二〇
	蘇耳士	一〇〇	五七	五〇	三五	三〇
	亞丁	八五〇	六四〇	三八五	二五五	二七五

由	至	頭等	二等	三等	四等	末等
波賽	錫蘭	一三五〇	一〇二五	六一〇	四〇五	三四五
	班曬立	一三五〇	一〇二五	六一〇	四〇五	三四五
	馬達啦	一三五〇	一〇二五	六一〇	四〇五	三四五
	戞戞大	一四七五	一一〇五	六六五	四三五	三六五
	新嘉坡	一七二五	一二九五	七七五	五二〇	四五〇
	巴塔瓦	一九七五	一四八〇	八九〇	五九五	五一五
	西貢	一八五〇	一三九〇	八三五	五五五	四七五
	香港	一九七五	一四八〇	八九〇	五九五	五一五
	上海	二二二五	一六七〇	一〇〇〇	六七〇	五五五
義思麥力亞	蘇耳士	五〇	四	三〇	二二	二〇
	亞丁	八〇〇	六〇〇	三六〇	二四〇	二二五
	錫蘭	一三〇〇	九七五	五八五	三九〇	三三〇
	班曬立	一三〇〇	九七五	五八五	三九〇	三三〇
	馬達啦	一三〇〇	九七五	五八五	三九〇	三三〇
	戞戞大	一四二五	一〇七〇	六四〇	四三〇	三六〇
	新嘉坡	一六七五	一二五五	七五五	五〇五	四三五

由	至	頭等	二等	三等	四等	末等
義思麥力亞	巴塔瓦	一九二五	一四四五	八六五	五八○	五○○
	西貢	一八○○	一三五○	八一○	五四○	四六○
	香港	一九二五	一四四五	八六五	五八○	五○○
	上海	二一七五	一六三○	九八○	六五五	五四○
蘇耳士	亞丁	七五○	五六五	三四○	二二五	二一○
	錫蘭	一二五○	九四○	五六五	三七○	三一○
	班曬立	一二五○	九四○	五六○	三七○	三一○
	馬達啦	一二五○	九四○	五六五	三七五	三一○
	戛戛大	一三七五	一○三○	六二○	四一○	三四五
	新嘉坡	一六二五	一二二○	七三○	四九○	四二五
	巴塔瓦	一八七五	一四○五	八四五	五六五	四八五
	西貢	一七五○	一三一五	七九○	五二五	四四五
	香港	一八七五	一四○五	八四五	五六五	四八五
	上海	二一二五	一五九五	九五五	六四○	五二五
亞丁	班曬立	八○○	六○○	三六○	二四○	一九五
	馬達啦	八○○	六○○	三六○	二四○	一九五

由	至	頭等	二等	三等	四等	末等
亞丁	戛戛大	九〇〇	六七五	四〇五	二七〇	二二〇
	新嘉坡	一六二五	七〇〇	四二〇	二八〇	三三〇
	巴塔瓦	一二六〇	九四五	五六五	三八〇	二三〇
	西貢	一一三五	八五〇	五一〇	三四〇	三二〇
	香港	一二六〇	九四五	五六五	三八〇	二三〇
	上海	一四二〇	一〇六五	六四〇	四二五	三三〇
	錫蘭	八〇〇	六〇〇	三六〇	二四〇	一九五
錫蘭	班曬立	一九〇	一四五	八五	四五	四〇
	馬達啦	一九〇	一四五	八五	四五	四〇
	戛戛大	四六〇	三四五	二〇五	一四〇	一二〇
	新嘉坡	五八〇	四三五	二七〇	一七五	一五五
	巴塔啦	一〇四〇	七八〇	四七〇	三一〇	二八〇
	西貢	九一五	六九五	四一〇	二七五	二四五
	香港	一〇四〇	七八〇	四七〇	三一〇	二七〇
	上海	一三二五	九九五	五九五	四〇〇	三三五
班曬立	馬達啦	四〇	三〇	二〇	一五	一五

由	至	頭等	二等	三等	四等	末等
班嚦立	戛戛大	二六五	二〇〇	一二〇	八〇	七〇
	新嘉坡	七五〇	五六五	三四〇	二二五	一九五
	巴塔啦	一二〇〇	九〇〇	五四〇	三六〇	三二〇
	西貢	一〇七五	八〇五	四八五	三三五	二八〇
	香港	一二〇〇	九〇〇	五四〇	三六〇	三二〇
	上海	一四八〇	一一一〇	六六五	四四五	三六五
馬達啦	新嘉坡	七五〇	五六五	三四〇	二二五	一九五
	巴塔啦	一二〇〇	九〇〇	五四〇	三六〇	三二〇
	西貢	一〇七五	三〇五	四八五	三三五	二八〇
	香港	一二〇〇	九〇〇	五四〇	三六〇	三二〇
	上海	一四八〇	一一一〇	六六五	四四三	三六五
	戛戛大	二六五	二〇〇	一二〇	八〇	七〇
戛戛大	新嘉坡	一〇一五	七六〇	四五五	三一五	二六〇
	巴塔啦	一三九五	一〇四五	六三〇	四二〇	三六五
	西貢	一二〇〇	九〇〇	五四〇	三六〇	三二〇
	香港	一二〇〇	九〇〇	五四〇	三六〇	三二〇

由	至	頭等	二等	三等	四等	末等
戛戛大	上海	一六八〇	一二六〇	七五五	五〇五	四一〇
新嘉坡	巴塔啦	二四〇	一八〇	一一〇	八〇	六〇
	西貢	二四〇	一八〇	一一〇	七〇	六〇
	香港	六一五	四六〇	二七五	一八五	一五五
	上海	一〇一五	七六〇	四五五	三六五	二六三
巴塔啦	西貢	五一五	三八五	二三〇	一五五	一三五
	香港	九〇五	六八〇	四〇五	二八〇	一三三
	上海	一三三〇	一〇〇〇	六〇〇	四〇〇	三四五
西貢	香港	四〇五	三〇五	一八〇	一二〇	一〇五
	上海	七八五	五九〇	三五五	二三五	二〇五
香港	上海	四〇五	三〇五	一八〇	一二五	一〇五

以上船價，因時更改，所差無幾。此係西曆一千八百七十一年九月初五日所立，即中華辛未年七月二十一日。

初八日癸亥，鎮日大雨。水黑色，狂風巨浪，船甚簸揚，一日只行五百餘里。

初九日甲子，陰雨，風浪如昨。申初，雨止稍平。亥正一刻，抵香港住船。正在酣睡間，忽粵海關稅務司包臘來，云帶有火輪炮船一隻，來接欽差到省，係奉瑞制軍（麟）所委。並交彝公文二角，云昨日由北京到者。包去，即呈星使閱畢。將眠，有本船洋僕叩門。詢以何事，則云：「有人要面稟欽差。」彝因星使就寢，面詰其人，係本地水師夜巡兵，姓朱名安。詢以何故，則云：「不知欽差將欲何往？」彝告以旋旌上海，其人乃去。時天色漸明，通船收洗，上下貨物，人語喧嘩，聲音震耳，雖眠亦不能安枕矣。

初十日乙丑，晴。早，有粵省督撫藩臬府縣多官差人來拜。辰初，包臘與「凌風」輪船船主哥嘉來拜，坐談片時。又有長樂初將軍（善）之二猶子志銳、志鈞暨劉貳尹（光炳）來拜。早餐後，星使令彝持片往拜駐此英國總督懷達菲，未遇。遂乘肩輿登山眺望，一路花木蔥蘢，紅綠芬芳。又回拜包臘與哥嘉於「凌風」輪船。船不大而堅固，銅炮二門，甚為威肅。未初，回船。

十一日丙寅，晴。巳初，同俞惕庵乘舟登岸，步至燕樂軒早餐，食品甚佳。當日，左有「高達威烈」輪船欲往羊城，右有「發斯」輪船欲往日本，彼此上下貨物行裝，其聲嘈雜。至午正，而「發斯」輪船開行矣。入夜，陰。

十二日丁卯，微陰，涼。晝夜下貨，未正始完，「高達威烈」移去。申正一刻，本船開行。出口後，秋高氣爽，海不揚波。入夜，晴。

十三日戊辰，晴，涼，逆風，水蔥綠色。午後入閩界，左右多山，水色變黃。遙見一桅西行，係由日本來者。入夜風勁，船微搖盪。

十四日己巳，晴，風浪如昨，水金黃色。巳初，見西面數小島。未正，遇北來美國小輪船二隻。申初，陰霧而細雨，水蔥綠色。又見左右數小島。申正一刻，出八百里橫洋，又名窄海，入浙界，風浪尤大。

十五日庚午，陰，霧，風雨。日光不見，度數難分，山無形影，而里數難計。午後住船三四之時，以繩繫一如錐之鐵器於水，水深六丈二尺，以之粘上淤泥而查其色，以辨現抵何處。船行雖漫而搖盪特甚。入夜，冷氣難禁。

十六日辛未，陰，冷。早，過錢塘江口，遙見漁舟數隻，水色黃，左右皆山，有白鳥飛鳴而過。後至黃浦江口，因水淺住船。終夜甚冷，船仍搖盪。申正，有英國輪船使人駕小舟來告：「未初時，有人前來問路，今尚未回，不知何往。」

十七日壬申，陰。巳初潮長，進口。未初，復停輪於江心，言俟水淺方可傍岸，以待潮退也。酉初，泊於虹口碼頭，即有涂朗軒觀察（宗瀛）、楊雩香觀察（詠春）來迎。後下船乘肩輿行二十餘里，入小南門至蕊珠宮，又名也是園。臨門左有文昌殿，高聳華美。屏門內中廳數間，亦皆整潔。旁有假山，雖係匠智，巧比天工。時值隆冬，苔痕尚綠。小河曲彎，水色澄淨，台榭點綴，幽雅可觀，誠避暑之佳境也。

十八日癸酉，早，大雪，午後止。有觀察涂朗軒（宗瀛）、楊雩香（詠春）、吳桐雲（大廷）、馮竹儒（焌光）、周琳素（家勳），太守朱雲甫（其昂）、褚星齋（蘭生）、鄭玉軒（藻如），司馬郭幕徐（階）、陳寶渠（福勳）、黃嶽川（鉞），刺史馮蓮士（寶圻），別駕張翰卿（志均）、謝隱莊（鵬飛），大令陳子莊（其元）、周次蓮（履祥）、葛蕃甫（繩孝）、許寶臣（之善），巡守金月亭（灝元）、裘介眉（鶴春），輪船局文案謝子威（鳳儀）、馮祐生（承緒），波斯領事官聶鼎與法國神甫郎懷仁、步天衢、蔣超凡等陸續來拜，有面晤者，有投刺者。

十九日甲戌，陰，冷。鎮日有廉訪金蘭生（安清），方伯王竹鷗（承基），觀察劉芝田（瑞芬），大令朱翼甫（其詔）、周孟漁（世澂），司馬張耔雲（秀芝），別駕孫硯山（和鳴）、陸費實卿（森），參戎葉雲岩（圻）及薄郎、殷柏爾、稅務司狄妥瑪、法國領事官梅讓與通使阿麟來拜。

二十日乙亥，陰，雪。午正，隨星使往拜各國領事官。回寓，知有孫硯農（文田）及副稅司辛盛等來拜。酉初，雪止。

二十一日丙子，微晴。巳正，乘肩輿往各署各館答拜。因時近新年，各閭巷市廛增添貨物，繁盛之極，行人如蟻。回寓，知各國領事官來投刺。

二十二日丁丑，晴，涼。午後，乘肩輿往西畫錦里答拜孫硯農，往江海關答拜狄妥瑪、辛盛。回寓，見小河結冰，厚約五分。

二十三日戊寅，晴。早，乘肩輿各處辭行。是日係恭祀司命之辰，街市有賣年糕、松枝、元宵、小紙轎等物。入夜，爆竹聲喧，與北京同。

二十四日己卯，晴。早起束裝。巳正，乘小轎，出小東門至河堤，駕小舟行半里，登中國輪船。船名「恬吉」，係上海招商局所造，潔淨整齊，與外國同。長約十八丈，寬三丈二尺，駐兵三十六名，花子銅炮十三門，堅固雄威。帶船官係提舉銜候補知縣薛梅溪（培榕）。午初一刻開行，出吳淞，入揚子江，甚平。行五百十數里，亥初一刻至江陰口住船。入夜頗冷。又同船伴送有朱太守雲甫（其昂）暨司馬程雪軒（煜）。

二十五日庚辰，晴，冷。子正開船，巳正過鳳陽縣曲山。未初過焦山，鳥鳴上下，樹木蒼蒼。金山三面在陸，一面臨江，廟宇重修，壯麗如舊。當時本船領兵千總演隊施放槍炮，皆整齊驍勇。未正，抵瓜州口住船。有李叔彥觀察（常華）、鹿大令（伯元）及鎮江稅務司德璀琳等陸續來拜。後與朱雲甫及薛、程二君告別，駕小舟進口，登如意船，即開。行二十里，亥正至七岔河堤停泊。入夜甚冷。

記：由江陰口至瓜州，計水程七十二里。

二十六日辛巳，晴。丑正開，行三十里至揚州徐凝門外住船。有英太守（傑）、柳大令叔平（承先）、李次生（修梅）等來拜。途次，有洋槍隊百名跪接，整齊威武，與京中神機營略同。早餐後，星使乘轎進城，各處答拜。彝同俞惕庵入城，步至多子街，見通城房屋新修，已得十分之半。申初開，行數里至東門之利津門。星使回，申正復開。見岸上三大土圍，周豎花旗，中立大纛，書曹、劉、朱三營。曹營列洋槍隊百名，放三連環，起止甚齊。復行七八里至灣頭地方，右列王營洋槍隊一千，槍聲整齊，衣冠一律，旗動角鳴，齊行跪送。再行二十里，至瓦窯埔停泊。入夜，雪。

二十七日壬午，陰。早，細雨一陣。丑正開，走少波湖（邵伯湖）邊。湖與運河，原界以石堤，近因水大開口，湖與河連。巳正過鐵牛灣，至邵伯鎮，樓房密列，石堤鞏固。申初，過貞應祠，即露筋娘娘廟也。當時細雨。又過大小車路（車邏），共行百里，至高郵。少住復開，行一夜。

二十八日癸未，陰霧細雨。行百二十里，酉正抵寶應縣，少住又開。入夜，大雪。

二十九日甲申，微晴。行八十里，申初一刻抵淮安城慶安門外少住，見臨門橫匾，顏曰「星槎雲路」。對岸一黃亭，乃御詩亭也。申正開行，十五里至本頭住船。有鄭子善之兄鄭天申（明保）至，言由天津帶有馬兵二十名來接，現留清江浦。酉初一刻復開，行十五里，過淮關，至極閘，住。入夜，晴，冷。

三十日乙酉，晴。丑正開，行三十里，巳初抵清江浦。傍岸後，乘肩輿行八里，至王家營蔣三義店宿。有歐陽健飛總戎（利見），吳朝傑（家榜）、劉受亨觀察（咸）及萬大令（青選）陸續來拜。

同治十一年歲次壬申新正月

初一日丙戌，晴。午正，乘肩輿進城，各處答拜。一路風和日暖，地氣上升，池冰破玉，園柳垂金。爆竹震耳，鼓樂喧天，人民歡樂，預兆豐年。未刻回寓。晚餐有蔣潤生太守（宗啟）與星使同席，甚為歡暢。

初二日丁亥，晴，暖。聞近日天氣為江南之正。向來雪少冰薄，是年冰竟著寸，雪亦及尺。午後，有鮑小山廉訪（桂生）、路司馬（崇）、閃參戎（鳳來）、安遊擊（湉）等先後來拜。入夜，束裝。

初三日戊子，晴。卯初起程，乘車過鹽河，見嚴霜遍野，犬吠孤村。行三十里，巳正至漁溝，早饍。後有官派營兵二十名護送。又行四十里，入桃源縣界眾興鎮宿。此地風景，勝於王家營多矣。晚，同俞惕庵步入天後宮，叩謝往來航海，化險為夷。

初四日己丑，晴。卯初起身，行五十里至仰化集早饍。見壁題一詩云：「小睡才交睫，征人又束裝。雄心三尺劍，舊恨九回腸。鞭影搖新日，蹄跟沒曉霜。男兒須努力，前路正茫茫。」又一詩云：「山程未改石嶙峋，重歷征途感夙因。舊事空留鴻爪雪，新愁亂逐馬蹄塵。客懷寂寞憑誰訴，世路崎嶇要自珍。寄語鄉關好知己，天涯曾憶宦遊人。」其寫旅況情景如畫，故錄之。去此五里，過干沙河，入宿遷縣界。行六十里，申正至順和集宿。入夜，陰雲四合，微風欲雪，冷。

初五日庚寅，晴。卯正起身，行五里，過運糧河。有永濟七十二孔長橋，橋已損壞，只餘石牆四十餘堆而已。今運糧河與葡萄河連，水不甚深而清澄可愛。過河行六十里至　峿早尖。又行六十里，出江蘇宿遷界，入山東郯城縣界。申刻，抵紅花埠宿。此地有橋名「成正」，俗名「五花」，亦多毀壞。沿途景致宜人，如直省仲春天氣。乃口占二韻云「春到郊原風日麗，遙看草色近還無。村人鼓樂豐年兆，處處爭看耕種圖。」因各牆貼有春牛耕種圖也。入夜頗涼。

初六日辛卯，晴。卯初起身，行六十里，過郯城黃河，至十里鋪早尖。午後大風，甚冷。又行六十里，入蘭山縣界。申正，至李家莊宿。一路道途平坦，房舍整齊。入夜，風息，稍暖。

初七日壬辰，早微陰，涼。卯正一刻起身，行四五里，過沙河，無舟，以人舁車過冰。行四十五里，至沂州城外早尖。後進城，入望淮門，出崇岱門，見人民喜悅，鼓樂喧天。街市有杠箱官，頭戴紅頂、松枝翎。又有雙手小車，偏坐一女，旁立女僕，皆男扮女裝也，故作欹斜欲跌之狀，嬌態橫生，趣甚。又有結隊鼓樂，共遇六次，皆第一人手捧神像、黃錢、金銀紙寶，不知所往。行四十里，至棗溝頭入山；行五六里，抵半城宿。是地不大，小巷一條，房舍鄙陋，鋪戶無多。夜半，聞黃道崇由上海來此謁見星使，少坐即去。

初八日癸巳，晴。卯正起身，行四十里過河，有二十六孔石橋。又行五里，至青駝寺早尖。後行四里，過雙後村，入沂水縣界。走四十一里，至垛莊，宿於劉甲三廉訪（策先）之別墅。屋宇整潔，陳設古雅，畫軸頗多。此村較前二處，頗覺豐饒。

初九日甲午，晴。卯初起身，行數里，入蒙陰縣界。行五十五里，至龔家城早尖。後入新泰縣界，行六十里，至鼇陽鎮宿。道途寬敞，四鄙山峰拱衛，鼇陽孤峙，極其嶙峋。樓舍點綴，楊柳青青，似為行人而送目也。晚，見店壁有詩云：

黃塵掩面草婆娑，泰岱驅車一再過。
雲既出山應作雨，水緣歸海不生波。
塞花驛柳新詩少，店月橋霜舊夢多。
讀書萬卷行萬里，東風作笑酒顏酡。
橫山亂石太嵯峨，仗策疲騾緩緩過。
莫謂道難輪易折，世情最是險峨多。
輕車驅入蒙陰道，萬壑千邱眼底過。
獨上高峰舒長嘯，繞輪惟覺白雲多。
地入東蒙路轉行，舊村追憶古顓臾。
連天皎潔峰如玉，撲面蕭森雪有珠。
輪旅平沙聲歷碌，泥融石磴路崎嶇。
年來沉瘁煩車馬，致謝王尊九折途。
一天風雪雨輪忙，輾轉嶙峋亂石岡。
已覺郵程勞馬足，那堪馭板下羊腸。
路途遙遠情彌切，世道崎嶇味久嘗。
喚取征驂限魂礧，醉鄉無處不康莊。

其述行路之難，有不堪回首處，故錄之。

初十日乙未，晴。卯正登車，行四十五里，至翟家莊早尖。又行四十里，未初抵楊柳店宿。一路道途平坦，車行甚快。當晚，口占七律云：

遹因洋務役多官，隨使西征亦壯觀。
往返一周天地闊，後先三次海洲寬。
遊人慣負征途苦，久客方知行路難。
勞瘁不辭他國遠，皇恩不報內何安？

其二：

浮海從來未設官，著名中外亦奇觀。
多遊邦國見聞廣，久歷風塵心地寬。
酬世全憑經世略，受恩容易報恩難。

登山冀以舒長嘯，明日驅車抵泰安。

十一日丙申，晴。卯正起身，入泰安縣界。行四十五里，至崔家莊早尖。又行五十五里，申初抵泰安府城，住南門外南關店。一路山石嶙峋，沙泥淺水，諸多窒礙。惟至此則道途平坦，人煙稠密。又，近日走山路，遇男女背香朝頂者，前呼後應，絡繹不絕。

十二日丁酉，晴。寅正睡起。卯初，乘肩輿，有僕役秉燭舉火把，隨星使入城南門之泰安門，出北門之仰聖門，登泰山。行數里，至關帝廟換山轎，即俗所謂「爬山虎」也，土名「山兜子」，頗寬敞。抬夫二名，肩荷橫行甚穩。又行四十里，登我朝所修石階一萬四千六百八十六級，至碧霞宮拈香。一路青石崚嶒，蒼松密列，泉水潺潺，山禽飛舞。左右石壁，有今古名人詩詞筆跡，無暇細記。石徑石闌，極其平坦，寬高各丈餘，進香者以數萬計。一路設有茶棚，兼賣粥餅果食。有老幼男女乞丐無數，小兒赤身，老嫗跪而叩首，口內祝言不斷。有舉燈籠者，燃火把者，羅列道中以討錢。又有老婦跪臥當途，面體不露，白髮蒼蒼之假人，燈下難辨。

沿途過下天門、中天門、飛之閣、萬仙樓、五大夫松牌、南天門等處。見碧霞宮殿宇寬宏，香煙繚繞，中供聖母娘娘像，羅拜者擁擠，幾於無地自容。又行里許，至玉皇頂焚香殿，前團石一堆，乃泰山頂也。旁有穿閣幾間，四望無際，煙雲靉靆間，但見海面船桅二三而已。去此回行數里，至東嶽廟拈香。早饘後，步至夢仙宮，一小石廟也。中塑星使之尊甫麟見亭（慶）河督之像，叩謁畢，下山。

入城，至岱廟拈香。廟極高大，四壁如城，殿宇宏敞，前如北京報國寺，後如東嶽廟，碑匾牌額甚夥。中有松名「飛來鳳」、「溫涼玉」者，皆蒼髯瘦甲，翠蓋陰濃。殿前有扶桑石影壁與天師神符碑。

申初一刻回寓，又同俞惕庵步入城南門，出西門之岳晏門，見街市整齊，寬於上洋者加倍。鋪戶密列，勢似羊城。近值山會之期，新貨羅列，極其繁華。男女如蟻，頗為鬧熱。

十三日戊戌，晴。卯初起身，入長清縣界，行五十里，至佃台莊早尖。又行五十五里，至章夏宿。一路下坡，滾石車搖，甚為困頓。天氣漸暖。因近進香之期，自晨至暮，男女老幼，傴僂提攜，推車負擔、乘馬騎驢者以萬計。更有三五匹騾馬之大車數十，內坐老婦三四，同行者前人敲鑼，後者呼喊以開路。晝則塵土迷目，夜則燈燭連綿。各村鎮及田野皆設席棚，出售茶水、煙、酒、粥餅、饅首，以及柿、薯、雞卵等物。

十四日己亥，晴。辰初起身，行三十里，至開山莊出山，一路下坡。左右土岡，高皆丈餘，當中甚窄，只容一車。又行五里，田路路平，而兩邊山岡仍高。再行十五里，至杜家廟早尖。去此行二十五里，渡過黃河。登車，過齊河縣城。又行二十五里，至堰城宿。一路頗熱，大風揚塵，樹茂田肥，人民豐富。晚間，街市有耍龍燈者。燈長四丈五尺，鐵架紙糊，節節活軟，五彩鮮明。下十人舉棍，前一人舉大珠，隨行戲玩。後十二人奏樂，前八名小孩，四男四女，手各持一雲燈，周皆八九尺，隨行戲舞，鬧熱可觀。亦有跑旱船者，男扮公子，女扮漁婆，樂聲幽雅，曲調可聽。莊外有三官小廟，係明萬曆三十六年建，內設席棚供佛像，桌凳花旗，木魚鐘鼓，懸燈結彩，人語喧嘩。亥刻，有五道士著紅氅，誦經。正中者舉穀枝，焚香祝誦人民安樂、五穀豐登等語。誦畢出廟，焚神庫錢糧。後則船、龍出廟，繞行通村。

十五日庚子，陰雨。辰初，開車入禹城縣界，行五十里，過縣城，至禹城橋早尖。午正雨止，仍陰。又行四十五里，至平原縣平原〔原文如此〕二十里鋪宿。中途，遇王竹軒率僕役數人由津來接。申初又雨，入夜晴。

記：近日入山東界，田疇肥美，衣履整齊，強於江北。現值上元佳節，當晚燈燭輝煌，鼓樂喧天，通宵達旦。

十六日辛丑，陰，冷。卯正起程，行五十里，至曲鹿店早尖。後入德州界，行五十里，抵德州城南門之朝陽門外馬市街宿。各鋪懸燈奏樂，羅列古玩新貨。晚餐後，步入南門朱市街。見每八步懸五彩對聯橫幅燈各一，詞皆歌舞昇平。聞通城內外，燈燭以數千計。南門城上有關帝廟，威靈感應，祈禱豐年，萬縷香煙，上沖霄漢。又有秧歌彩鼓各一夥，歌聲斷續，鼓樂丁東。沿街旗民，男女老幼，往來如蟻。終宵金吾弛禁。是日，因正道泥濘，故早尖後改走德州。

十七日壬寅，稍晴。卯初起身，行五十里，至柘園早尖。去此出山東界，入直隸吳橋縣界。行五十里，至連鎮宿。入夜，雪。

十八日癸卯，早微雪，後大霧。寅正起身，入東光縣界，見城垣毀壞無餘磚。後入南皮縣界，共行六十五里，午正至泊頭宿。午後晴。

十九日甲辰，晴。巳正起身，行六十里至滄州南門外宿。途遇高引之來迎。

二十日乙巳，晴。卯正起身，入青皮縣界，行四十里至興濟早尖。道路曲折，閭巷甚長，鋪肆密如城鎮。又行六十里，入靜海縣唐官屯宿。

二十一日丙午，晴。寅正起身，行七十五里，至梁王莊早饘。遇馬松圃大尹（繩武），共飲後行七十五里，午正抵天津縣北關外公館宿。中途遇家兄永修由京來接，見甚喜。又見他縣男女老幼，荷被提包，身著單衣，面有菜色者以數百計，皆逃往津門以求食。晚，接陳子敬觀察（欽）、馬松圃太守（繩武）、宋澄川大令（淵涇）暨慶心泉（志）、隋采廷（青選）與津海關稅務司漢南之名刺，亦有面會者。入夜微風，涼。

二十二日丁未，晴，暖。早起，乘肩輿入城，各處答拜，及謁制軍李少荃相國（鴻章）。見南門外積水如湖。巳正回公館。早餐後，於午初起身，乘車行三十里，至浦口宿。入夜微風，陰，冷。

二十三日戊申，早霧，卯初起身，巳正晴。行五十五里，至蔡村早饘。又行六十里，至安平鎮宿。

二十四日己酉，晴。卯正起身，見霜華滿地，冷氣侵人。行二十五里，至張家灣早饘。又行三十里，至定福莊宿。遇星使之族弟崇夢山（禧）、猶子嵩犢山（申）、少君衡階生（平）來接，對談良久。當晚，因思再須一夕，即可入都，何樂如之。回憶此次往返十餘萬里，計十七月，其行甚速，乃口占七絕云：

隨軺三次遊西國，往返曾經地一周。
廿萬程途辛苦歷，明朝抵里話香甌。

二十五日庚戌，晴，暖。辰初起身，行二十里，巳正入朝陽門。隨星使覆命後，家人父子，朝夕聚談。每話別後情事，猶為之眉飛而色舞也。

（稿本卷八終）

血歷史172　PC0880

新銳文創
INDEPENDENT & UNIQUE

目擊普法戰事，1871
——《三述奇》

原　著	張德彝
主　編	蔡登山
責任編輯	鄭夏華、石書豪
圖文排版	周妤靜
封面設計	劉肇昇

出版策劃	新銳文創
發 行 人	宋政坤
法律顧問	毛國樑　律師
製作發行	秀威資訊科技股份有限公司 114 台北市內湖區瑞光路76巷65號1樓 電話：+886-2-2796-3638　傳真：+886-2-2796-1377 服務信箱：service@showwe.com.tw http://www.showwe.com.tw
郵政劃撥	19563868　戶名：秀威資訊科技股份有限公司
展售門市	國家書店【松江門市】 104 台北市中山區松江路209號1樓 電話：+886-2-2518-0207　傳真：+886-2-2518-0778
網路訂購	秀威網路書店：https://store.showwe.tw 國家網路書店：https://www.govbooks.com.tw

出版日期	2020年3月　BOD一版
定　價	400元

Printed in Taiwan

國家圖書館出版品預行編目

目擊普法戰事，1871——<<三述奇>> / 張德彝原
著 ; 蔡登山主編. -- 一版. -- 臺北市 : 新銳文創,
2020.03

面 ;　公分. -- (血歷史 ; 172)

BOD版

ISBN 978-957-8924-86-4(平裝)

1.法國史 2.普法戰爭

742.257　　109000763

讀者回函卡

感謝您購買本書，為提升服務品質，請填妥以下資料，將讀者回函卡直接寄回或傳真本公司，收到您的寶貴意見後，我們會收藏記錄及檢討，謝謝！

如您需要了解本公司最新出版書目、購書優惠或企劃活動，歡迎您上網查詢或下載相關資料：http:// www.showwe.com.tw

您購買的書名：________________________________

出生日期：________年________月________日

學歷：□高中（含）以下　□大專　□研究所（含）以上

職業：□製造業　□金融業　□資訊業　□軍警　□傳播業　□自由業

□服務業　□公務員　□教職　□學生　□家管　□其它_____

購書地點：□網路書店　□實體書店　□書展　□郵購　□贈閱　□其他

您從何得知本書的消息？

□網路書店　□實體書店　□網路搜尋　□電子報　□書訊　□雜誌

□傳播媒體　□親友推薦　□網站推薦　□部落格　□其他__________

您對本書的評價：（請填代號　1.非常滿意　2.滿意　3.尚可　4.再改進）

封面設計____　版面編排____　內容____　文／譯筆____　價格____

讀完書後您覺得：

□很有收穫　□有收穫　□收穫不多　□沒收穫

對我們的建議：________________________________

____

____

____

請貼
郵票

11466
台北市內湖區瑞光路 76 巷 65 號 1 樓
秀威資訊科技股份有限公司 收
BOD 數位出版事業部

（請沿線對折寄回，謝謝！）

姓　名：＿＿＿＿＿＿＿＿　年齡：＿＿＿＿　性別：□女　□男

郵遞區號：□□□□□

地　址：＿＿＿＿＿＿＿＿＿＿＿＿＿＿＿＿

聯絡電話：(日) ＿＿＿＿＿＿＿＿ (夜) ＿＿＿＿＿＿＿＿

E-mail：＿＿＿＿＿＿＿＿＿＿＿＿＿＿＿＿